華中師範大學語言與語言教育研究中心基金項目

國家社会科学基金項目(05BYY025)

范新幹 著

書卷字今音歧異研究

上海古籍出版社

圖書在版編目(CIP)數據

書卷字今音歧異研究/范新幹著.—上海：上海
古籍出版社，2014.11
ISBN 978-7-5325-7299-1

Ⅰ.①書… Ⅱ.①范… Ⅲ.①漢語—語音—研究
Ⅳ.①H11

中國版本圖書館 CIP 數據核字(2014)第 128581 號

書卷字今音歧異研究

范新幹　著
上海世紀出版股份有限公司
上 海 古 籍 出 版 社 出版
(上海瑞金二路 272 號　郵政編碼 200020)
(1)網址:www.guji.com.cn
(2)E-mail:guji1@guji.com.cn
(3)易文網網址:www.ewen.co
上海世紀出版股份有限公司發行中心發行經銷
崇明裕安印刷有限公司印刷
開本 890×1240　1/32　印張 10.5　插頁 2　字數 263,000
2014 年 11 月第 1 版　2014 年 11 月第 1 次印刷
印數:1—1,100
ISBN 978-7-5325-7299-1
H·116　定價:38.00 元
如有質量問題,請與承印公司聯繫

目　　録

緒　論

第一節　書卷字概説

　　本書以《辭源》修訂本、《漢語大字典》、《漢語大詞典》、《中文大辭典》這四部古今音兼注的辭書爲窗口①，考述書卷字的今音歧異問題。

　　書卷字指現代漢語普通話口語中没有既成讀音的字。例如"刞、描、貌"三字："刞"是流傳已經中斷的文言詞，現代口語中自然不會有既成讀音；"描"字，中古存在多個各自爲義的音讀，其中只有武瀌切一讀及其有關義位仍見用於現代口語，另幾讀及其義位則没有在口語中流傳下來；"貌"的"容貌"義，中古有明母效韻和明母覺韻兩個同義異讀，前一讀已有傳承，後一讀則没有流傳到現代普通話口語中。綜合語言、文字兩方面來看，這些不存在既成讀音的字，包括三種情況："刞"字之類，既是僻字也是僻詞；"描"字之類，不是僻字但包含有僻詞（僻音、僻義的結合體）；"貌"字之

───────────────

①　《辭源》修訂本，商務印書館 1979—1998 年版（四册本）；《漢語大字典》，湖北辭書出版社、四川辭書出版社 1992 年版（合訂本）；《漢語大詞典》，漢語大詞典出版社 1986—1993 年版（十二册本）；《中文大辭典》，臺灣華岡出版有限公司 1976 年版（十册本），該辭典的今音標注，用的是注音字母和國語羅馬字母，本書引用時都轉換爲漢語拼音字母。引文後面括注的數目，指所引之書的册數和頁碼（或合訂本頁碼）；括注中交代出處時，四部辭書分别簡稱爲"辭源、大字典、大詞典、中文"。

類,不是僻字、僻詞但包含有僻音。基於以上所述,爲行文表述簡便計,這些只能由古音綫索而推及今音的字,我們籠統地稱作書卷字。

書卷字大都易於確認,《現代漢語規範字典》和《重編國語辭典》之類字詞典中,沒有作爲字頭收列者,視作書卷字是沒有問題的。

至於已收之字,情況則較爲複雜:多爲非書卷字,同時也雜有不少書卷字。關於這方面的問題,可借助《現代漢語規範字典》釋文中的"文"字標記進行辨證。標有"文"字標記的字,大都屬於書卷字,但也存在一些例外情況。比如被標示爲"文"的"詡、挈、訥"三字,雖然不屬口語詞,但早在20世紀初葉,即被當時的權威審音文獻《國音常用字彙》收選①,今音得到了審定和流傳,況且,此三字分別在"自詡"、"提綱挈領"、"木訥"這些較常用的言語單位中出現。這些情況表明,"詡、挈、訥"之類字的今音,已有一定程度和範圍的流布,不屬於純粹只能依古音綫索而推及今音的書卷字。

至於未標示"文"字標記者,大都可視作非書卷字,但也有一些情況需要辨證。

其一,聯繫古代漢語來看,未標示"文"字標記的,還有一些不屬僻字而含有僻詞的情況("描"字之類),也還有一些不屬於僻字、僻詞而含有僻音的情況("貌"字之類),這兩類情況顯然都應視爲書卷字。

其二,未標示"文"字標記者,還有一些其他性質的書卷字。例如"觸、梟"二字,前者是歷史詞,後者則是較生僻的植物專用名

---

① 該書由國語統一籌備會編輯審定,上海商務印書館1932年印行,後來又被收進臺灣省國語推行委員會編輯的《國音標準彙編》,上海開明書店1947年印行,我們用的是後一版本。

詞,都不是口語詞,宜於視作書卷字。

此外,方言詞方面也存在一定的糾葛。舉例來說,"垾、撏、膊"和"粑、橈、伢"幾字,現行的多數字詞典都視爲方言詞——標有"方"字標記,但它們在普通話詞彙系統中的地位却不相同:前三字較生僻,明屬書卷字之列;後三字則比較大衆化,不屬於只能依古音綫索而推及今音的書卷字。

普通字詞典都立有"描、貌"之類字頭,但隨之而列的只是常音常義,僻音僻義則没有收進音項義項。顯然,含有僻音(僻義)的"描、貌"之類,不屬於普通字詞典"已收之字",而屬於"未收之字",因此易於認清書卷字性質。

至於其他幾類"已收之字",則存在一定的辨認難度:未標"文"字標記的字,其中哪些屬於"觿、枭"之類歷史詞和較生僻的行業專用詞,哪些不屬其類;標有"文"字標記的字,其中哪些屬於"詡、挈、訥"之類,哪些不屬其類;標有"方"字標記的方言詞,哪些屬於書卷字,哪些不屬其類。這些方面的辨別都有一定的彈性,需要進行調查考察。我們的具體作法是,先在高中畢業的青少年中進行調查,在這類人群能否認讀的基礎上再酌情而定。

書卷字的確認還涉及異體字問題。正體-異體如果雙方都屬於或都不屬於書卷字,在這種情况下,其書卷字和非書卷字的性質是明朗的,不存在區分的問題;正體-異體如果一方屬於書卷字,另一方不屬於書卷字,這類情况則需要辨證。異體字包括全同異體字和非全同異體字兩大類①,前者是音、義完全等同的異體關係。例如"靴-鞾"、"春-旾"之類,其中的"鞾、旾",雖屬不常見不常用之列,但可不作書卷字對待。

關於"音、義完全等同"問題還有值得注意的情况。例如:

---

① 參看《〈漢語大字典〉編寫細則》,《漢語大字典》編纂處編撰(油印本),1982 年。

宆　（一）màn《廣韻》莫旬切　吻合。

　　（二）bīn《集韻》卑民切　同"賓（賔）"。（大字典
385）①

　　上列情况，不是一詞多音多義的問題而是一字兼二詞的情况：
第一項音義的"宆"字，屬於書卷字；卑民切-bīn 音的"宆"字則又
是另一詞，該詞與"賓（賔）"實屬音義全同之類，不必作爲書卷字
對待。

　　至於非全同異體字，則當別論。例如：

嘁　kān《龍龕手鑑》口銜反　① 同"嵌"。② 少數民族樂曲
　　名。（大字典298）

　　口銜反-kān 音，具有多個義項，同"嵌"不過是其中一項而已。
"嘁"與"嵌"，既然不是音義完全等同的異體關係，其中的"嘁"字
自應作爲書卷字對待。

　　異體字之外，還有古今字和通假字問題。古字與今字、本字與
借字，在義項（義位）方面，兩兩之間一般都存在參差，其中的書卷
字自然也不會轉化爲非書卷字。例如：

摭　（一）zhì《廣韻》直炙切　③ 投擲。後作"擲"。《説
　　文·手部》："摭，投也。"段玉裁注："今字作擲。"（大字典
　　830）

鞔₂　［mèn《集韻》母本切］　通"懣"。悶脹。（大詞典12-
　　196）

　　"摭"和"擲"都是多音多義字，作爲直炙切來説，二者尚且只
在"投擲"義方面具有古今字關係；"投擲"義之外的若干義位，二

---

　　① 《漢語大字典》的足本有合訂本、八卷本和九卷本（第二版），本書引述時以合
訂本爲底本，同時對校其他兩版，遇有古今音注上的版本歧異情况，必以注解形式予以
説明。

者則不存在這種關係。此二字的其他音讀及其意義,也都不存在這種古今字關係。

"鞙"和"澴"也都是多音多義字,二者只是在"悶脹"方面具有通假的關係。其他意義(用法)則不存在這類關係。

要之,"摘"、"鞙"只是在一定音義範圍内分别與非書卷字"擲"、"澴"有"同"、"通"關係,從整體上看,兩兩之間則存在音義參差,這種與非書卷字相對應的生僻字,仍屬書卷字的範疇。

第二節　書卷字今音的考辨問題

書卷字今音歧異的調查研究,應從今音的考辨工作做起。關於這方面的具體情況,我們不妨從有關實例説起:

1A. 蚦　zhān《廣韻》汝鹽切(大字典1185)

1B. 蚦　甲.〔集韻〕如占切 rán(中文8-364)

"汝鹽、如占"二切字異而聲韻地位實同,兩例的字面情況是,同取一個古音,因1A的反切折合失誤而致今音歧異。

"汝鹽"是一個較爲平易的反切,即使產生折合失誤,一般也不至於把聲母誤成 zh。從這個方面看,"折合失誤而致"的可能性不大。繼續考察而知,被注字"蚦",《集韻》裏另有之廉切一音,與 zhān 音相應,是汝鹽切的同義異讀。更值得注意的是,這類情況《漢語大字典》裏還有不少。不妨再看兩例:

2. 塥　bì《廣韻》芳逼切(《集韻》拍逼切)(194)

3. 汻　(二)huǎng《廣韻》呼朗切(658)

芳(拍)逼切-bì 和呼朗切-huǎng,前者的今音聲母,後者的今音韻母,都與反切明顯對不上號。查"塥、汻"二字,《集韻》裏分别還有筆力切、虎晃切之音,分别與 bì、huǎng 二音相應,前者是芳逼切的同義異讀,後者是呼朗切的同義異讀。

　　既然是較多見的情況,就應該視作特別慣例:例 2 的 bì 音,不是本乎芳(拍)逼切,而是另依筆力切折合的結果;例 3 的 huǎng 音,不是本乎呼朗切,而是另依虎晃切折合的結果;1A 的 zhān 音不是來自汝鹽切,而是另依之廉切折合的結果。由此進而可知,1A、1B 不是一古音歧爲二今音,而是各取不同音源導致歧異。

　　折合今音不依所示之反切而是另依不曾"亮相"的反切,這類音源隱晦現象的考察,有時還會遇上一些更複雜的情況,需要聯繫其他相關方面,通過綜合辨證才可廓清真詮。例如:

　　4A. 捌　(二) bié㊀《集韻》必結切(大字典 791)

　　4B. 柳　(三) biē《廣韻》方結切《集韻》必結切(大字典 511)

　　4A 的 bié 音,可能來自注中所示的必結切,也可能來自不曾"亮相"的同義異讀蒲結切(見《集韻》)。要廓清這個問題,還須另尋依據。查《漢語大字典》,"捌"以外的方(必)結切書卷字共有十三個,都折合爲 biē,別無作 bié 之例。聯繫這種注音傾向性來看,今音 bié 的音源應該不是必結切而是蒲結切。

　　bié、biē 這一對貌似同一音源而產生的歧異現象,實則是音源各有所本的相異關係。

　　關於音源隱晦現象,《漢語大字典》裏還有其他一些形式①。例如:

　　1. 捽　(四) zùn《集韻》祖對切　同"捘"。(799、800)

　　2. 谽　hān《廣韻》許咸切　[谽谺]也作"谺谽"。(1624)

　　3. 池　(三) chè《洪武正韻》直列切　通"撤"。除去。

――――――――――

　　①　參看范新幹《論僻音字的今音誤注現象》,《國學研究》第十八卷,北京大學出版社,2006 年。

(653)

4.　燨　chè　㊀《集韻》丑伐切　[燨燨]燒起。

　　　　　　㊁《集韻》敕列切　[燨烷]煙貌。(942)

5.　叴　(一) gōng《廣韻》職容切　又《集韻》沽紅切(249)

例 1 有"同'捘'"之説。查同書《手部》:

"捘 zùn《廣韻》子寸切,又七倫切,子對切。"

顯然,"捘"的今音 zùn,不是本乎祖對切而產生的誤注,而是"同'捘'"的緣故,徑依"捘"字今音改讀的結果。

例 2 有"也作'谽谺'"之説。查同書《谷部》:

"谽 hān《廣韻》火含切。"

顯然,"谺"的今音 hān,不是本乎許咸切而產生的誤注,而是"也作'谽'"的緣故,徑依"谽"字今音改讀的結果。

例 3 的今音 chè,不是本乎直列切而產生的誤注,而是"通'撤'"的緣故,徑依"撤"字今音改讀的結果。

例 4、例 5 在確立今音時,舍棄了丑伐切、職容切,今音 chè、gōng 是本乎敕列切、沽紅切折合出來的。

上述各例都是有意依體例或"潛規則"行事,造成了種種音源隱諱現象:前三例存在今音與所示之古音不相應的情況;後兩例是"一今音·二古音"的格局,而且,今音所從出的古音偏安於後位,與普通音項中常見的"今·古"對應表述情況有所不同。

以上説的還只是代表性情況,類似的現象在《漢語大字典》中還有不少。至於其他幾部辭書,需要考辨的問題同樣多而複雜,既有與《漢語大字典》相類似的問題,還有自身的特殊情況。凡此種種,都要結合各書體例及"潛規則"進行考辨,以透過表象廓清真詮。

今音的考辨還要注重音切用字方面的情況①。例如：

　　稇　　[集韻]粗本切 cǔn（中文 6‑1697）
　　稇　　zùn《集韻》粗本切（大字典 1100）

　　一古音而歧成了二今音，cǔn、zùn 之於粗本切，乍看起來似是 cǔn 音正確 zùn 音錯誤，其實不然。查切上字"粗"，古有清母和從母兩讀（《集韻》"聰徂、坐五"二切），前一性質的粗本切，今音爲 cǔn；後一性質的粗本切，今音爲 zùn。粗本切的"粗"究竟用的是哪一讀？從《集韻》裏粗本切所屬的混韻來看，清母音節已立有取本切小韻，而從母小韻則處於空缺的狀況。這種格局表明，粗本切的"粗"應是從母之讀。

　　現在再聯繫版本及切語用字的有關情況繼續進行考察：《集韻》粗本切的切上字，只有清代姚覲元重刊本存在誤作"於"的情況，其餘各版都作"粗"。《集韻》中以"粗"爲切上字的反切，除了粗本切之外，還有五例：

　　崒，粗誄切；皁，粗賄切；雋，粗兗切；坐，粗果切；毅，粗送切。

　　各切上字都是取其從母之讀，沒有例外，而且，這五例切上字"粗"，各版情況皆同，不存在以其他從母字爲切上字的版本異文現象。這些事實不單可以進一步説明粗本切的"粗"是從母之讀，而且還可證明：用"粗"字從母之讀充當切上字，這是《集韻》切語用字的慣例。由此可知，粗本切的"粗"——這個以從母"身份"出現的切上字，合乎依例用字的常規情況，並不是其他從母字的訛誤。

　　方方面面的考察表明，粗本切‑zùn 音，是取"粗"字從母之讀折合成的正確今音；cǔn 音則是取"粗"字清母之讀而產生的誤注，

_____

　　①　參看范新幹《試說音切材料的校勘》，《華中師範大學學報》1997 年第 4 期；又轉載於中國人民大學複印月刊《語言文字學》1997 年第 11 期。

導致這種折合失誤的客觀因素是反切上字的多音問題①。

　　書卷字今音辨證的複雜性於上可見其大概。這樣的對象,只有從多角度和多方位的考察入手,才能認清其内蘊。反切上下字(或直音字)方面,涉及版本異文、文字訛誤、用字習慣、古音異讀等情況;被注字方面,首先必須弄清是否書卷字的問題,再就是古音異讀、文獻用字等方面的情況。通過這些方面的綜合辨證,廓清今音的真實性質:是不是與古音不相合的現代既成讀法,是不是撇開注中音切另依古音異讀而折合的結果,是不是撇開注中音切另依有關相應之字所作的改讀處置,等等。概而言之,要從今音入手把所從出的古音面貌徹底弄清楚。依音源情況而論析今音得失及歧異問題,這是最後一道工序,在此之前,則有一系列先決工作要做。只有把這些先決性工作落到了實處,"最後一道工序"及其深入的研究才能有效地展開。

第三節　書卷字今音歧異現象概説

　　書卷字絶大多數都被現代有關字詞典注上了今音,《辭源》修訂本、《漢語大字典》、《漢語大詞典》、《中文大辭典》便是這類辭書的代表。四部辭書裏,書卷字的今音存在大量的歧異情況。具體表現爲兩大類型:一是書内歧異,一是書與書之間的歧異,"内亂"和"外亂"往往兼而有之。試看例子:

　　1. 户板(版)切的 huǎn-huàn 歧異

　　擓　huǎn《集韻》户版切②(辭源 2 - 1327)

---

① 參看范新幹《從〈集韻〉粗本切的今音歧異現象説起》,《中國語文》2006 年第 2 期。

② 《辭源》修訂本裏書名號用的是下劃波浪綫的形式,我們在引文中都换成了《》形式。

豩　huàn 户板切(辭源 4－3563)

户板(版)切爲匣母潸韻合口,huàn 音合於反切,huǎn 音則不合。同一音源而歧成了正誤兩個今音,以致在一書之内形成了歧異格局。

2. 姑泫切的 quǎn-juǎn 歧異

詃　[廣韻]姑泫切 quǎn(中文 8－928)

詃　juǎn 姑泫切(辭源 4－2882)

姑泫切爲見母銑韻合口,juǎn 音合於反切,quǎn 音則不合。音源相同的一字之音在此書與彼書之間形成了正誤歧異。

3. "蒸之上聲"的 chèng-zhěng 歧異

丞　丙.[集韻]蒸之上聲 chèng(中文 1－399、400)

丞　(四)zhěng《集韻》蒸之上聲(大字典 8)

"蒸之上聲"爲章母拯韻,zhěng 音合於反切,chèng 音則不合。音源相同的一字之音在此書與彼書之間形成了正誤歧異。

4. 公蛙切的 wā-guā 歧異

鞋　(二)wā《集韻》公蛙切(大字典 1802)

鞋　丁.[集韻]公蛙切 guā(中文 9－1645)

公蛙切爲見母佳韻合口,guā 音合於反切,wā 音則不合。音源相同的一字之音在此書與彼書之間形成了正誤歧異。

5. 在(疾)各切的 zuò-zuó 歧異

A.《中文大辭典》的 zuò-zuó 歧異

絑　乙.[廣韻]在各切 zuò(7－334)

葃　甲.[廣韻]在各切 zuó(7－1681)

B.《辭源》修訂本與《中文大辭典》的 zuò-zuó 歧異

斫　zuò 在各切(辭源 3－2245)

砟　乙. [廣韻]在各切 zuó (中文 6-1281)

C.《漢語大詞典》與《辭源》修訂本的 zuò-zuó 歧異

岞　[zuò《廣韻》在各切] (大詞典 3-807)

岞　zuó 在各切 (辭源 2-929)

D.《漢語大字典》與《中文大辭典》的 zuò-zuó 歧異

諎　(三) zuò《集韻》疾各切 (大字典 1658)

諎　丁. [集韻]疾各切 zuó (中文 8-1032)

在(疾)各切爲從母鐸韻開口,zuó 音合於反切,zuò 音則不合。同一音源的書卷字,在一書之内和書與書之間形成了正誤對立的今音歧異。

上述歧異,雙方關係都屬於正誤對立的性質,除此之外,還有誤音與誤音相對立的歧異局面。例如:

女點切的 niè-ní 歧異

褹　niè《廣韻》女點切 (大字典 1300)

褹　[廣韻]女點切 ní (中文 8-722)

女點切爲娘母點韻開口,今音應爲 nà,niè、ní 二音都與反切不合,屬於誤音與誤音相對立的特殊格局。

此外還有對等性質的歧異。例如:

所今(疏簪)切的 shēn-sēn 歧異

A.《漢語大字典》的 shēn-sēn 歧異

寪　shēn《廣韻》所今切 (1141)

嵾　(二) sēn《集韻》疏簪切 (453)

B.《中文大辭典》的 shēn-sēn 歧異

鄩　丙. [集韻]疏簪切 shēn (9-392)

嵾　丙. [集韻]疏簪切 sēn (6-225)

C.《辭源》修訂本的 shēn-sēn 歧異

　　梣　shēn 所今切(2－1593)

　　掺　3. sēn《集韻》疏簪切(2－1307)

　　D.《辭源》修訂本與《漢語大字典》的 shēn-sēn 歧異

　　掺　1. shēn 所今切(辭源 2－1626)

　　梣　(一) sēn㊀《廣韻》所今切(大字典 540)

　　E.《漢語大詞典》與《中文大辭典》的 shēn-sēn 歧異

　　慘₂　［shēn《集韻》疏簪切］(大詞典 3－758)

　　慘　甲.［集韻]疏簪切 sēn(中文 3－1157)

　　F.《辭源》修訂本與《漢語大詞典》的 shēn-sēn 歧異

　　摻　1. shēn《集韻》疏簪切(辭源 4－2836)

　　摻₁　［sēn《集韻》疏簪切］(大詞典 9－136)

　　G.《中文大辭典》與《漢語大字典》的 shēn-sēn 歧異

　　蔘　［集韻]疏簪切 shēn(中文 8－239)

　　蔘　sēn《集韻》疏簪切(大字典 1386)

　　所今(疏簪)切爲山母侵韻,中古的山母後來或演變爲 sh,或演變爲 s,分化的條件不大明朗。這種背景下產生的 shēn-sēn 歧異,在一定程度上來説,沒有正誤之分,屬於對等性質的關係①。

　　從層次方面看,單重歧異之外,還有多重歧異。例如:

　　蒲瞻切的 biān-pán-pián 歧異

　　桮　乙.［集韻]蒲瞻切 biān(中文 5－115)

　　鞞　丙.［集韻]蒲瞻切 pán(中文 7－98)

　　猵　丁.［集韻]蒲瞻切 pián(中文 6－202)

　　蒲瞻切爲並母鹽韻,pián 音合於反切,其餘兩音則都不合。

_____

　　① 關於聲韻調歷史綫索的模糊性及其導致今音歧異的問題,參看范新幹《僻音字的今音歧異問題》,《國學研究》第二十五卷,北京大學出版社,2010 年。

biān、pán、pián 三音屬於一正對二誤的多重歧異。

多重歧異自然也見於此書與彼書之間，而且這種外亂和內亂往往是交織在一起的。例如：

1. 并弭切的 bēi-bì-bǐ 歧異

A.《中文大辭典》與《漢語大字典》的 bì-bǐ 歧異

捭　[廣韻]并弭切 bì(中文 4－740)

捭　bǐ《廣韻》並弭切①(大字典 818)

B.《中文大辭典》與《漢語大字典》的 bēi-bǐ 歧異

鞞　甲.[廣韻]并弭切 bēi(中文 10－997)

鞞　bǐ《廣韻》并弭切(大字典 1976)

并弭切爲幫母紙韻開口，bǐ 音合於反切，bēi、bì 兩音則都不合。同一音源的書卷字，在一書之內和書與書之間匯成了多重的今音歧異。

2. 助(鋤)庚切的 cāng-chēng-chéng 歧異

A.《中文大辭典》的 cāng-chéng 歧異

帮　[廣韻]助庚切 cāng(10－504)

衖　甲.[廣韻]助庚切 chéng(8－859)

B.《中文大辭典》與《漢語大字典》的 cāng-chéng 歧異

嗆　乙.[集韻]鋤庚切 cāng(中文 2－902)

嗆　(三) chéng《集韻》鋤庚切(大字典 281)

C.《中文大辭典》與《辭源》修訂本的 chēng-chéng 歧異

搶　丁.[集韻]鋤庚切 chēng(中文 4－727)

搶　4. chéng《集韻》鋤庚切(辭源 2－1301)

---

①　切上字《廣韻》作"并"，不誤，引證中誤成了"並"，但古-今音的折合並未受此影響。

助(鉏)庚切爲崇母庚韻開口,chéng 音合於反切,另兩音則都不合。同一音源的書卷字,在一書之内和書與書之間匯成了多重的今音歧異。

3. 鋤陌(士格)切的 cuò-zè-zé 歧異

A.《漢語大字典》的 zè-zé 歧異

毧　　zè《玉篇》士格切(838)

泎　　zé《廣韻》鋤陌切(667)

B.《中文大辭典》與《辭源》修訂本的 cuò-zé 歧異

齰　甲.[廣韻]鋤陌切 cuò(中文 10 - 1125)

齰　1. zé 鋤陌切(辭源 4 - 3603)

鋤陌(士格)切爲崇母陌韻開口,zé 音合於反切,cuò、zè 則都不合。同一音源的書卷字,在一書之内和書與書之間匯成了多重的今音歧異。

關於多重歧異,上面説的是較爲常見的一正對多誤之類,下面再看看其他種類。

1. 衢物(渠勿)切的 qū-jué-juè 歧異

蹫　乙.[廣韻]衢物切 qū(中文 8 - 1590)

祿　[廣韻]衢物切 jué(中文 8 - 674)

翗　[字彙]渠勿切 juè(中文 6 - 1207)

《廣韻》的衢物切屬於群母物韻,《字彙》的渠勿切源於《改併四聲篇海》渠屈切,跟《廣韻》衢物切地位相同。群母物韻的今音應折合爲 jú,qū、jué、juè 三音都與反切不合,屬於誤音與誤音的歧異。

2. 都歷切的 dì-dī-dí 歧異

A.《漢語大字典》的 dì-dī-dí 歧異

玓　dì《廣韻》都歷切(463)

沟　dī《改併四聲篇海·水部》引《龍龕手鑑》:"沟,音商,又都歷切①。"(659)

罛　dí《廣韻》都歷切(1215)

B.《中文大辭典》的 dì-dí 歧異

馰　[廣韻]都歷切 dì(10−332)

靮　[廣韻]都歷切 dí(9−1635)

C.《中文大辭典》與《漢語大詞典》的 dì-dí 歧異

扚　乙.[廣韻]都歷切 dì(中文 4−424)

扚　[dí《廣韻》都歷切](大詞典 6−349)

D.《中文大辭典》與《辭源》修訂本的 dì-dí 歧異

魡　甲.[廣韻]都歷切 dì(中文 10−609)

魡　1. dí 都歷切(辭源 4−3506)

E.《中文大辭典》與《漢語大字典》的 dì-dí 歧異

肑　甲.[廣韻]都歷切 dì(中文 7−973、974)

肑　(二) dí《廣韻》都歷切(大字典 857)

　　都歷切爲端母錫韻開口,聲母韻母作 di 不誤,聲調歧異是清入分化綫索模糊所引發。該組多重的今音歧異,在一定程度上來說,沒有正誤之分,屬於諸方對等的關係。

　　3. 博木切的 pú-bǔ-bù-bú 歧異

　　A.《漢語大字典》的 pú-bǔ 歧異

璞　pú《集韻》博木切(848)

墣　bǔ《廣韻》博木切(454)

　　B.《中文大辭典》的 pú-bǔ-bù-bú 歧異

鏷　乙.[集韻]博木切 pú(10−518)

---

　　①　今本《龍龕手鑑》未見"沟"這一字頭。這種見於轉述而不見於今本的情況,後面時有涉及,一般不再加注説明。

僕　乙.［集韻］博木切 bǔ(3－1161)

䑮　［集韻］博木切 bù(10－1085)

轐　甲.［廣韻］博木切 bú(8－1769)

C.《漢語大字典》與《中文大辭典》的 pú-bǔ 歧異

獛　pú《廣韻》博木切(大字典575)

獛　［廣韻］博木切 bǔ(中文6－230)

D.《漢語大詞典》與《中文大辭典》的 pú-bǔ 歧異

襆₂　［pú《廣韻》博木切］(大詞典9－137)

襆　甲.［廣韻］博木切 bǔ(中文8－715)

E.《漢語大詞典》與《中文大辭典》的 bǔ-bú 歧異

撲₂　［bǔ《集韻》博木切］(大詞典6－862)

撲　丁.［集韻］博木切 bú(中文4－774)

博木切爲幫母屋韻一等,bǔ、bù、bú 三音,聲母韻母不誤,聲調歧異是清入分化綫索的模糊性所致。至於 pú 音,則與反切不合,屬於古今音折合失誤。

既有諸方對等的今音關係,也有正誤對立的今音關係,該組三重歧異兼有兩類不同性質的今音問題。

關於歧異類型,還有一種比較特殊的形式。例如:

揸　甲.［廣韻］所簡切 shǎn　chǎn(中文4－739)

騽　［廣韻］所簡切 chǎn(中文10－388)

所簡切爲山母產韻開口,shǎn、chǎn 二音,前者合於反切,後者則不合①。二者出現於同一音項,以致引發一音對多音的書內歧異。

這種見於一個音項的多歧現象,還可引發書與書之間的歧異。例如:

---

① 參看王力《漢語史稿》(上册),中華書局,1980年,第120、148、150頁。

彴　丙. [集韻]弼角切 báo　bó(中文 3 - 1555)

彴　(二) bó《集韻》弼角切(大字典 342)

弼角切爲並母覺韻，bó、báo 二音，前者合於反切，後者則不合①。二者出現在同一音項，因此在書與書之間引發一音對多音的歧異。

上面述説的都是古今音折合差異所引發的今音歧異，其前提是本於同一歷史音源而審注今音。所形成的今音歧異現象，正誤對立之類居多，種種正誤關係反映的是古今音折合正確與否的問題；諸方對等之類占少數，客觀原因是音源方面存在歷史綫索的模糊性，因此具有一定的對等性質。

今音歧異還有非折合分歧所導致的情況，常與注音體例的分歧有關。試看例子：

1.“糲”字的 lì-lài 歧異

糲　lì《集韻》落蓋切　粗米；糙米。後作“糲”。(大字典 1317)

糲　甲. [集韻]落蓋切 lài　粗米也。與糲、粝同。(中文 7 - 210)

lì、lài 二音，前者是徑依“糲”字今音改讀的結果，後者才是落蓋切的折合音②。

2.“瞞”字的 mèn-měn 歧異

瞞　mèn《玉篇》莫本切(大字典 644)

瞞　[集韻]母本切 měn(中文 4 - 1399)

———

① 參看王力《漢語史稿》(上册)，中華書局，1980 年，第 120、148、150 頁。

② 參看本書上篇第十一節。

　　mèn、měn 二音之於母（莫）本切，前者不合，後者相合；從今音音系來看，只存在 mèn 音節而不存在 měn 音節；"莫本"是一個地道的"音和切"，一般不會産生古今音折合失誤。綜合上述三個方面來看，mèn 音不大可能是反切折合失誤所致，而是改讀的結果——改從 mèn 音，借以規避 měn 這個現代闕如的音節①。

　　上面兩組都是改讀與不改讀的矛盾：或改其讀，或依切折合，今音歧異由此而形成。下面再看各取其音而導致的情況。

　　1. "頑"字的 yáng-dùn 歧異

頑　yáng《龍龕手鑑》五江反　山名。（大字典 330）

頑　[字彙]杜本切 dùn　山名。（中文 3 - 949）

　　五江切和杜本切是兩個同義的異讀，各取其音而立項，以致形成 yáng-dùn 歧異。

　　2. "祀"字的 bǎ——bǎ-sháo 歧異

祀　bǎ《廣韻》市昭切　又《集韻》補下切　用手擊物。（大字典 315）

祀　甲．[廣韻]博下切 bǎ

　　乙．[廣韻]市昭切 sháo　反手擊也。（中文 3 - 1147）

　　"祀"的"用手擊（反手擊）"之義，或取一音，或並存二音，因此在書與書之間形成一對多的今音歧異。

　　辭書體例上的分歧以及取音分歧，分別引發了上述諸組歧異。這樣的歧異，諸方没有正誤之分，也具有一定的對等性質。

　　今音歧異的成因大都是一個綜合的系統，即使是單重的歧異，其成因往往也是多元的。例如：

_____

　　①　參看本書下篇第二節。

1. 市金(氏任)切的 shēn-chén 歧異

腠　shēn《玉篇》市金切(大字典877)

瘎　chén《廣韻》氏任切(大字典1121)

市金(氏任)切爲禪母侵韻,中古禪母平聲,後來或變爲 sh,或變爲 ch,分化的條件不大明朗,以致引發 sh-ch 歧異;至於聲調方面,理應折合爲陽平,作陰平則是昧於平聲分化原理所致。該組單重歧異,就是上述兩類致亂因素相互交織的結果。

2. 以灼切的 yuè-yào——yuè 歧異

繪　[玉篇]以灼切　音藥 yuè　yào(中文7-636)

趨　[廣韻]以灼切 yuè(中文8-1549)

前一例的被注字"繪",《玉篇》只注有"音藥"這一直音,《中文大辭典》引證時,補擬了一個與之相應的以灼切。以灼切-音藥,都屬於余母藥韻開口,今音應折合爲 yuè,前一例駢列 yào 音顯然不妥。"藥"字今有 yuè-yào 文白二讀,因此引發一古音而歧爲二今音的錯誤。

這當中透露出的是一種徑依注音字類推今音的程序。其實以灼切也好,"音藥"也好,它們所提供的都只是一種古音信息,扣住這一古音地位比照歷史音變規律而折合,才能剔除 yào 這一不合於音源的異變讀法①,求出正確的今音 yuè。略過必不可少的程序而徑依注音字進行類推,誤音 yào 的產生自然也就在所難免了。直音字"藥"的 yào 音現象是致誤的客觀基礎,徑依注音字進行類推則是方法上的失誤。該組單重歧異,便是這兩種因素相互交織的結果。

至於多重歧異,其成因更以多重性爲常。例如:

---

① 關於語音異變與今音歧異問題,參看本書上篇第八節。

1. 色(所)甲切的 shā-shà-sà 歧異
A.《漢語大字典》的 shā-shà 歧異
扁　shā《龍龕手鑑》所甲反(948)
悢　(一)shà《廣韻》所甲切(313)
B.《中文大辭典》與《漢語大字典》的 shà-sà 歧異
籗　[字彙補]色甲切 shà(中文 7 - 134)
籗　sà《改併四聲篇海》引《川篇》色甲切(大字典 1261)

據考察而知,《字彙補》的色甲切來自《川篇》,《川篇》的色甲切跟《廣韻》(《集韻》)所(色)甲切地位相同,都屬於山母狎韻。shā、shà、sà 三音,韻母不成問題,聲母的 sh-s 歧異、聲調方面陰平與去聲的歧異,一方面是由於山母和清入調類歷史音變存在模糊性問題;另一方面是由於審音注音當中存在隨意性——上面四例注音處置足以説明這一情況。兩類客觀因素,外加一類主觀因素,在這樣的情況下,今音多重歧異的產生也就在所難免了。

2. 平(被)表切的 bāo-piǎo-piào-biào 歧異
A.《漢語大字典》的 piǎo-biào 歧異
撫　(二)piǎo《集韻》被表切(832)
貓　(一)biào《玉篇》平表切(1628)
B.《中文大辭典》的 bāo-piǎo 歧異
麿　丁.[集韻]被表切 bāo(10 - 882)
猭　甲.[廣韻]平表切 piǎo(6 - 202)
C.《中文大辭典》與《漢語大字典》的 piǎo-piào 歧異
沒　[集韻]被表切 piǎo(中文 5 - 1154)
沒　piào《集韻》被表切　(大字典 677)
D.《漢語大詞典》與《漢語大字典》的 piǎo-biào 歧異
殳　[piǎo《廣韻》平表切](大詞典 2 - 870)

受　biào《廣韻》平表切（大字典 166）

平（被）表切爲並母小韻，biào 音合於反切，不合於反切的 bāo、piǎo、piào 三音，成因在於同小韻之字等方面①。

平（被）表切小韻當中，“苞”，另有布交切-bāo 音；“皫、皫”，另有敷沼（滂表）切-piǎo 音；“殍”，今音異變爲 piǎo；“摽”，另有匹妙切-piào 音。

四部辭書在注音方面都有依同小韻之字類推今音的習慣，在這種主觀作用之下，該小韻“苞、皫、皫”等字的種種特殊情況，都是引發今音誤注的根苗②。今音歧異由今音誤注而引發，今音誤注的產生，則與注音程序和種種“根苗”有關。

上述成因分析表明，客觀性因素都需要在一定的主觀作用下才能產生致誤（致亂）的作用，沒有主觀因素的作用，它們都只能作爲致誤（致亂）的可能性而存在。這種起着關鍵性作用的主觀性因素，並不是調查分析中偶然遇到的巧合現象，而是四部辭書今音歧異成因的真實反映。主觀性因素中的常見情況，並不是缺乏歷史音變知識的問題，而是依注音字或同小韻之字類推今音的錯誤程序。還有一個更爲突出的情況便是注音處置上的隨意性問題，這是貫穿四部辭書整個今音審注當中一個更爲多見的致誤（致亂）因素。

今音歧異的成因以綜合性和多重性爲常，這意味着從成因角度給歧異現象分類難以做到整齊劃一，往往只能就其中某一個突出的方面進行歸納。如此運作，四部辭書書卷字的今音歧異，大致可歸納爲十一大類：第一，音切錯誤引發之類；第二，注音字類隔引發之類；第三，反切用字語音異變引發之類；第四，注音字多音引

---

① “同小韻之字”這類名稱，本書一般用來稱説《廣韻》（《集韻》）中同一小韻的字，有時還兼賅其他韻書、字書中地位相同的字。

② 參看范新幹《“北及”怎麽切出了 zào 音》，《中國語文》2009 年第 6 期。

發之類;第五,不明歷史音變規律引发之類;第六,同小韻之字多音引發之類;第七,同小韻之字語音異變引發之類;第八,古音信息模糊引發之類;第九,歷史音變綫索模糊引發之類;第十,改讀處置引發之類;第十一,古音異讀引發之類。

十一大類的劃分既然是就其一點而求其類的結果,因此,各類之間、一類之内的各組之間,難免會有一些互相交叉的情況,也難免一組歧異而有多種致亂因素的情況。

第四節　思路和布局

本書所列舉的書卷字今音歧異現象,共 1 900 多例,涉及 1 400 多個字頭,這當然還只是一個初步的調查數據,實際數量遠不止這些。這些存在歧異的今音,涉及喉、牙、舌、齒、唇、半舌、半齒七音和陰、陽、入三類韻;涉及開、合口韻和平、上、去、入四聲,它們在古音聲韻分布上的全面性和多樣性,於此可見一端。從其他方面看,或歧在聲母,或歧在韻母,或歧在聲調,或歧在聲母、韻母,或歧在聲母、聲調,或歧在韻母、聲調,或是聲、韻、調俱有歧異;既有單重歧異,也有多重歧異;既有正-誤對立的歧異,也有誤-誤對立和對等性質的歧異,種種色色,豐富多樣。

如前所述,這些歧異大部分是古今音折合分歧所致,再就是處置體例分歧和異讀取捨分歧所致。前者是相同音源被歧成不同的今音,不合理的性質顯而易見。至於後兩者,從辭書注音體例可以不必强求一律的角度看,從同義異讀雙方關係對等的方面看,固然可以説無可厚非,但從字音規範化等更高的層面看,則有高下之分。

作爲古今音兼注的辭書,這四部字詞典無疑是海峽兩岸高檔次的、有影響的代表性文獻,見於其中的今音歧異現象,足以代表海峽兩岸今音之注中的歧異現狀。單就書面語讀書音的職能範疇而論,這個今音現狀,已在漢語書面語讀書音系統中造成了一定的混亂。如果説今音歧異悖於音理、偏離語音規範原則的狀況還只是問題的一個表象,那麼在書面語讀書音系統當中造成混亂性,這就是實質性的問題了。這個實質性的問題,難免會給海峽兩岸及國外華語區漢語文化的學習、研究、教學等方面造成一定的困擾,同時也難免會給海峽兩岸之間、國外華語區與海峽兩岸之間有關文化的交流造成一些不便。

要之,書卷字今音歧異及其整理問題的研究,既是學術、文化工作的需要,同時,對加強中華民族的大團結,對促進海峽兩岸的統一,也具有一定的現實意義,是一項勢在必行的歷史任務。

整理工作應從歧異現象的考察方面做起,本書的研究順着這種思路而展開:首先論列書卷字今音歧異現象,然後論述歧異的整理問題。

前一環節,按歧異成因分類展開,在臚列歧異狀況的同時論析其成因。各類歧異實例,不作窮盡性羅列,而是擇要列舉。"就其一點"而劃定的成因類別,這種意義上的"一類",實際上兼賅了其他不同角度的多類成因,十一類歧異所涉及的是幾十類成因,涵蓋了四部辭書書卷字今音歧異所由生方面的種種情況。關於這個方面的分析,我們力求簡要,對一些多元的成因,一般只依歧異所劃歸的類型就其一點作"本位性"的展開,而不面面俱到。

後一環節,論述歧異整理問題,按照先總論後分論的程序展開。總論方面,就整理原則、方法、手段三者展開專題討論;分論方面,分別從誤移所導致的歧異、語音異變所導致的歧異和歷史音變綫索模糊所導致的歧異這三個方面切入,圍繞整理的原則、方法等方面展開討論。總論説的是歧異整理的總法則,分論則是典型歧異案例的專題討論。就整理而言,這三類歧異現象具有較大的代表性,明確了這三類歧異在整理方面的主要問題,其他各類的整理大體上就可以類推了。

　　總論和分論都以舉例論證的方式展開，其中一個重要環節，便是參酌歧異音的分布狀況而考論整理方式。凡是用作歧異整理靶標的音例，它們在各書當中出現的具體情況，都存在一個需要調查考察的問題。我們的調查考察，在窮盡四部辭書的同時，還適當參酌了其他字詞典及有關注音文獻的情況。關於這項工作，還要作以下兩點説明：

　　其一，四部辭書在書卷字及其讀音的收選方面情況不大平衡：《中文大辭典》和《漢語大字典》收選較全，《漢語大詞典》和《辭源》修訂本收選較少。因此，本書的調查數據只能做到就各書所收實況而考述，由此提供一定的總體比例狀況。

　　其二，"窮盡四部辭書"而"適當參酌其他文獻"的作法，嚴格地説還是抽樣調查的性質，這種調查用於歧異整理原則、方法等方面的討論，似無大礙。至於歧異整理的具體實施，在這個過程中，對歧異分布狀況的掌握，則不能停留在抽樣的層面上，而應進一步廣搜博采，通過真正意義的窮盡性調查，全面掌握情況。這樣把歧異分布的調查工作做扎實了，才能保證歧異整理的實施質量。

　　總括而言，前一環節是發掘問題揭示矛盾，後一環節是探討解決問題的方案，提出系統性構想。本課題的全部工作，可以概括爲"調查、研究"兩件事。歧異問題的調查離不開研究，歧異整理的研究離不開調查，二者相輔相成，互爲作用。本課題的具體運作，也就是在研究中調查和在調查中研究的過程。

　　最後，説明一下引例方面的有關情況。關於四部辭書的注釋文字，本書引述時作了一定的變通，具体情況主要涉及以下數端。

　　一是節錄方面。並列於一個音項的多個反切（直音），若爲同音的音切異文，一般只取其中的首音；若是異讀現象，則取其中與今音相應的反切（直音）。反切後面標示聲韻調等情況的文字，一般省而不引。還有義項、例證、書證、疏證之類，如有所引，一般也是節錄。

　　二是調改方面。辭書釋文中的簡化字和印刷宋體舊字形,分別轉換爲繁體和新字形,見於字頭的印刷宋體舊字形,則仍其舊制而不予更改。

　　原書的義項序號,或爲❶、❷之類,或爲㊀、㊁之類,或爲❶、❷之類,引述時一律換作①、②之類。

上篇　書卷字的今音歧異

第一節　音切錯誤所引發的今音歧異

古代韻書、字書和其他舊注中的注音材料大都可靠，但也存在一些"問題"音切。審注今音時疏於考校而沿襲其誤，必然導致連鎖性的今音誤注①。例如：

搿　乙.［集韻］五瞎切 yà（中文 4-703）

五瞎切及其 yà 音，表面看來没有問題，其實不然：《集韻》裏該小韻的切上字存在或作"五"、或作"丘"的版本性歧異——前者誤，後者是②。"搿"的今音，應依丘瞎切而折合爲 qià③，作 yà 則是沿用誤切而導致的連鎖性失誤。

_____

① 參看范新幹《論僻音字的今音誤注現象》，《國學研究》第十八卷，北京大學出版社，2006 年。

② 參看邱棨鐍《集韻研究》，臺北卓少蘭印行，1974 年，第 1160 頁。

③ 丘瞎切爲溪母鎋韻開口，今音聲母韻母折合爲 qia 是不成問題的，至於聲調的確定，則存在一定的彈性。該小韻不存在口語詞，不能反映今音聲調的具體歸向，因此依溪母入聲大都歸派爲去聲的傾向而定作去聲。下面各章節的論列中，凡屬不存在口語詞的清入小韻，一般都依這種傾向性而酌定今音標準聲調。至於存在口語詞的清入小韻，則視其具體情況而定：口語詞的聲調與"傾向性"不相吻合的情況下，依口語實際讀法酌定正音；口語詞存在多種聲調的情況下，以合於傾向性之讀爲正音。——參看本書下篇第六節。

　　下面再看古音誤注之類：

覞　shèng《龍龕手鑑・見部》：“覞，所杏反。”《字彙補・見
　　部》：“覞，音勝，見《篇韻》。”（大字典1528）

　　“音勝”跟所杏切是什麼關係？這個直音究竟是什麼性質？
查《字彙補・見部》：“覞，所杏切，音勝。見《篇韻》。”《篇韻》是幾
部書的合稱，被注字見於其中的《改併四聲篇海・見部》：覞，所杏
切。綜上而知，所杏切於古有徵，“音勝”不是又音，而是後人解讀
前代反切所注的折合音。

　　《改併四聲篇海》和《龍龕手鑑》的所杏切，跟《廣韻》系統的山
母梗韻開口二等相當，今音應爲shěng，在任何情況下都不可能
“音勝”，《字彙補》的直音有誤。所杏切而作shèng音，就是沿襲
“音勝”這一誤注而致。

　　除了沿襲舊誤而致今音誤注的情況之外，還有抄錯（看錯）音
切而致今音失誤之類①。例如：

癢　［字彙補］呼剛切　音杭háng（中文6-814）

　　呼剛切不能“音杭”，是不是《字彙補》注錯了？試看有關文獻
的記載：

《改併四聲篇海・疒部》：癢，呼岡切。
《字彙補・疒部》：癢，呼剛切，音忼。

　　《字彙補》之注，反切本乎《改併四聲篇海》，直音則不是“音
杭”而是“音忼”，“忼”音跟“呼剛（岡）切”等同，是正確解讀反切
而得出的對應音。“癢”字條的注音中引作“音杭”，可能是抄錯
（看錯）了直音字，正確的直音古注就這樣變成了錯誤的“音杭”之

_____

① 　參看范新幹《論僻音字的今音誤注現象》，《國學研究》第十八卷，北京大學出
版社，2006年。

注,以致引發誤 hāng 爲 háng 的問題。

　　上述三大類音切錯誤所導致的今音誤注,都引發了今音歧異,現在擇要論列於下。

　　1. 口(苦)陷切的 kàn-qiàn 歧異

　　悡　［五音集韻］苦陷切 kàn(中文 4 - 86)

　　谼　［集韻］口陷切 qiàn(中文 8 - 1196)

　　據考察,《五音集韻》苦陷切跟《集韻》(《廣韻》)丘(口)陷切地位相同,今音應折合爲 qiàn。是什麽原因讓苦陷切誤成了 kàn 音? 查《康熙字典·補遺·心部》:

　　悡,《五音篇海》苦陷切,音勘。

　　至此而知,苦陷切爲《五音篇海》和《五音集韻》所注,直音是《康熙字典》所加。

　　我們知道,《五音篇海》和《五音集韻》裏,苦陷切和"勘"音,一爲溪母陷韻一爲溪母勘韻,二者並未混同;發展到明清時期,二者的混同也只見於某些方言當中,而不見於共同語標準音體系。要之,"苦陷"切不出"勘"音,《康熙字典》的"音勘"之注,屬於以方音亂正音的性質。

　　苦陷切的 kàn 音,就是"音勘"這一舊注引發的誤注。

　　2. 披(疋)教切的 piào-pào 歧異

　　霮　［字彙補］疋教切 piào(中文 9 - 1518)

　　穮　丙.［集韻］披教切 pào(中文 6 - 1705)

　　披教切折合爲 pào 不誤,前一例疋教切-piào 的性質則需考察:

　　《改併四聲篇海》:霮,疋教切。

　　《字彙補·雨部》:霮,疋教切,音票。

正教切於古有徵，"音票"則是《字彙補》解讀前人反切所補加的直音。

取自《改併四聲篇海》的正教切，跟《集韻》披教切（《廣韻》匹兒切）地位相同，屬於滂母效韻，在中古音和近代音裏都跟"票"不同音，《字彙補》以"票"音"對譯"正教切顯然不妥。

要之，正教切的今音也應折合爲 pào，piào 音則是"音票"這一舊注所引發的誤注。

3. 魚乙切的 wù-yì 歧異

舣　［康熙字典］魚乙切 wù（中文 7－1282）

舣　［廣韻］魚乙切 yì（中文 7－1280）

魚乙切的今音應爲 yì，wù 音與反切不合。查《康熙字典·舟部》：

舣，《廣韻》魚乙切，音兀。

魚乙切不能"音兀"，《康熙字典》的直音顯然不妥。魚乙切而作 wù 音，就是襲用"音兀"這一誤注而致。

音切錯誤在一書之內所引發的今音歧異，大都發生在同音源諸字之間，上面論列的就是這類代表，另外還有一字之音而在一書之內產生歧異的情況。例如：

1. 滂〈傍〉丁切/普丁切的 píng-pīng 歧異

瓶　乙.［集韻］傍丁切 píng（中文 7－1322）

瓶　甲.［廣韻］普丁切 pīng（中文 7－1322）

前一例的音源，《集韻》傳本或作傍丁切，或作滂丁切——前者誤，後者是①。

----

① 參看邱棨鐊《集韻研究》，臺北卓少蘭印行，1974 年，第 1045—1046 頁。

　　滂丁切與《廣韻》普丁切內涵實同,只因取的是"傍丁"這一"問題"反切,以致錯誤地與普丁切駢列爲兩個音項。依傍丁切而產生的是連鎖性誤音 píng,依普丁切而產生的是正確的 pīng 音,音源相同的一字之音就這樣在一書之內歧成了正誤二音。

　　2. 千〈子〉仲切的 zòng-còng 歧異

　　趙　丙.［廣韻］子仲切 zòng(中文 8–1537)
　　趙　乙.［集韻］千仲切 còng(中文 8–1537)

　　前一例的音源,《廣韻》傳本或作子仲切,或作千仲切——前者誤,後者是①。《廣韻》與《集韻》本來用的是同一個切語,只因取的《廣韻》音是"子仲"這一"問題"反切,以致錯誤地與《集韻》音駢列爲兩個音項。依子仲切而產生的是連鎖性誤音 zòng,依千仲切而產生的是正確的 còng 音,音源相同的一字之音就這樣在一書之內歧成了正誤二音。

　　音切錯誤所導致的今音混亂,除了書內歧異之外,還有此書與彼書之間的歧異。例如:

　　1. 側銜切 jiān-zhān 歧異

　　閸　［字彙］側銜切 jiān(中文 9–973)
　　閸　zhān《玉篇》側銜切(大字典 1786)

　　側銜切爲莊母銜韻,zhān 音合於反切,不合於反切的 jiān 音是怎樣產生的? 查《康熙字典·門部》:

　　閸,《玉篇》側銜切,音尖。

　　反切來自《玉篇》,直音是《康熙字典》所爲。《玉篇》音切音系中,側銜切跟"尖"音並不混同,而且在後來的發展中也沒有混同,

____
① 參看周祖謨《廣韻校本》(上冊),中華書局,1960 年,第 345 頁。

《康熙字典》的"音尖"之注顯然不妥。

側銜切而作 jiān 音就是襲用"音尖"這一誤注而致。

2. 何(胡)鄧切的 xìng-hèng 歧異

垶　甲．[篇海]何鄧切 xìng(中文 2 - 1235)

垶　hèng《改併四聲篇海》引《龍龕手鑑》胡鄧切(大字典 193)

何(胡)鄧切爲匣母嶝韻，hèng 音合於反切，不合於反切的 xìng 音是怎樣產生的？查《康熙字典·土部》：

垶，《篇海》何鄧切，音幸。

何(胡)鄧切和"幸"音，在《龍龕手鑑》和《篇海》裏並不同音，後來也只在某些方言裏有混同的情況出現。"何鄧"切不出"幸"音，《康熙字典》的"音幸"之注，屬於以方音亂正音的性質。

何鄧切而作 xìng 音就是襲用"音幸"這一誤注而致。

3. "覞"字的 shǎng-shuǎng 歧異

覞　shǎng《字彙補》少榜切(大字典 1528)

覞　[字彙補]少榜切 shuǎng(中文 8 - 806)

這兩個例子似乎是本乎《字彙補》少榜切而歧成 shǎng-shuǎng 二音，其實則不然。試看《字彙補·見部》的注音：

覞，少榜切，音爽。

少榜切和"音爽"，二者的聲韻地位並不同—①，這種音切雜糅現象的形成必有特殊原因。查《改併四聲篇海·見部》：

覞，音爽。

---

① 參看王力《康熙字典音讀訂誤》，中華書局，1988 年，第 396 頁。

由上可知:"音爽"之注於古有徵,少榜切則是《字彙補》所擬制的反切,"少榜切"與"音爽"的不相合,錯誤的一方不在直音而在反切——一個因錯誤解讀"音爽"之注而產生的誤切。

要之,shǎng、shuǎng 二音之於"少榜切-音爽",前者是本乎錯誤反切而形成的誤音,後者才是本乎直音而得出的正確今音。

4. 七〈式〉支切的 shī-cī 歧異

榷 [類篇]式支切 shī(中文5-495)

榷 cī《集韻》七支切(大字典550)

該被注字的切上字,《集韻》作"七"不誤,《類篇》傳本或作"式"、或作"七"——前者誤,後者是。

前一例涉切語誤字而導致連鎖性的今音誤注,以致引發式支切-shī 與七支切-cī 的歧異。

5. 七〈士〉忍切的 zhěn-qǐn 歧異

笏 甲.[廣韻]士忍切 zhěn(中文6-1836)

笏 qǐn《廣韻》七忍切(大字典1230)

該被注字的切上字,《廣韻》傳本或作"士"、或作"七"——前者誤,後者是①。

士忍切,今音應爲 zhèn,作 zhěn 則是昧於濁上變去規律而誤。前一例涉切語錯字誤中而又加誤,後一例才是本乎正確切語而獲得的正確今音。

6. 師駭切的 sǎ-shǎi 歧異

搋 2. sǎ《集韻》師駭切(辭源2-1302)

搋 丁.[集韻]師駭切 shǎi(中文4-753)

---

① 參看周祖謨《廣韻校本》(上冊),中華書局,1960年,第278頁。

師駭切爲山母駭韻開口，shǎi 音合於反切，不合於反切的 sǎ 音是怎樣産生的？查《康熙字典・手部》：

搬，又師駭切，撒上聲。

"師駭"切不出"撒上聲"，《康熙字典》的直音大誤，前一例襲用其説，誤上加誤而成 sǎ 音。

7. 烏果切的 duǒ-wǒ 歧異

綏　［字彙補］烏果切 duǒ（中文 2 - 1415）

綏　wǒ《龍龕手鑑》烏果反（大字典 363）

烏果切爲影母果韻合口一等，wǒ 音合於反切，不合於反切的 duǒ 音是怎樣産生的？查《字彙補・夕部》：

綏，烏果切，音朵。

烏果切於古有徵，"音朵"則是《字彙補》給中古烏果切補充的直音。

《龍龕手鑑》的烏果切，在任何情況下都不可能"音朵"，《字彙補》的直音顯然不妥。

烏果切而作 duǒ 音就是襲用"音朵"這一誤注而致。

8. 測〈側〉角切的 zhuó-chuò 歧異

磭　（二）zhuó《廣韻》側角切　［磭礰］大石。① （大字典 1024）

磭　乙.［廣韻］測角切 chuò　磭礰，磐石也。（中文 6 - 1348）

"磭礰"的"磭"，《廣韻》本作測角切，切語並無誤字，前一例却

----

① 該字頭的側角切-zhuó 音，《漢語大字典》第二版已更改爲側角切-zhuō，只改及今音聲調，未涉及音源方面的情況。

把切上字誤成了"側",因而導致連鎖性的今音誤注,引發側角切-zhuó 與測角切-chuò 的歧異。

9. 欘〈欘〉劣切的 zhuò-chuò 歧異

欘　zhuò《集韻》欘劣切,入薛知①(大字典 942)

欘　[集韻]欘劣切 chuò(中文 6 - 29)

該被注字,《集韻》作欘劣切不誤,屬於徹母薛韻合口②,今音應折合爲 chuò。

前一例,反切雖没抄錯,但切上字却標爲知母,這顯然是錯把"欘"當成了字形近似的"欘"(知母字),因而產生連鎖性的今音誤注,引發欘劣切-zhuò 與欘劣切-chuò 的歧異。

10. 莫白〈博陌〉切的 bó-mò 歧異

袹　(一) bó《廣韻》博陌切　[袹腹]。也作"袹腹"。裹肚。
　　(大字典 1286)

袹　甲. [廣韻]莫白切 mò　① 袹腹、袹襠也。(中文 8 -
　　643)

"袹腹"的"袹",在《廣韻》裹隸屬莫白切小韻,博陌切小韻中並没有"袹"字。

前一例把切語誤成了"博陌",因而導致連鎖性的今音誤注,引發博陌切-bó 與莫白切-mò 的歧異。

11. 五郢切的 jìng-yǐng 歧異

狉　[篇海]五郢切　音脛　jìng(中文 6 - 190)

狉　yǐng《篇海類編》五郢切(大字典 567)

---

① 該字頭的欘劣切-zhuò 音,《漢語大字典》第二版已更改爲欘劣切-zhuó,只改及今音聲調,未涉及其他方面。

② 參看黃侃《集韻聲類表》卷二,上海開明書店,1936 年。

　　五郢切和"脛"音,一爲疑母静韻開口,一爲匣母迥韻(徑韻)開口,二者不是同音關係,前一例的反切和直音,二者必有一誤。下面從相關古注入手試作簡要考述:

　　《篇海類編·鳥獸類·犬部》:㹩,五郢切,音䃘。

　　《重刊新校篇海·犬部》:㹩,五郢切,音䃘。

　　《篇海》等文獻中都是五郢切-音䃘,直音字是"䃘"而不是"脛"。五郢切-音䃘,一爲疑母静韻開口,一爲疑母迥韻開口,二者在近代已經混同,《篇海》和《重刊新校篇海》以"䃘"音折合五郢切是不成問題的。從這裏可以進一步看到,《篇海》的直音字是"䃘"而不是"脛"。

　　五郢切-音䃘,無論反切還是直音,今音都爲 yǐng,作 jìng 顯然是抄錯(看錯)直音字所致:"音䃘"而被視作"音脛",進而徑依"脛"字類推今音,因此引發誤 yǐng 爲 jìng 的問題。

　　12. 敨〈先〉了切的 xiǎo-diào 歧異

　　敨　甲.［集韻］先了切 xiǎo　① 撲也。(中文 4-943)

　　敨　(一) diào《集韻》徒了切　撲。(大字典 615)

　　"敨"字《廣韻》無《集韻》有,其"撲"義之音,隸屬徒了切小韻,先了切小韻中並無此字(《類篇》中情況亦同)。

　　前一例把切上字誤成了"先",因而導致連鎖性的今音誤注,引發先了切-xiǎo 和徒了切-diào 的歧異。

　　13. 屺〈虛〉里切的 xǐ-qǐ 歧異

　　屺　甲.［廣韻］虛里切 xǐ(中文 3-867)

　　屺　qǐ《廣韻》墟里切(大字典 320)

　　該被注字,《廣韻》作墟里切不誤,屬於溪母止韻,今音應折合爲 qǐ。前一例把切上字誤成了"虛",因而導致連鎖性的今音誤注,引發虛里切-xǐ 與墟里切-qǐ 的歧異。

14. 于〈於〉倫切/于貧反的 yūn-yún 歧異

筼　乙．［類篇］於倫切 yūn　①蓛竹也。②竹青皮也。③亦作"筠"。（中文7－21）

筼　（二）yún《經典釋文》于貧反　竹青皮。俗稱箆青。後作"筠"。（大字典1238）

"蓛竹、竹青皮"之類意義的"筼"字，《類篇》（《集韻》）作于倫切——切上字"于"不誤，《經典釋文》作于貧反，二切的地位相當，今音都爲 yún。前一例引作於倫切，把雲母的"于"字誤成了影母的"於"字，因而產生連鎖性的今音誤注，引發於倫切-yūn 跟于貧反-yún 的歧異。

書內歧異和書與書之間的歧異有時是兼而有之的。例如：

1. 尼〈居〉佳切/妳佳切的 jiē-nái 歧異

A.《中文大辭典》的 jiē-nái 歧異

鋭　乙．［集韻］居佳切 jiē（7－754）

說　乙．［廣韻］妳佳切 nái（8－1046）

B.《中文大辭典》與《漢語大字典》的 jiē-nái 歧異

脫　［集韻］居佳切 jiē（中文7－1084）

脫　nái《集韻》尼佳切（大字典876）

該組被注字，《集韻》本爲尼佳切（與《廣韻》妳佳切相應），但切上字"尼"，傳世諸本都誤成了"居"①。或沿襲誤切而折合今音，或校改爲尼佳切而折合今音，以致歧成 jiē、nái 二音，在一書之內和書與書之間引發今音歧異。

2. 椿〈椿〉皆切/卓皆切的 chāi-zhāi 歧異

A.《中文大辭典》的 chāi-zhāi 歧異

---

① 參看黃侃《集韻聲類表·集韻切語校字》，上海開明書店，1936年。

　　觡　甲.［集韻］椿皆切 chāi(10－1125)

　　桸　　［廣韻］卓皆切 zhāi(5－387)

　　B.《中文大辭典》與《漢語大字典》的 chāi-zhāi 歧異

　　牴　丙.［集韻］椿皆切 chāi(中文 6－118)

　　牴　(三) zhāi《集韻》椿皆切,平皆知(大字典 759)

　　該組被注字,《集韻》本爲椿皆切(與《廣韻》卓皆切相應),但切上字"椿",傳世諸本都誤成了"椿"①。chāi 音都來自椿皆切。A 組的 zhāi 音來自卓皆切;B 組的 zhāi 音,切上字雖然引作"椿",但標示的是"知母",顯然是按"椿皆"折合的今音。

　　或沿用"椿皆"誤切而定出今音 chāi,或依正確的椿皆(卓皆)切而定出今音 zhāi,以致引發書內歧異和書與書之間的歧異。

　　當取證疏失問題與其他致誤(致亂)因素相交織時,往往導致一音多歧的現象,由此引發錯綜複雜的多重歧異局面。例如:

1.　乙乖〈皆〉切/烏乖切的 āi-wā-wēi-wāi 歧異

　　A.《中文大辭典》的 wā-wēi-wāi 歧異

　　歲　丙.［廣韻］乙乖切 wā(3－948)

　　釀　乙.［集韻］烏乖切 wēi(10－860)

　　魂　壬.［集韻］烏乖切 wāi(6－1349)

　　B.《漢語大詞典》與《中文大辭典》的 āi-wēi 歧異

　　溾　　［āi《廣韻》乙皆切](大詞典 5－1492)

　　溾　甲.［廣韻］乙乖切 wēi(中文 5－1464)

　　C.《中文大辭典》與《漢語大詞典》的 wēi-wāi 歧異

　　㵉　乙.［集韻］烏乖切 wēi(中文 5－1646)

　　㵉₂　［wāi《集韻》烏乖切](大詞典 6－208)

---

①　參看邱榮鐥《集韻研究》,臺北卓少蘭印行,1974 年,第 1017 頁。

該組被注字,《集韻》烏乖切,《廣韻》傳本作乙皆切,切下字誤
"乖"爲"皆"①。

乙(烏)乖切爲影母皆韻合口,wāi 音合於反切,āi、wā、wēi 則
都不合。

āi 音來自乙皆切——涉切語誤字而致今音失誤。

至於 wā、wēi 二音,都是誤移所致:該小韻的"窪"和"崴、
碨",前者另有烏瓜切之讀,後者另有烏回切之讀,因此在乙(烏)
乖切書卷字當中引發誤音 wā、wēi。

2. 古鎋(居轄)切的 guā-gè-jié-jiá 歧異

A.《中文大辭典》的 gè-jié 歧異

擖　丙.[廣韻]古鎋切 gè(4-802、803)

齾　甲.[集韻]居轄切 jié(10-1131)

B.《中文大辭典》與《漢語大字典》的 guā-jiá 歧異

銛　[集韻]居轄切 guā(中文7-1268)

銛　jiá《集韻》居轄切(大字典1228)

居轄切爲見母鎋韻開口,jiá 音合於反切,guā、gè、jié 三音則
都不合。

guā 音是沿用錯誤的舊注所致。查《康熙字典·舌部》:

銛,《集韻》居轄切,音刮。

居轄切不能"音刮",直音之注顯然不妥,B 組前一例沿襲其說
而誤成 guā 音。

至於 gè、jié 二音,則是其他誤因所致。

3. 子(祖)究切的 zhǎn-jiǎn-juǎn 歧異

A.《中文大辭典》的 zhǎn-juǎn 歧異

_____

① 參看周祖謨《廣韻校本》(上册),中華書局,1960 年,第97頁。

　　僝　乙.［集韻］子兗切 zhǎn(1－1204)

　　腃　甲.［廣韻］子兗切 juǎn(7－1137)

　　B.《中文大辭典》與《漢語大字典》jiǎn-juǎn 歧異

　　鵵　［篇韻］祀兗切 jiǎn①(中文 3－1346)

　　鵵　juǎn《改併四聲篇海》引《餘文》祖兗切(大字典 379)

　　子(祖)兗切爲精母獮韻合口三等,juǎn 音合於反切,zhǎn、jiǎn 則都不合。

　　zhǎn 音是沿襲誤注所致。查《康熙字典·人部》:

　　僝,《集韻》子兗切,音棧上聲。

　　子兗切不能"音棧上聲",A 組前一例襲用其説,誤上加誤而成zhǎn 音。

　　至於 jiǎn 音,則是切下字語音異變所致:切下字"兗"由余母獮韻合口異變爲 yǎn,審音時受此影響而誤爲 jiǎn 音②。

第二節　注音字類隔所引發的今音歧異(上)

　　古代的反切大都符合反切原理——切上字與被注字聲母相同,切下字與被注字韻母聲調相同,但也存在一些例外情況。例如:

　　往,于兩切。(《廣韻·養韻》)

　　切下字爲開口三等,被注字却是合口三等。這類反切即使是從它們產生的時段來看,注音字與被注字之間也存在一定的語音距離。另外還有一些反切,它們原本合乎反切原理,後來隨着歷史

-----

　　①　切上字實爲"祖",在引證中誤成了"祀"——今音 jiǎn 的形成跟這種字誤無關。

　　②　注音字語音異變而致今音失誤的問題,參看本書上篇第四節。

音變的發生,則顯得不合原理了。例如:

彬,府巾切。(《廣韻·真韻》)

"彬、府"原本都屬幫母,該聲母後來受韻母影響而分化爲重唇音和輕唇音兩類——切上字"府"爲合口三等,故其聲母由重唇音而變爲輕唇音;至於被注字"彬",則是開口三等,故其聲母仍爲重唇音。從輕唇音產生以後的時代來看,切上字與被注字之間存在一定的語音距離。

上述兩類"語音距離",前者是反切構造本身欠完善所致;後者則是歷史音變所致。在傳統的音韻學裏,這些存在語音距離的反切,或稱之爲類隔切,或稱之以其他名目。鑒於它們具有共性,同時也爲行文表述簡便計,在以下的行文中我們籠統地稱作類隔切。

類隔切的存在,給反切-今音的折合造成了一定難度,往往引發今音誤注[1]。

當然,説是不明類隔道理而致誤,這還只是一種簡單的説法。其實,類隔問題只是引發折合失誤的一個客觀基礎,除此之外,還存在一個很大的人爲因素,這就是徑依注音字類推今音的作法。

我們知道,反切-今音的折合,宜於從兩個方面把關。首先是考辨反切,弄清其內蘊,獲取準確的古音信息。拿于兩切來説,表面看來屬於雲母養韻開口,聯繫《廣韻》一系韻書的反切通例來看,則可發現該反切其實暗含了口呼問題——切上字"于"爲合口,以此顯示被注字爲合口[2]。廓清了注音信息以後,要進行的另一個重要環節則是比照歷史音變綫索折合今音。

把握好了這兩個環節,即使存在類隔問題,也不至於導致折合

---

① 參看范新幹《論僻音字的今音誤注現象》,《國學研究》第十八卷,北京大學出版社,2006 年。

② 參看陸志韋《古反切是怎樣構造的》,《中國語文》1963 年第 5 期。

失誤;相反的作法則是徑依注音字類推,在這種情況下,今音類推對了,只不過是一種"僥幸現象",一遇到類隔或其他類似的問題,今音折合失誤也就在所難免了。例如:

　　禠　　chì《廣韻》丑歷切(大字典 1007)
　　桿　　丁.［廣韻］都皆切 dāi(中文 5 - 232)
　　䰂　　zhòu 仕垢切(辭源 4 - 3513)

　　丑歷切,切上字爲徹母,切下字爲錫韻,據切下字而知,這是以徹母切透母的類隔切,相當於"本韻他歷切"①。

　　都皆切,切上字爲端母,切下字爲皆韻開口,據切下字而知,這是以端母切知母的類隔切②。

　　仕垢切,切上字爲崇母,切下字爲厚韻,據切下字而知,這是以崇母切從母的類隔切③。

　　至此而知:丑歷切、都皆切、仕垢切,今音應分別折合爲 tì、zhāi、zòu,例子當中所注的 chì、dāi、zhòu,則是不明反切類隔情況,呆板套用切上字表聲母之理而引發的誤音。

　　關於類隔切及其今音問題的辨證,還要注意廓清一類似是而非的古注。例如:

　　腝,《改併四聲篇海·肉部》丁尼切,皮厚也;
　　　《新校經史海篇直音·肉部》音知,皮厚也;
　　　《字彙補·肉部》丁尼切,音低,皮厚也;

　　金代的《篇海》,音切音系跟《切韻》系統大致相同,切上字"丁"屬於端母,切下字"尼"屬於脂韻開口三等。據切下字而知,

---

① 參看余迺永《新校互注宋本廣韻》(定稿本)上册,上海人民出版社,2008 年,第 524 頁。
② 同上書,下册第 586 頁。
③ 同上書,下册第 795 頁。

切上字是以端母切知母的類隔性質。

　　明代的《海篇》,已撤開端-知類隔表象,徑直展現知母面貌。——明代支-脂已經混同,"音知"之注韻母方面也不成問題。

　　清初的《字彙補》以"音低"之注解讀丁尼切,把知母支(脂之)韻音節混入了端母齊韻音節。這種情況不見於共同語標準音體系各個發展階段,只見於近現代某些方言。

　　原始記錄丁尼切,以類隔形式表示知母脂韻這一語音信息,《海篇》"音知"之注可謂深得丁尼切旨歸。至於《字彙補》"丁尼切-音低"之注,除了昧於切上字類隔的問題,還有以方音亂正音的失誤,顯然不能成立。誤類隔爲音和的問題音注早已有之,我們不能不加分析地求證於古代音注——據以否定相關反切的類隔性質。

　　更值得注意的是,誤類隔爲音和的古注還是一個比較多見的問題。這意味着,在類隔切及其今音的定位過程中,應該把這類"問題舊注"的辯證作爲一項先決性環節來落實。

　　類隔導致的今音誤注大都引發了今音歧異。試舉例分述如下。

　　1. 得(丁)立切的 dì-zhí 歧異

　　仅　　[篇海]得立切 dì(中文 1-1540)

　　齝　　[玉篇]丁立切 zhí(中文 10-1132)

　　得(丁)立切,切上字爲端母,切下字爲緝韻,據切下字而知,這是以端切知的類隔切,今音應折合爲 zhí,作 dì 則是不明切上字類隔而引發的失誤。

　　2. 普(匹)問切的 pèn-fèn 歧異

　　嘣　　pèn《改併四聲篇海·口部》引《搜真玉鏡》:"嘣,普問切。"《字彙補·口部》:"嘣,普問切,音噴。"(大字典 281)

　　噴　　fèn《玉篇》匹問切(大字典 285)

普(匹)問切,切上字爲滂母,切下字爲問韻(合口三等),據切下字而知,這是以滂切敷的類隔切①,fèn 音合於反切,作 pèn 則是昧於類隔導致的失誤。此外還有直音字"噴"的多音問題。"噴",古有普閟切(今音爲 pèn)和普問切等音——在"音噴"裏用的是跟反切一致的後一音。不明直音字"噴"的多音情況,誤取其普閟切之讀也會導致誤音 pèn 的産生。

3. 無(莫)可切的 ě-mǒ 歧異

厐　ě《龍龕手鑑·旡部》:"厐,無可反。"(大字典 482)

孞　(二) mǒ《龍龕手鑑》莫可反(大字典 11)

無可切,切下字爲哿韻,中古果攝没有輕唇音聲母音節,據此可知這是一個以微母切明母的類隔切,與莫可切性質相同。

進一步考察,中古唇音聲母果攝各韻,只有合口一等韻,没有開口一等韻,這種情況表明,無(莫)可切是以開口一等哿韻切合口一等果韻,與《廣韻》亡果切及《集韻》母果切性質實同。

綜合微-明類隔和哿-果類隔兩個方面來看,無可切的今音也應折合爲 mǒ,作 ě 則是不明反切上下字類隔問題而導致的誤注。

一書之内的歧異,大都發生於音源相同諸字之間,上面論列的就是這類代表。與此同時,也還存在另外一類書内歧異現象。例如:

1. 都(展)買切的 dǎ-zhǎ 歧異

觰　(二) dǎ《廣韻》都買切(大字典 1635)

觰　(三) zhǎ《集韻》展買切(大字典 1635)

都買切,切上字爲端母,切下字爲馬韻開口二等。據切下字而知,這是以端切知的類隔切,與展買切字異而性質實同,今音也應

---

① 查《海篇·口部》,有"喷"字條,注作"音糞"。以敷母問韻的"糞"字解讀普問切,可見古代學者就是把普問切視作滂-敷類隔性質的。

折合爲 zhǎ，作 dǎ 則是不明切上字類隔情況，呆板套用切上字管聲母之理而導致的誤注。

因昧於切上字“都”的類隔情況，以致錯誤地把都買－展買切駢列爲兩個音項，進而歧成 dǎ、zhǎ 二音。音源相同的一字之音就這樣在一書之內形成了正誤歧異。

2. 方垢(彼口)切的 fǒu-bǒu 歧異

揅　甲. [廣韻]方垢切 fǒu(中文 4－700)

揅　乙. [集韻]彼口切 bǒu(中文 4－700)

方垢切，切上字爲非母，切下字爲厚韻，據切下字而知，這是以非切幫的類隔切，與彼口切音韻地位實同，今音也應折合爲 bǒu，作 fǒu 則是不明類隔情況所致。

因昧於切上字“方”的類隔情況，以致錯誤地把方垢－彼口切駢列爲兩個音項，進而歧成 fǒu、bǒu 二音。音源相同的一字之音就這樣在一書之內形成了正誤歧異。

書內歧異之外，還有書與書之間的歧異，這種外亂和內亂往往是交織在一起的。例如：

1. 丁(中)全切的 duān-zhuān 歧異

尳　乙. [廣韻]丁全切 duān(中文 3－753)

甋　zhuān《廣韻》中全切①(大字典 234)

關於該組注音的討論，先就字頭形體和反切用字方面作一個說明：“尳、甋”爲異體關係，《漢語大字典》和《中文大辭典》各取其字而立目，因此造成字頭形體歧異。

該小韻的反切，《廣韻》各本都作丁全切，不誤，《中文大辭典》

---

① 該字頭的音項，《漢語大字典》第二版已更改爲丁全切-duān 音。

據實而徵引反切,《漢語大字典》却改用中全切——把類隔切换成了音和切,因此造成反切用字的歧異。

　　現在分析今音問題。丁全切,切上字爲端母,切下字爲仙韻合口,據切下字而知,這是以端切知的類隔切①,今音應折合爲zhuān,作 duān 則是不明反切類隔而導致的誤注。

　　2. 黄練切的 xiàn-xuàn 歧異

　　A.《中文大辭典》的 xiàn-xuàn 歧異

　　衒　甲.[廣韻]黄練切 xiàn(6－1040)

　　泫　丙.[廣韻]黄練切 xuàn(9－53)

　　B.《中文大辭典》與《漢語大字典》的 xiàn-xuàn 歧異

　　袨　[廣韻]黄練切 xiàn(中文 8－625)

　　袨　xuàn《廣韻》黄練切(大字典 1285)

　　切上字“黄”爲合口,切下字“練”爲開口,切上字表明這是一個以開口切合口的反切②。既然屬於以開切合的性質,那麽該反切就是匣母霰韻合口的聲韻地位,今音應折合爲 xuàn,作xiàn 則是不明反切類隔,徑依切語“練”字類推韻母而産生的失誤。

　　3. 休正(虛政)切的 xìng-xiòng 歧異

　　A.《中文大辭典》的 xìng-xiòng 歧異

　　瞏　乙.[廣韻]休正切 xìng(6－1170)

　　謍　乙.[廣韻]休正切 xiòng(9－493)

　　B.《中文大辭典》與《漢語大字典》的 xìng-xiòng 歧異

　　眮　[集韻]虛政切 xìng(中文 6－1041)

---

　　① 參看余迺永《新校互注宋本廣韻》(定稿本)下册,上海人民出版社,2008 年,第 642 頁。
　　② 參看陸志韋《古反切是怎樣構造的》,《中國語文》1963 年第 5 期。

昋　xiòng《集韻》虛政切(大字典 1032)

休正(虛政)切屬於曉母勁韻合口,切下字"正、政"則是開口,與被注字的韻母存在類隔問題。《集韻》改"休正"爲"虛政",以合口的魚韻切上字顯示了以開切合的反切類隔內蘊①。

這種聲韻地位的休正(虛政)切,今音應折合爲 xiòng,作 xìng 則是不明切下字類隔而導致的失誤。

類隔切的今音折合,有時還會產生一音多誤的現象,在這種情況下所引發的便是多重的歧異局面。例如:

胡求切的 xiū-hóu-yóu 歧異

蟊　xiū《玉篇》胡求切(大字典 1195)

腄　(二)hóu《玉篇》胡求切②(大字典 875)

吥　yóu《玉篇》胡求切(大字典 247)

胡求切,切上字爲匣母,切下字爲尤韻(開口三等),據切下字的地位而知,這是以匣母切雲母的類隔切,今音應折合爲 yóu。與反切不相合的 xiū、hóu 二音,都由不明切語類隔這一原因而引發——拘泥於切上字的匣母"身份"而論處,外加其他有關方面的認識偏差而歧爲二音,以致形成多重的今音歧異。

當反切類隔問題與其他致誤(致亂)因素交織在一起時,往往也會引發一音多歧的現象。例如:

1. 丁(竹)角切的 tuō-zhuō-zhuò-zhuó 歧異

A.《漢語大字典》的 tuō-zhuō-zhuó 歧異

鄧　tuō《改併四聲篇海》引《川篇》丁角切③(1580)

---

① 參看陸志韋《古反切是怎樣構造的》,《中國語文》1963 年第 5 期。

② 該字頭《漢語大字典》第二版未注胡求切及其今音。

③ 該字頭丁角切的今音,《漢語大字典》第二版已更改爲 duō。

䅋　（二）zhuō《玉篇》丁角切[1]（1505）

晫　zhuó《廣韻》竹角切（638）

B.《中文大辭典》與《漢語大字典》的 zhuò-zhuó 歧異

䲓　乙.［集韻］竹角切 zhuò（中文 10－650、651）

䲓　zhuó《集韻》竹角切（大字典 1950）

C.《漢語大字典》與《中文大辭典》的 zhuō-zhuó 歧異

騲　（一）zhuō《集韻》竹角切（大字典 1895）

騲　［集韻］竹角切 zhuó（中文 10－369）

丁角切，切上字爲端母，切下字爲覺韻（開口二等），據此而知，這是以端切知的類隔切，與《廣韻》、《集韻》竹角切相同。視之爲類隔現象還有史料可以爲證：

> 䅋，《玉篇・豕部》丁角切，山也；《五音集韻・覺韻》竹角切，山也。

《玉篇》的切上字"丁"，在《五音集韻》裏變成了"竹"，改一字而變類隔爲音和。可見丁角切的端、知類隔性質早在 13 世紀初葉就得到了有關學者的確認。

丁（竹）角切歧成了四音，其中的 tuō 音與反切的内藴相去較遠，其主要成因在於不明切上字類隔的道理。

至於 zhuō、zhuò、zhuó 三音，聲母韻母不誤，聲調歧異則是清入調類演變缺乏規律所致。

2. 匹（披）尤切的 pōu-póu-pú-fóu-fū 歧異

A.《漢語大字典》的 pōu-fū 歧異

䬌　pōu《廣韻》匹尤切（1865）

---

① 該字頭《漢語大字典》第二版未注丁角切及其今音。

寢　fū《廣韻》匹尤切①(403)

B.《中文大辭典》的 pōu-póu-fóu 歧異

紑　己.[廣韻]匹尤切 pōu(7-264)

䪊　[集韻]披尤切 póu(3-625)

秠　戊.[廣韻]匹尤切 fóu(6-1599)

C.《漢語大詞典》與《辭源》修訂本的 pú-pōu 歧異

朴₅　[pú《集韻》披尤切]　姓。三國魏有巴七姓夷王朴胡。

　　(大詞典4-726)

朴　5. pōu《集韻》披尤切　⑧姓。魏有巴夷王朴胡。(辭源

　　2-1505)

　　匹(披)尤切,切上字爲滂母,切下字爲尤韻,據切下字而知,這是以滂切敷的類隔切,今音聲母應折合爲 f,作 p 則是不明聲母類隔所導致的誤注。韻母的歧異,則與歷史音變綫索的模糊性有關:中古唇音尤韻,後來或變爲 ou("謀、牟、否"之類),或變爲 u("涪、富、婦"之類),該組今音的 ou-u 歧異就是在這種背景下產生的②。

　　至於聲調,無疑應折合爲陰平,作陽平則是不明常識所致。

3. 況(休)必切的 yù-xí-xì-xú-xù 歧異

A.《中文大辭典》的 xí-xù 歧異

颰　[集韻]休必切 xí(10-135)

賉　乙.[集韻]休必切 xù(7-785)

B.《漢語大字典》的 xú-xù 歧異

呍　xú《集韻》休必切(633)

獝　(一)xù《廣韻》況必切(576)

C.《中文大辭典》與《漢語大字典》的 yù-xù 歧異

---

① "寢"字頭匹尤切的今音 fū,《漢語大字典》第二版已更改爲 fōu。

② 關於歷史綫索模糊性與今音歧異問題,參看本書上篇第十節。

　　烅　甲.［集韻］休必切 yù(中文 5－1714)

　　烅　(一) xù《集韻》休必切(大字典 921)

　　D.《中文大辭典》與《漢語大字典》的 xì-xù 歧異

　　矞　丙.［集韻］休必切 xì(中文 6－1180、1181)

　　矞　(三) xù《集韻》休必切(大字典 1155)

　　況(休)必切,《廣韻》和《集韻》都歸於質韻,《韻鏡》、《七音略》等列於合口三等的術韻圖內。

　　《廣韻》、《集韻》的質韻中雜有合口三等小韻,《韻鏡》等書的歸類不誤,休(況)必切實屬合口三等①,然而切下字"必"却屬於質韻開口三等。脣音切下字固然常可用開口切合口,但二者畢竟不屬於同"呼"的關係,從一定程度上看,切下字"必"與被注字之間還是有開-合類隔問題存在。

　　這種聲韻地位的況(休)必切,今音折合作 xú、xù,聲母韻母不誤,聲調歧異是清入調類演變的模糊性所致。

　　xí、xì 二音的形成,誤類隔爲音和是致誤的基礎,同時還有清入調類演變混亂性的影響問題,以致在韻母發生誤 ü 爲 i 的同時歧成了陽平和去聲。至於 yù 音,則是誤移所致②:該小韻的"眿、獝"二字,前者另有越(于)筆切之音——今音多有折合爲 yù 的情況③,後者另有允律切之音——今音爲 yù,給休必切之字確定今音時,受了"眿、獝"二字異讀音的影響,因此在休必切書卷字當中引發 yù 音。

　　4. 子鑑切的 zàn-jiàn-zhàn 歧異

　　A.《中文大辭典》與《漢語大字典》的 zàn-jiàn 歧異

　　霽　丁.［廣韻］子鑑切 zàn(中文 9－1538)

---

① 參看李新魁《韻鏡校證》,中華書局,1982 年,第 201 頁。

② 關於誤移而導致今音誤注和引發今音歧異的問題,參看本書上篇第七節。

③ 關於越(于)筆切之字的今音情況,參看本書上篇第九節。

霉　（二）jiàn《廣韻》子鑑切（大字典 1697）

B.《中文大辭典》與《漢語大字典》的 zàn-zhàn 歧異

覽　乙.［廣韻］子鑑切 zàn（中文 8－819）

覽　（一）zhàn《廣韻》子鑑切（大字典 1529）

　　子鑑切，切上字爲精母，切下字爲鑑韻，據切下字而知，這是以精切莊的類隔切，今音應折合爲 zhàn。

　　與反切不相合的 zàn、jiàn，致誤的基礎都在於不明切上字類隔。

　　昧於切上字的類隔情況，按字面上的精母鑑韻（一個實際上並不存在的音節）進行折合，因此而誤成 zàn 音。

　　至於 jiàn 音的形成，則在不明切上字類隔的同時，還雜有韻母方面的誤解。把中古齒音音節中開口的鑑韻誤解成了有 i 韻頭的齊齒韻母，這種誤解連同聲母類隔的誤解，二者交匯而成的"精母鑑韻"音節，似乎具有舌尖音產生舌面化的條件，誤音 jiàn 就這樣隨着一系列的誤解而產生。

第三節　注音字類隔所引發的今音歧異(下)①

　　有這樣一些反切和直音，它們的注音字和被注字，從古音方面看是同音的關係，從現代漢語普通話的語音系統看，則存在一定的語音差別。例如：

　　渡，徒故切。（《廣韻·暮韻》）

　　牽，部本切，盆上聲。（《字彙·車部》）

　　前一例，切上字和被切字，二者的聲母在《切韻》系統裏同屬

---

①　參看范新幹《從其亮切的今音歧異現象説起》，《漢語史學報》第 9 輯，上海教育出版社，2010 年。

定母,從今音的語音系統看則有 t-d 之別。

後一例,切下字和被注字,二者在《切韻》系統裏同屬上聲;從今音的語音系統看則有上聲-去聲之別:切下字屬於全清上聲,故今音仍爲上聲;被注字屬於全濁上聲,今音聲調則應由上聲變去聲。

後一例,直音字"盆"與部本切,在《切韻》系統裏僅有平-上之別,因此,"盆上聲"正好等於部本切,只是説法不同而已①;依今音系統看"盆上聲"則爲 pěn 音,比之"部本切-盆上聲"的真實内藴,存在 p-b 之別和上-去之別。

上述"語音差別",與前一節論列的類隔現象具有一定共性②,爲行文表述簡便計,我們在以下的行文中把這類情況也稱作類隔。

這種類隔現象也給古今音折合造成了一定難度,加之注音方面又存在徑依注音字類推今音的習慣,因此往往引發今音誤注。例如:

(一) 聲母誤注之類

胞　甲.［集韻]皮教切 pào(中文 6 - 1086)

皮教切爲並母效韻,今音應折合爲 bào,pào 音與反切不合。

該反切以全濁平聲字切全濁仄聲聲母,切上字爲並母平聲,故今音清化爲 p;被注字爲仄聲,今音則應該清化爲 b。

切上字-被注字存在 p-b 類隔問題,因此在該小韻書卷字當中引發聲母誤注。

(二) 韻母誤注之類

遴　［集韻]必幸切 bǐng(中文 9 - 59)

---

① 《字彙》的音切常有本乎《切韻》系統而立説的情況——當然也有反映時音的時候。

② 參看羅常培《漢語音韻學導論》,中華書局,1980 年,第 103 頁。

必幸切爲幫母耿韻開口,今音應折合爲 běng,bǐng 音不合於反切。

耿韻開口後來分化爲 ing、eng 兩類韻母,前者只見於喉牙音字,後者則見於其他各類聲母之字。切下字"幸"爲喉音字,故其今韻爲 ing;被注字屬唇音字,今音韻母自當爲 eng。

切下字-被注字存在 ing-eng 類隔問題,因此在該小韻書卷字當中引發韻母誤注。

(三) 聲調誤注之類

鵸 (一) qí《廣韻》去其切(大字典1923)

去其切爲溪母之韻開口,今音應爲 qī,qí 音不合於反切。

該反切以濁音平聲切清音平聲,切下字爲濁平,故今爲陽平;被注字則爲清平,今音自應爲陰平。

切下字-被注字存在陽平-陰平類隔問題,因此在該小韻書卷字當中引發聲調誤注。

(四) 聲母韻母誤注之類

蚶 乙. [集韻]胡讒切 hán(中文8-439)

胡讒切爲匣母咸韻,今音應折合爲 xián,hán 音不合於反切。

中古咸韻後來分化爲 ian、an 兩類韻母,前者見於喉牙音字,後者則見於其他聲母之字。切下字"讒"爲齒音字,故今韻爲 an;至於被注字"蚶",則屬喉音匣母字,今音韻母自應爲 ian──其聲母則隨之由喉擦音而齶化爲舌面擦音 x。

切上下字-被注字存在聲母與聲母、韻母與韻母的類隔問題,因此在該小韻書卷字當中引發聲母、韻母誤注。

(五) 聲母聲調誤注之類

狄 pǒ《龍龕手鑑》蒲我反(大字典565)

蒲我反爲並母果韻,今音應折合爲 bò,pǒ 音與反切不合。

　　致誤因素涉及切上、下字兩個方面：切上字爲並母平聲，故今音聲母清化爲 p，被注字則爲並母仄聲，今音聲母自應清化爲 b；切下字屬於非全濁上聲，故今音仍爲上聲，被注字則是全濁上聲，今音聲調自應變爲去聲。

　　切上下字–被注字存在 p-b 類隔和上聲–去聲類隔，因此在該小韻書卷字當中引發聲母、聲調誤注。

　　類隔問題導致的今音誤注大都引發了今音歧異。例如：

1. 博蒲（孤）切的 bú-bū 歧異

糈　bú《改併四聲篇海·米部》引《搜真玉鏡》："糈，博蒲切。"（大字典 1314）

鵏　（一）bū《廣韻》博孤切（大字典 1925）

　　博蒲（孤）切爲幫母模韻，bū 音合於反切，bú 音則有聲調失誤。

　　博蒲切以濁音平聲切清音平聲，切下字–被注字存在陽平–陰平類隔問題，誤音 bú 由此而引發。

2. 古厚切的 gòu-gǒu 歧異

蒟　[gòu《廣韻》古厚切]（大詞典 9–380）

岣　[gǒu《廣韻》古厚切]（大詞典 3–811）

　　古厚切爲見母厚韻，gǒu 音合於反切，gòu 音則有聲調失誤。

　　該反切以全濁上聲切非全濁上聲，切下字–被注字存在去聲–上聲類隔情況，因此在該小韻書卷字當中引發誤上爲去的問題。

3. 力罪切的 lèi-lěi 歧異

邐　lèi《玉篇》力罪切（大字典 1618）

儽 (一) lěi《廣韻》力罪切(大字典 101)

力罪切爲來母賄韻,lěi 音合於反切,lèi 音則有聲調失誤。

該反切以全濁上聲切非全濁上聲,切下字-被注字存在去聲-上聲類隔情況,因此在該小韻書卷字當中引發誤上爲去的問題。

4. 普幸切的 pǐng-pěng 歧異

絣 乙. [集韻]普幸切 pǐng(中文 7 - 346)

餅 [廣韻]普幸切 pěng(中文 6 - 950)

普幸切爲滂母耿韻開口,pěng 音合於反切,pǐng 音則有韻母失誤。

耿韻開口後來分化爲 ing、eng 兩類韻母,前者只見於喉牙音字,後者則見於其他各類聲母之字。切下字“幸”爲喉音字,故其今韻爲 ing;被注字屬唇音字,今音韻母則應爲 eng。

切下字-被注字存在 ing-eng 類隔問題,因此在該小韻書卷字當中引發韻母誤注。

5. 其兩切的 jiǎng-jiàng 歧異

滰 甲. [廣韻]其兩切 jiǎng(中文 5 - 1475)

弜 甲. [廣韻]其兩切 jiàng(中文 3 - 1414)

其兩切爲群母養韻開口,jiàng 音合於反切,jiǎng 音則有聲調失誤。

該反切以非全濁上聲切全濁上聲,切下字-被注字存在上聲-去聲類隔問題,因此在該小韻書卷字當中引發聲調誤注。

6. 斯甚切的 sěn-xǐn 歧異

罧 丁. [廣韻]斯甚切 sěn(中文 7 - 661)

伈 甲. [廣韻]斯甚切 xǐn(中文 1 - 819)

斯甚切爲心母寢韻,xǐn 音合於反切,sěn 音則有聲、韻失誤。

中古寢韻後來產生了分化,切下字爲禪母字,今音韻母自可爲en;被注字爲心母字,今音韻母則應爲 in——聲母隨之由舌尖擦音齶化爲舌面擦音 x。

切上下字-被注字存在聲母與聲母、韻母與韻母的類隔問題,因此在該小韻書卷字當中引發聲母、韻母誤注。

7. 下巧切的 xiǎo-xiào 歧異

嘐　(二) xiǎo《集韻》下巧切(大字典 1481)

獠　(四) xiào《廣韻》下巧切(大字典 574)

下巧切爲匣母巧韻,xiào 音合於反切,xiǎo 音則有聲調失誤。

該反切以清音上聲切全濁上聲,切下字-被注字存在上聲-去聲類隔問題,因此在該小韻書卷字當中引發聲調誤注。

8. 徐兩切的 xiǎng-xiàng 歧異

襀　xiǎng 徐兩切(辭源 4 - 2837)

蠰　xiàng 徐兩切(辭源 4 - 2786)

徐兩切爲匣母養韻開口,xiàng 音合於反切,xiǎng 音則有聲調失誤。

該反切以非全濁上聲切全濁上聲,切下字-被注字存在上聲-去聲類隔問題,因此在該小韻書卷字當中引發聲調誤注。

9. 許(虛)咸切的 xián-xiān 歧異

猷　甲. [廣韻]許咸切 xián(中文 5 - 565)

欦　丙. [集韻]虛咸切 xiān(中文 5 - 543)

許(虛)咸切爲曉母咸韻,xiān 音合於反切,xián 音則有聲調失誤。

該反切以濁音平聲切清音平聲,切下字-被注字存在陽平-陰平類隔問題,因此在該小韻書卷字當中引發聲調誤注。

10. 因連(於乾)切的 yán-yān 歧異

氙　（二）yán《類篇》因連切（大字典 844）

僐　（二）yān《集韻》於乾切（大字典 87）

因連(於乾)切爲影母仙韻開口，yān 音合於反切，yán 音則有聲調失誤。

該反切以濁音平聲切清音平聲，切下字-被注字存在陽平-陰平類隔問題，因此在該小韻書卷字當中引發聲調誤注。

11. 丈尒(爾)切的 zhǐ-zhì 歧異①

蚳　（二）zhǐ《集韻》丈尒切（大字典 1184）

阤　（一）zhì《集韻》丈爾切（大字典 1715）

丈尒(爾)切爲澄母紙韻開口，zhì 音合於反切，zhǐ 音則有聲調失誤。

該反切以非全濁上聲切全濁上聲，切下字-被注字存在上聲-去聲類隔問題，因此在該小韻書卷字當中引發聲調誤注。

12. 直里切的 zhǐ-zhì 歧異

覜　zhǐ《龍龕手鑑·見部》："覜，直里反。"（大字典 1526）

俤　zhì《廣韻》直里切（大字典 81）

直里切爲澄母止韻，zhì 音合於反切，zhǐ 音則有聲調失誤。

該反切以非全濁上聲切全濁上聲，切下字-被注字存在上聲-去聲類隔問題，因此在該小韻書卷字當中引發聲調誤注。

書內歧異之外，還有書與書之間的歧異。例如：

---

①　切下字《集韻》作"尒"，引證中或依原文，或改爲異體字"爾"，因此造成形體分歧。

1. 才(在)禮切的 jǐ-jì 歧異

鱭　甲.［集韻］在禮切 jǐ(中文 10－640)

鱭　(一) jì《廣韻》即移切　又才禮切①(大字典 1946)

才(在)禮切爲從母薺韻開口，jì 音合於反切，jǐ 音則有聲調失誤。

該反切以非全濁上聲切全濁上聲，切下字-被注字存在上聲-去聲類隔問題，因此在該小韻書卷字當中引發聲調誤注。

2. 初牙切的 chá-chā 歧異

敕　chá 初牙切(辭源 4－3365)

敕　乙.［廣韻］初牙切 chā(中文 9－1635)

初牙切爲初母麻韻開口二等，chā 音合於反切，chá 則有聲調失誤。

該反切以濁音平聲切清音平聲，切下字-被注字存在陽平-陰平類隔問題，因此在該小韻書卷字當中引發聲調誤注。

3. 房中切的 fēng-féng 歧異

颶　［玉篇］房中切 fēng(中文 8－432)

颶　féng《玉篇》房中切(大字典 1198)

房中切爲奉母東韻三等，féng 音合於反切，fēng 音則有聲調失誤。

該反切以清音平聲切濁音平聲，切下字-被注字存在陰平-陽平類隔問題，因此在該小韻書卷字當中引發聲調誤注。

4. 火含切的 hán-hān 歧異

崡　［hán《廣韻》火含切](大詞典 3－821)

崡　［廣韻]火含切 hān(中文 3－906)

---

① 該例的 jì 音顯然來自才禮切。

火含切爲曉母覃韻,hān 音合於反切,hán 音則有聲調失誤。

該反切以濁音平聲切清音平聲,切下字-被注字存在陽平-陰平類隔問題,因此在該小韻書卷字當中引發聲調誤注。

5. 胡禮切的 xǐ-xì 歧異

諰₁　[xǐ《廣韻》胡禮切](大詞典 11-384)

諰　甲.[廣韻]胡禮切 xì(中文 8-1106)

胡禮切爲匣母薺韻開口,今音應爲 xì。切下字屬上聲,而被注字則因全濁聲母的緣故,應由上變去。除了這一類隔情況之外,還存在一個易於產生誤解的直音類隔問題。查《康熙字典·言部》:

諰,《唐韻》胡禮切,《集韻》、《韻會》、《正韻》户禮切,並奚上聲。

直音字"奚"與胡禮切之音,在《切韻》系統裏聲母韻母均同,只是聲調存在平-上之別——"奚上聲"等於胡禮切,只是換了一種說法而已;依今音的語音系統而論,"奚上聲"表示的是 xǐ 音,與"胡禮切-奚上聲"的真實內蘊相比,存在上聲與去聲的類隔問題。

這類補加在反切後面的直音舊注,常被四部辭書用作今音審注的依據或參證——或明用或暗用①,上面的 xǐ 音之注就可能與"奚上聲"這一直音有關。

誤音 xǐ 不是昧於切下字類隔所致,就是昧於直音類隔所致。

6. 户昆切的 hūn-hún 歧異

輑　(一)hūn《廣韻》户昆切(大字典 1478)

輑　甲.[廣韻]户昆切 hún(中文 8-1738)

户昆切爲匣母魂韻,hún 音合於反切,hūn 音則有聲調失誤。

---

① 關於"暗用"直音舊注的情況,參看本書上篇第一節、第五節。

該反切以清音平聲切濁音平聲,切下字-被注字存在陰平-陽平類隔問題,因此在該小韻書卷字當中引發聲調誤注。

7. 菩貢切的 pèng-bèng 歧異

樥　pèng《集韻》菩貢切(大字典546)

樥　[集韻]菩貢切 bèng(中文5-507)

菩貢切爲並母送韻一等,bèng 音合於反切,pèng 音則有聲母失誤。

該反切以並母平聲切並母仄聲,切上字-被注字存在 p-b 類隔問題,因此在該小韻書卷字當中引發聲母誤注。

8. 蒲浪切的 pàng-bàng 歧異

徬　1. pàng 蒲浪切(辭源2-1087)

徬　(一) bàng《廣韻》蒲浪切(大字典352)

蒲浪切爲並母宕韻開口,bàng 音合於反切,pàng 音則有聲母失誤。

該反切以並母平聲切並母仄聲,切上字-被注字存在 p-b 類隔問題,因此在該小韻書卷字當中引發聲母誤注。

9. 蒲孟切的 pèng-bèng 歧異

甏　pèng《字彙》蒲孟切,彭去聲(辭源3-2090)

甏　bèng《篇海類編》蒲孟切(大字典602)

該反切以並母平聲切並母仄聲,切上字-被注字存在 p-b 類隔問題。此外,"彭去聲"這一直音成分也存在類隔問題:從古音系統看,"彭去聲"表示的是並母映韻開口二等,與蒲孟切性質相同,只是説法不同而已;從今音的語音系統看,"彭去聲"表示的是 pèng 音,與"蒲孟切-彭去聲"的真實內蘊相比,聲母存在 p-b 類隔問題。

至此而知,蒲孟切的今音應爲 bèng,不明切上字類隔或不明直音類隔,都可以導致 pèng 這一誤音的產生。

10. 蒲應切的 pìng-bìng 歧異

砯　pìng《集韻》蒲應切(辭源 3－2245)

砯　乙.［集韻］蒲應切 bìng(中文 6－1290)

"砯"、"砯"爲異體字,《辭源》修訂本、《中文大辭典》各取一形,因此形成字頭形體歧異。

蒲應切爲並母證韻,bìng 音合於反切,pìng 音則有聲母失誤。

該反切以並母平聲切並母仄聲,切上字-被注字存在 p-b 類隔問題,因此在該小韻書卷字當中引發聲母誤注。

11. 七由切的 qiú-qiū 歧異

萩　qiú 七由切(辭源 4－2689)

萩　甲.［廣韻］七由切 qiū(中文 7－1702)

七由切爲清母尤韻,qiū 音合於反切,qiú 音則有聲調失誤。

該反切以濁音平聲切清音平聲,切下字-被注字存在陽平-陰平類隔問題,因此在該小韻書卷字當中引發聲調誤注。

12. 其亮切的 qiàng-jiàng 歧異

強　qiàng《集韻》其亮切(辭源 2－945)

強　jiàng《集韻》其亮切(大字典 334)

其亮切爲群母漾韻開口,jiàng 音合於反切,qiàng 音則有聲母失誤。

該反切以群母平聲切群母仄聲,切上字-被注字存在 q-j 類隔問題,因此在該小韻書卷字當中引發聲母誤注。

13. 丘甚切的 qìn-qǐn 歧異

頗$_1$　［qìn《廣韻》直稔切　《集韻》丘甚切]①(大詞典 12－366)

---

① 該例的 qìn 音顯然來自丘甚切。

頷　丙.［集韻］丘甚切 qǐn（中文 10‒90、91）

丘甚切爲溪母寑韻，qǐn 音合於反切，qìn 音則有聲調失誤。

該反切以全濁音上聲切清音上聲，切下字‒被注字存在去聲‒上聲類隔問題，因此在該小韻書卷字當中引發聲調誤注。

14.　去倫切的 qún-qūn 歧異

輡　qún 去倫切（辭源 4‒3025）

輡　丙.［廣韻］去倫切 qūn（中文 8‒1709）

去倫切爲溪母諄韻，qūn 音合於反切，qún 音則有聲調失誤。

該反切以濁音平聲切清音平聲，切下字‒被注字存在陽平‒陰平類隔問題，因此在該小韻書卷字當中引發聲調誤注。

15.　人朱切的 rū-rú 歧異

繻　rū 人朱切（辭源 3‒2473）

繻　乙.［廣韻］人朱切 rú（中文 7‒613）

人朱切爲日母虞韻，rú 音合於反切，rū 音則有聲調失誤。

該反切以清音平聲切濁音平聲，切下字‒被注字存在陰平‒陽平類隔問題，因此在該小韻書卷字當中引發聲調誤注。

16.　徒東切的 tōng-tóng 歧異

桐　tōng《集韻》徒東切（辭源 3‒2304）

桐　[tóng《集韻》徒東切]（大詞典 8‒73）

徒東切爲定母東韻一等，tóng 音合於反切，tōng 音則有聲調失誤。

該反切以清音平聲切濁音平聲，切下字‒被注字存在陰平‒陽平類隔問題，因此在該小韻書卷字當中引發聲調誤注。

17.　烏晧（道）切的 ào-ǎo 歧異

鷔　［玉篇］烏道切 ào（中文 10‒777）

鵙　(一)《廣韻》烏晧切 ǎo(大字典1927)

烏晧(道)切爲影母晧韻，ǎo 音合於反切，ào 音則有聲調失誤。

該反切以全濁上聲切清音上聲，切下字-被注字存在去聲-上聲類隔問題，因此在該小韻書卷字當中引發聲調誤注。

18. 魚羈切的 yī-yí 歧異

離　甲.〔集韻〕魚羈切 yī(中文 10-1126)

離　yí《集韻》魚羈切(辭源 4-3604)

魚羈切爲疑母支韻開口，yí 音合於反切，yī 音則有聲調失誤。

該反切以清音平聲切濁音平聲，切下字-被注字存在陰平-陽平類隔問題，因此在該小韻書卷字當中引發聲調誤注。

19. 之爽切的 zhuǎng-zhǎng 歧異

㫲　zhuǎng《玉篇》之爽切(大字典965)

㫲　〔玉篇〕之爽切 zhǎng(中文 4-106)

之爽切爲章母養韻開口，zhǎng 音合於反切，zhuǎng 音則有韻母失誤。

養韻開口後來分化爲兩類韻母，莊組字爲 uang，其他字爲 ang。切下字(山母字)與被注字(章母字)存在 uang-ang 類隔，因此在該小韻書卷字當中引發韻母誤注。

因類隔而導致的今音歧異，還有內亂、外亂兼備的情況。例如：

女減切的 niǎn-nǎn 歧異

A.《漢語大字典》的 niǎn-nǎn 歧異

茵　niǎn《集韻》女減切(1330)

目　nǎn《改併四聲篇海‧口部》引《搜真玉鏡》：“目，女減切。”(299)

B.《漢語大字典》與《中文大辭典》的 niǎn-nǎn 歧異

柅　niǎn《集韻》女減切（大字典 498）

柅　［集韻］女減切 nǎn（中文 5 - 114）

女減切爲娘母豏韻，nǎn 音合於反切，niǎn 音則有韻母失誤。

豏韻後來分化爲兩類韻母，喉牙音字爲 ian，其他字爲 an。切下字（牙音字）與被注字（舌音字）存在 ian-an 類隔，因此在該小韻書卷字當中引發韻母誤注。

在類隔問題與其他致誤因素相交織的情況下，往往引發多重歧異。例如：

1. 鉏版切的 chǎn-zhǎn-zhàn 歧異

驏　［字彙］鉏版切 chǎn（中文 10 - 396）

驏　zhǎn《正字通》鉏版切，棧上聲（辭源 4 - 3467）

驏　zhàn《字彙》鉏版切（大字典 1903）

鉏版切爲崇母潸韻開口，zhàn 音合於反切①，其餘二音都與反切不合，都是類隔問題所引發。

"鉏版"一切存在兩類類隔問題。聲母方面，切上字與被注字存在 ch-zh 類隔；聲調方面，切下字與被注字存在上聲-去聲類隔，因此在鉏版切書卷字中引發聲母、聲調並誤的 chǎn 音之注。

至於 zhǎn 音，則是直音字的類隔所致。直音字"棧"，屬於崇母諫韻開口，依古音系統而論，"棧上聲"跟崇母潸韻開口的鉏版切等同，今音也折合爲 zhàn；依今音的語音系統，"棧上聲"表示的

---

① 被注字爲崇母产聲，從理論上講，存在分化爲 zh-sh 的問題；從崇母潸韻開口字的實際情況看，則只清化爲 zh 一類，可見鉏版切的今音只宜折合爲 zhàn，並不存在既可作 zhàn 又可作 shàn 的兩可性。參看本書下篇第六節。

則是 zhǎn 音,比之"鉏版切-棧上聲"的真實内蘊,則有上聲與去聲的類隔問題。不明這一類隔情況,從今音的角度看待"棧上聲",因此導致 zhǎn 音之注。

2. 勒没切的 lò-lǜ-lüè-lè-lù 歧異

A.《漢語大字典》的 lǜ-lè-lù 歧異

坴　lǜ《集韻》勒没切(186)

哶　lè《集韻》勒没切(262)

跥　(一) lù《廣韻》勒没切(1548)

B.《中文大辭典》的 lüè-lù 歧異

赺　[廣韻]勒没切 lüè(4-924)

律　[集韻]勒没切 lù(1-963)

C.《中文大辭典》與《漢語大字典》的 lò-lù 歧異

捼　[集韻]勒没切 lò(中文 4-550)

捼　lù《集韻》勒没切(大字典788)

D.《中文大辭典》與《漢語大字典》的 lè-lù 歧異

狖　[篇海]勒没切 lè(中文 6-165)

狖　lù《龍龕手鑑》勒没反(大字典561)

勒没切爲來母没韻,lù 音合於反切,其餘四音都與反切不合。

lò 音是韻母類隔所致。没韻後來分化爲 o、u 二韻,前者只見於唇音聲母字,後者則見於其他聲母之字。切下字(唇音字)與被注字(舌音字)存在 o-u 類隔,因此在該小韻書卷字中引發韻母誤注。

lǜ 音的産生跟同小韻之字的多音現象有關:該小韻的"葎"字,另有劣戍(吕䘏)切一音——今音爲 lǜ,給勒没切審注今音時,徑依同小韻之字進行類推,操作中受劣戍(吕䘏)切-lǜ 音這一異讀的影響,誤把 lǜ 音"移植"給了勒没切之字①。

---

① 這種誤移現象及其引發今音歧異的問題,參看本書上篇第七節。

至於 lüè、lè 二音,則是其他原因導致的誤注。

3. 蒲蠓切的 pěng-péng-běng-bèng 歧異

A.《辭源》修訂本與《中文大辭典》的 pěng-péng 歧異

埲　1. pěng《字彙》蒲蠓切,蓬上聲(辭源 1–606)

埲　[字彙]蒲蠓切 péng(中文 2–1199)

B.《中文大辭典》與《漢語大字典》的 pěng-bèng 歧異

犇　[集韻]蒲蠓切　音蓬上聲　pěng(中文 5–1858)

犇　bèng《集韻》蒲蠓切(大字典 933)

C.《中文大辭典》與《漢語大字典》的 běng-bèng 歧異

䉥　[集韻]蒲蠓切 běng(中文 8–64)

䉥　bèng《集韻》蒲蠓切(大字典 1373)

D.《中文大辭典》與《漢語大詞典》的 běng-bèng 歧異

鞳　[集韻]蒲蠓切 běng(中文 10–272)

鞳　[bèng《集韻》蒲蠓切](大詞典 12–442)

蒲蠓切爲並母董韻一等,bèng 音合於反切,其餘幾音則都不合。

蒲蠓切存在兩類類隔問題:切上字爲並母平聲,被注字爲並母仄聲,二者存在 p-b 類隔;切下字爲非全濁上聲,被注字爲全濁上聲,二者存在上聲–去聲類隔。

此外,"蓬上聲"之注,從《切韻》系統看表示的是並母董韻,與蒲蠓切等同;從現代音看表示的則是 pěng 音,比之"蒲蠓切–蓬上聲"的真實內蘊,聲母存在 p-b 類隔,聲調存在上–去類隔。

至此而知,不明切上下字類隔或不明"蓬上聲"類隔,都有可能導致誤音 pěng 的産生。

至於 péng、běng 二音,則是誤移所致:蒲蠓切小韻的"菶、漨、熢"等和"蜂、埲、唪"等,前者另有蒲蒙切之讀,後者另有補孔切之讀,因此在蒲蠓切書卷字當中引發誤音 péng、běng。

第四節　反切用字語音異變所引發的今音歧異①

現代口語字詞的既成讀音,聯繫其歷史音源方面看,大都符合音變規律,但也存在一些不合音變規律的情況,所謂語音異變就是指的後者。例如"譜"字,《廣韻》博古切(《集韻》彼五切——音同),直到明代,《重刊詳校篇海》、《字彙》等字書及有關韻書裏,仍是博古切,今音本應爲 bǔ,但在口語實際中却讀作 pǔ。既成的 pǔ 音之於博古(彼五)切,不合音變常規,是語音異變的結果。關於語音異變問題,在第十節中另有專門的論述,這裏僅就反切用字語音異變這個範圍展開有關考論。

反切用字的語音異變往往導致今音誤注。例如:

箣　(一) cè《改併四聲篇海》引《川篇》側列切(大字典 1247)

復　qì《廣韻》七役切(大字典 350)

側列切爲莊母薛韻開口,今音應爲 zé;七役切爲清母昔韻合口,今音應爲 qù,cè、qì 與各自的反切不合,都是切語用字語音異變所致:切上字"側",聲母已由全清的莊母異變爲送氣的 c;切下字"役",韻母已由合口三等的昔韻異變爲 i。

這種異變情況已給古今音審注造成了一定的複雜性,加之審注方面又存在一種徑依切上下字今音類推被注字今音的習慣。如果説異變問題還只是致誤的客觀基礎,那么按切上下字今音類推的習慣便是促成失誤的主觀因素,雙重因素交匯於一體,這就易於引起今音審注的失誤了。

這類誤注現象,往往引發今音歧異。例如:

---

①　參看范新幹《從側買切的今音歧異説起》,《南開語言學刊》2011 年第 1 期。

1. 古螢(涓熒)切的 jīng-jiōng 歧異

駉　［廣韻］古螢切［集韻］涓熒切 jīng(中文 10－1080)

駉　［廣韻］古螢切［集韻］涓熒切 jiōng(中文 10－343)

古螢(涓熒)切爲見母青韻合口，jiōng 音合於反切，不合於反切的 jīng 音是切下字語音異變所引發：切下字"螢(熒)"，韻母已由青韻合口四等異變爲 ing，因此在該小韻書卷字當中引發 jīng 音之注。

2. 火(香)季切的 xì-huì 歧異

伩　乙.［廣韻］火季切 xì(中文 1－988)

睭　丙.［廣韻］香季切 huì(中文 6－1149)

火(香)季切爲曉母至韻合口，huì 音合於反切，不合於反切的 xì 音是切下字語音異變所引發：切下字"季"，韻母已由至韻合口三等異變爲 i，審注今音時，按切上下字今音類推被注字今音，以致誤爲 xì 音——韻母誤 ui 爲 i 後，聲母也就隨之而折合作 x 了。

3. 詰利切的 jì-qì 歧異

蟿　乙.［廣韻］詰利切 jì(中文 8－491)

屓　甲.［廣韻］詰利切 qì(中文 3－785)

詰利切爲溪母至韻開口，qì 音合於反切，不合於反切的 jì 音是切上字語音異變所引發：切上字"詰"，聲母已由溪母異變爲 j，因此在該小韻書卷字當中引發 jì 音之注。

4. 去穎(犬潁)切①的 qǐng-qiǒng 歧異

娃　乙.［集韻］犬潁切 qǐng(中文 5－1713)

苘　乙.［廣韻］去穎切［集韻］犬潁切 qiǒng(中文 7－1456)

去穎(犬潁)切爲溪母静韻合口，qiǒng 音合於反切，不合於反切

①　《集韻》的反切下字本爲"潁"，在下面的引證中被換成了同音的"穎"字。

的 qǐng 音是切下字語音異變所引發："潁（潁）"的韻母已由靜韻合口三等異變爲 ing，因此在該小韻書卷字當中引發 qǐng 音之注。

書內歧異之外還有書與書之間的歧異，而且這種外亂和內亂往往是交織在一起的。例如：

1. 古役切的 jí-jú 歧異

覤　jí《改併四聲篇海》引《類篇》古役切（大字典 1052）

覤　［字彙補］古役切 jú（中文 6－1164）

古役切爲見母昔韻合口，jú 音合於反切，不合於反切的 jí 音是切下字語音異變所引發：切下字"役"，韻母已由昔韻合口三等異變爲 i，因此在該小韻書卷字當中引發 jí 音之注。

2. 火營切的 xīng-xiōng 歧異

姁　乙.［廣韻］火營切 xīng（中文 8－1356）

姁　（一）xiōng《廣韻》火營切（大字典 1515）

火營切爲曉母清韻合口，xiōng 音合於反切，不合於反切的 xīng 音是切下字語音異變所引發：切下字"營"，韻母已由清韻合口三等異變爲 ing，因此在該小韻書卷字當中引發 xīng 音之注。

3. 呼攜切的 xī-huī 歧異

睢　［廣韻］呼攜切 xī（中文 6－1137）

睢　［huī《廣韻》呼攜切］（大詞典 7－1235）

呼攜切爲曉母齊韻合口，huī 音合於反切，不合於反切的 xī 音是切下字語音異變所引發：切下字"攜"，今音有幾個異讀，臺灣地區比較流行 xī 音——韻母已由齊韻合口異變爲 i①，審注今音時，

①　臺灣《重編國語辭典》、《中文大辭典》等辭書中，"攜"字的音項，或獨取 xī 音，或以 xī 爲首音以其他音爲又讀，可見"攜"字流行的是 xī 音。

按切上下字今音類推被注字今音,以致誤爲 xī 音——韻母誤 ui 爲 i 後,聲母也就隨之而折合爲 x 了。

4. 居詠切的 jiǒng-jiòng 歧異

　綗　　jiǒng《玉篇》居詠切(大字典 728)

　綗　　[玉篇]居詠切 jiòng(中文 5－1558)

居詠切爲見母映韻合口三等,jiòng 音合於反切,不合於反切的 jiǒng 音是切下字語音異變所引發:"詠"字已由去聲異變爲上聲,因此在該小韻書卷字當中引發 jiǒng 音之注。

5. 苦礦切的 kuàng-kǒng 歧異

　臩　　kuàng《龍龕手鑑》苦礦反　　① 好;好貌。② 舉目貌。
　　　　(大字典 1046)

　臦　　丙.[廣韻]苦礦切 kǒng　　① 恐也。② 好貌。(中文 6－
　　　　1148)

"臩、臦"爲異體關係,其苦礦切音義,《漢語大字典》和《中文大辭典》各取一字而立目,以致形成因書而異的"詞"音對立。

苦礦切爲溪母梗韻合口二等,kǒng 音合於反切,不合於反切的 kuàng 音是切下字語音異變所引發:切下字"礦",已由見母梗韻合口二等異變爲 kuàng,因此在該小韻書卷字當中引發 kuàng 音之注。

6. 其季切的 jì-guì 歧異

A.《漢語大字典》的 jì-guì 歧異

　暩　　(二)jì《集韻》其季切(1047)

　頍　　guì《集韻》其季切(1824)

B.《中文大辭典》與《漢語大詞典》的 jì-guì 歧異

　猤　　甲.[廣韻]其季切 jì(中文 6－208)

　猤　　[guì《廣韻》其季切](大詞典 5－96)

其季切爲群母至韻合口,guì 音合於反切,不合於反切的 jì 音是切下字語音異變所引發:切下字"季",韻母已由至韻合口三等異變爲 i,審注今音時,按切上下字今音類推被注字今音,以致誤爲 jì 音——韻母誤 ui 爲 i 後,聲母也就隨之而折合爲 j 了。

7. 牛尹切的 yǐn-yǔn 歧異

A.《中文大辭典》的 yǐn-yǔn 歧異

㧲　乙.［集韻］牛尹切 yǐn(6－472)

擖　［集韻］牛尹切 yǔn(4－756)

B.《漢語大字典》與《中文大辭典》的 yǐn-yǔn 歧異

輑　(一) yǐn《集韻》牛尹切(大字典 1473)

輑　甲.［集韻］牛尹切 yǔn(中文 8－1709)

牛尹切爲疑母準韻,yǔn 音合於反切,不合於反切的 yǐn 音是切下字語音異變所引發:切下字"尹",韻母由準韻異變爲 in,因此在該小韻書卷字當中引發 yǐn 音之注。

8. 香(馨)兗切的 xiǎn-xuǎn 歧異

A.《中文大辭典》的 xiǎn-xuǎn 歧異

趨　乙.［廣韻］香兗切 xiǎn(8－1548)

蠉　丙.［廣韻］香兗切 xuǎn(8－489)

B.《中文大辭典》與《漢語大字典》的 xiǎn-xuǎn 歧異

頮　丁.［中華大字典］香兗切 xiǎn(中文 7－574)

頮　(一) xuǎn《集韻》馨兗切①(大字典 1437)

香(馨)兗切爲曉母獮韻合口,xuǎn 音合於反切,不合於反切的 xiǎn 音是切下字語音異變所引發:"兗"已由獮韻合口三等異變爲齊齒韻 ian,因此在該小韻書卷字當中引發 xiǎn 音之注。

① 該字頭的音項,《漢語大字典》第二版未注馨兗切及其今音。

在反切用字語音異變和其他致誤（致亂）因素相交匯的情况下，往往形成多重歧異。例如：

1. 甫盲（晡横、布庚）切的 bāng-bīng-bēng 歧異

A.《中文大辭典》的 bāng-bēng 歧異

唥　甲.〔廣韻〕甫盲切 bāng(2－888)

㧓　乙.〔集韻〕晡横切 bēng(4－435)

B.《漢語大字典》的 bīng-bēng 歧異

蓱　bīng《改併四聲篇海》引《類篇》布庚切(1358)

崶　bēng《玉篇》布庚切(333)

甫盲（晡横、布庚）切爲幫母庚韻開口二等，bēng 音合於反切，其他二音都與反切不合。

bāng 是切下字語音異變所致：切下字“盲”，韻母已由庚韻開口二等異變爲 ang，因此在該小韻書卷字當中引發 bāng 音之注。

至於 bīng 音，則是昧於聲韻條件誤庚韻開口二等爲三等的結果。

2. 虎横切的 hēng-huāng-hōng 歧異

A.《中文大辭典》的 hēng-hōng 歧異

謹　甲.〔廣韻〕虎横切 hēng(8－1079)

喤　丙.〔廣韻〕虎横切 hōng(2－880)

B.《中文大辭典》與《漢語大字典》的 huāng-hōng 歧異

嚝　〔廣韻〕虎横切 huāng(中文2－955)

嚝　hōng《廣韻》虎横切(大字典295)

虎横切屬於曉母庚韻合口，hōng 音合於反切，其他二音都與反切不合。

hēng 是切下字語音異變所致：切下字“横”，韻母已由庚韻合口異變爲 eng，因此在該小韻書卷字當中引發 hēng 音之注。

至於 huāng 音，則是其他誤因所致。

3. 几劇（居逆）切的 jù-jǐ-jí 歧異

A.《漢語大字典》的 jǐ-jí 歧異

欮　jǐ《改併四聲篇海》引《搜真玉鏡》居逆切（1800）

徏　（二）jí《改併四聲篇海・彳部》引《搜真玉鏡》：“徏，居逆切。”（348）

B.《中文大辭典》與《漢語大詞典》的 jù-jí 歧異

馸　丙.［廣韻］几劇切 jù（中文 8-1194）

馸　［jí《廣韻》几劇切］（大詞典 10-1319）

几劇切爲見母陌韻開口三等，jù 音與反切相去較遠，是切下字語音異變所致：劇，奇逆切，群母陌韻開口三等，今音本當爲 jí，但其實際讀音却已異變爲 jù，審注今音時，按切上下字今音類推被注字今音，因此導致今音失誤。

至於 jǐ、jí 二音，聲母韻母不誤，聲調歧異則是清音入聲調類演變缺乏條理所致。

4. 山戟（色窄）切的 sài-suō-suǒ-sè 歧異

A.《中文大辭典》的 sài-suō-suǒ 歧異

糵　乙.［集韻］色窄切 sài（7-198）

鏼　乙.［集韻］色窄切 suō（9-801、802）

碤　甲.［廣韻］山戟切 suǒ（6-1314）

B.《漢語大字典》的 suǒ-sè 歧異

傇　suǒ《集韻》色窄切（85）

捒　（二）sè《集韻》色窄切（810）

山戟（色窄）切爲山母陌韻開口二等①，sè 音合於反切，其餘

---

① 參看李新魁《韻鏡校證》，中華書局，1982 年，第 265 頁。

三音都與反切不合。

sài 是切下字語音異變所致：“窄”字韻母已由陌韻開口二等異變爲 ai，因這種異變情況的影響，以致在該小韻書卷字當中引發 sài 音之注。

suō、suǒ 二音則另有成因：該小韻的“索”字，另有蘇各切一音，屬於心母鐸韻開口，今音聲母韻母爲 suo，今音聲調的確定則因清入歷史綫索欠明朗而存在一定彈性。給山戟（色窄）切審注今音時，受這種異讀的影響，在誤移爲 suo 的同時形成了陰平與上聲的歧異①。

5. 市（豎）兖切的 shàn-chuǎn-chuàn-shuàn 歧異

A.《中文大辭典》的 shàn-chuǎn-shuàn 歧異

鱄　丙．[集韻]豎兖切 shàn（10－666）

歂　乙．[廣韻]市兖切 chuǎn（5－567）

踹　甲．[廣韻]市兖切 shuàn（8－1604）

B.《中文大辭典》與《辭源》修訂本的 chuàn-shuàn 歧異

腨　甲．[廣韻]市兖切 chuàn（中文 7－1097）

腨　shuàn 市兖切（辭源 3－2566）

市（豎）兖切爲禪母獮韻合口，shuàn 音合於反切，其餘三音則都不合。shàn 是切下字語音異變所引發：“兖”字韻母已由獮韻合口異變爲 ian，審注今音時，按切上下字今音類推被注字今音，鑒於 sh 與齊齒韻不能拼合，因此去掉韻頭 i 而成 shàn 音。

chuǎn 是誤移所致：該小韻的“腨、歂”另有尺兖切一音，審注今音時，受這種異讀的影響，誤將異讀音“移植”給了市（豎）兖切之字。

至於 chuàn 音，則是不明禪母仄聲演變規律而致誤。

---

① 誤移和清音入聲的有關問題，分別參看本書上篇第七節和第十節。

第五節　注音字多音所引發的今音歧異①

注音字多音往往引發古今音折合的失誤。例如：

睉　乙．[集韻]粗果切 cuǒ（中文 6－1119）

砏　　[集韻]女下切 nà（中文 6－1290）

粗果切爲從母果韻一等，今音應折合爲 zuǒ，作 cuǒ 則是切上字多音所致：切上字“粗”，古有清母和從母兩讀，在反切裏用的是從母之讀，審注今音時按清母之讀對待，因此誤成 cuǒ 音。

女下切爲娘母馬韻，今音應折合爲 nǎ，作 nà 則是切下字多音所致：切下字“下”，古有上、去兩讀，在該切語裏用的是上聲，審注今音時按去聲對待，因而誤成 nà 音。

注音字用的是甲音，審注今音時却是取其乙音，因此導致今音誤注，注音字多音是導致失誤的客觀基礎。因注音字多音而導致今音失誤的情況，還常出現在“反切＋直音”之類注音中。例如：

嵢　qiǎng《字彙》楚兩切，音搶。（辭源 2－944）

艒　niǔ《篇海類編·身體類·皮部》：“艒，女六切。”《字彙補·皮部》：“艒，女六切，音忸。”（大字典 1152）

一例是楚兩切－音搶，一例是女六切－音忸。“搶”，古有“初（楚）兩、七兩”等切——今音分別爲 chuǎng、qiǎng 等；“忸”，古有“女六、女九”二切——今音分別爲 nǔ、niǔ。各注當中的反切告訴我們，“搶、忸”這兩個多音的直音字，在具體的音注中分別用的是初（楚）兩切、女六切之讀。這也就是説，不管是依反切還是依直音，上述兩例今音都應該是 chuǎng、nǔ。至於 qiǎng、niǔ 二音，與之相應的

①　參看范新幹《從〈集韻〉粗本切的今音歧異現象説起》，《中國語文》2006 年第 2 期。

則是七兩切和女九切,顯然都是直音字多音引發的誤注。

由上推之,還可進而發掘出一些同類的致誤現象。例如:

欲　[玉篇]丘凡切 yǎn(中文 5－549)

《玉篇》丘凡切跟《集韻》丘凡切地位相同,屬於溪母凡韻開口三等①,今音應折合爲 qiān。至於 yǎn 音,則與反切相遠,必有特殊的成因。查《康熙字典·欠部》:

欲,《玉篇》丘凡切,音顩。

"顩",古有丘凡切、魚檢切等音,在"音顩"的注釋中,用的是前者。上面所注的今音 yǎn,不合於丘凡切,却合於魚檢切,顯然是參照"音顩"之注而致。直音字"顩"用的是甲音,審注今音時却按它的乙音而折合,因此導致今音誤注。

注音字多音現象而導致的誤注,往往引發今音歧異。例如:

1. 側下切的 zhà-zhǎ 歧異

艖　丁. [集韻]側下切 zhà(中文 7－1298、1299)

疜　乙. [廣韻]側下切 zhǎ(中文 6－758)

側下切爲莊母馬韻,zhǎ 音合於反切,不合於反切的 zhà 音是切下字多音所致:"下"字在切語裏用的是上聲之讀,審注今音時按去聲對待,因此誤成 zhà 音。

2. 奴(乃)可切的 nuó-nuǒ 歧異

轃　甲. [集韻]乃可切 nuó(中文 8－1767)

褒　丙. [廣韻]奴可切 nuǒ(中文 8－641、642)

奴(乃)可切爲泥母哿韻,nuǒ 音合於反切,不合於反切的 nuó 音是注音字多音所致。查《康熙字典·車部》:

---

① 參看黃侃《集韻聲類表》卷一,上海開明書店,1936 年。

轃,《集韻》乃可切,音娜。

"娜",古有"乃可、曩何"等切,直音裏用的是前者,不管是依反切還是依直音,"轃"的今音都應爲 nuǒ。至於 nuó 音,不合於乃可切,却合於曩何切,顯然是"娜"字多音問題引發的誤注。

3. 丘(去)伽切的 qiā-qiē 歧異

佉 乙. [廣韻]丘伽切 [集韻]去伽切 qiā(中文 1-904)

佢 [廣韻]丘伽切 [集韻]去伽切 qiē(中文 1-1141)

丘(去)伽切爲溪母戈韻開口三等[1],qiē 音合於反切,不合於反切的 qiā 音是切下字多音所致:切下字"伽",中古雖然只有求迦切一讀,但現代却有 qié、jiā 二音,丘伽切而折合爲 qiā,韻母聲調顯然來自切下字的 jiā 音。事實上,"伽"的 qié、jiā 二音,只有前者才與其古音(求迦切)相合,後者則不合於古,是一個來歷不明的今讀,用來推定反切今音,自然難免失誤。

4. 驅圓切的 quán-quān 歧異

埢 丙. [集韻]驅圓切 quán(中文 2-1209)

鋔 乙. [集韻]驅圓切 quān(中文 9-734)

驅圓切爲溪母仙韻合口,quān 音合於反切,不合於反切的 quán 音是注音字多音所致。查《康熙字典·土部》:

埢,又驅圓切,音拳。

"拳",古有驅圓切、巨圓切等音,quán 音不合於驅圓切,却合於巨圓切。

直音字用的是驅圓切之音,審注今音時却按它的巨圓切之讀而折合,因此誤爲 quán 音。

----

① 參看黃侃《集韻聲類表》卷一,上海開明書店,1936 年。

5. 他歷(梯激)切的 zhè-tì 歧異

遰　zhè《字彙補》梯激切,音摘(辭源 3 - 2078)

趯　1. tì 他歷切(辭源 4 - 2991)

《字彙補》梯激切相當於中古他歷切,今音也應折合爲 tì,與反切不合的 zhè 是直音字多音所致:"摘",古有"他歷、陟革"等切,zhè 音不合於他歷(梯激)切,却合於陟革切。

直音字用的是他歷(梯激)之音,審注今音時却按它的陟革切之讀而折合,因此誤爲 zhè 音。

6. 象齒切的 yǐ-sì 歧異

圯　乙.[集韻]象齒切 yǐ(中文 2 - 1123)

鈶　[集韻]象齒切 sì(中文 9 - 639)

象齒切爲邪母止韻,sì 音合於反切,不合於反切的 yǐ 音是注音字多音所致。查《康熙字典·土部》:

圯,又《集韻》象齒切,音以。

"以",古有象齒切、羊己切等音,yǐ 音不合於象齒切,却合於羊己切。

直音字用的是象齒切之音,審注今音時却按它的羊己切之讀進行折合,因此導致今音誤注。

7. 烏郎切的 yāng-āng 歧異

凸　[五音集韻]烏郎切 yāng(中文 2 - 510)

映　甲.[廣韻]烏郎切 āng(中文 2 - 670)

《五音集韻》和《廣韻》的烏郎切,都是影母唐韻開口一等,āng 音合於反切,不合於反切的 yāng 音是注音字多音所致。查《康熙字典·口部》:

凸　[五音集韻]烏郎切,音鴦。

"鶑"，古有烏郎切、烏良切二讀，yāng 音不合於烏郎切，却合於烏良切。

直音字用的是烏郎切之音，審注今音時却按它的烏良切之讀進行折合，因此導致今音誤注。

8. 中莖切的 dīng-zhēng 歧異

聲　乙.［集韻］中莖切 dīng（中文 10‒517）

玎　乙.［廣韻］中莖切 zhēng（中文 8‒1553）

中莖切爲知母耕韻開口，zhēng 音合於反切，不合於反切的 dīng 音是注音字多音所致。查《康熙字典·彡部》：

聲，又《集韻》中莖切，音玎。

"玎"，古有中莖切、當經切二音，dīng 音不合於中莖切，却合於當經切。

直音字用的是中莖切之音，審注今音時却按它的當經切之讀進行折合，因此導致今音誤注。

書內的歧異大都發生在音源相同的各字之間，上面的例子就是這類代表。與此同時，還存在另外一類書內歧異現象。例如：

粗（徂）送切的 còng-zòng 歧異

A.《漢語大字典》的 còng-zòng 歧異

稯　（二）còng《集韻》粗送切（1102）

傯　zòng《廣韻》徂送切（97）

B.《中文大辭典》的 còng-zòng 歧異

毼　乙.［集韻］粗送切 còng（4‒971）

毼　甲.［廣韻］徂送切 zòng（4‒971）

切上字"粗"，古有清母和從母兩讀，這裏用的是從母之讀。粗送切與《廣韻》徂送切，二者內涵實同，今音都應折合爲 zòng，作 còng 則是誤取"粗"字清母之讀而致。

　　A 組的今音歧異發生在音源相同的各字之間；B 組則發生在一字之中。——因誤解切上字"粗"，以致錯誤地把粗送-徂送切駢列爲兩個音項，進而歧成 còng、zòng 二音。音源相同的一字之音就這樣在一書之內形成了正誤歧異。

　　書内歧異之外，還有書與書之間的歧異，而且這種外亂和内亂往往是交織在一起的。例如：

　　1. 比孟切的 bìng-bèng 歧異

　　嵭　［字彙］比孟切 bìng（中文 3－984）

　　嵭　bèng《字彙》比孟切（大字典 339）

　　《字彙》的比孟切，大致相當於《切韻》系統的幫母映（諍）韻開口二等，bèng 音合於反切，不合於反切的 bìng 音是注音字多音所致。查《字彙·山部》：

　　嵭，比孟切，音逬。

　　"逬"，古有北諍切、壁瞑切二音，一爲幫母諍韻開口，一爲幫母徑韻開口。諍韻和映韻在《字彙》裏已經混同，用於解讀比孟切的"逬"字，取的就是這個北諍切之音——不管是依反切還是依直音，"嵭"的今音都應折合爲 bèng。至於 bìng 音，不合於比孟切，却合於壁瞑切，顯然是"逬"字多音引發的失誤。

　　2. 昌六切的 shú-chù 歧異

　　埱　甲.［廣韻］昌六切 shú（中文 2－1217）

　　埱　（一）chù《廣韻》昌六切（大字典 190）

　　昌六切爲昌母屋韻三等，chù 音合於反切，不合於反切的 shú 音是注音字多音所致。查《康熙字典·土部》：

　　埱《廣韻》、《集韻》並昌六切，音叔。

"叔"，古有昌六切、式竹切等音，shú 音不合於昌六切，却合於式竹切①。

直音字用的是昌六切之音，審注今音時却按它的式竹切之讀進行折合，因此導致今音誤注。

3. 丑芮切的 chuò-chuì 歧異

愞　乙.［集韻］丑芮切 chuò（中文 4－118）

愞　（二）chuì《集韻》丑芮切（大字典 971）

丑芮切爲徹母祭韻合口，chuì 音合於反切，不合於反切的 chuò 音是注音字多音所致。查《康熙字典·心部》：

愞，又《集韻》、《韻會》並丑芮切，音啜。

"啜"，古有丑芮切、昌悦切等音，chuò 音不合於丑芮切，却合於昌悦切。

直音字用的是丑芮切之音，審注今音時却按它的昌悦切之讀進行折合，因此導致今音誤注。

4. 粗（徂）兗切的 quǎn-juàn 歧異

癉　乙.［集韻］粗兗切 quǎn（中文 6－808）

癉　juàn《廣韻》徂兗切（大字典 1127）

切上字"粗"，古有清母和從母兩讀，這裏用的是從母之讀，粗兗切與徂兗切字異而聲韻實同，今音都應折合爲 juàn。前一例作 quǎn 音，顯然是取"粗"字清母之讀而引發的失誤。

5. 從桑切的 zàng-cáng 歧異

蠵　［zàng《字彙補》從桑切］（大詞典 8－998）

_____

① "叔"字式竹切的今音有 shū、shú 二讀，臺灣地區選定的正音是陽平之讀，因此依"叔"字類推出來的是 shú 而不是 shū。

蟺　［字彙補］從桑切 cáng（中文 8－515）

從桑切的今音應折合爲 cáng，zàng 音與反切不合。查《字彙補·虫部》：

蟺，從桑切，音藏。

"藏"，古有昨郎（從桑）切、徂浪切等音，zàng 音不合於昨郎（從桑）切，却合於徂浪切。

直音字用的是昨郎（從桑）切之音，審注今音時却按它的徂浪切之讀進行折合，因此導致今音誤注。

6. 迄力切的 hè-xì 歧異
歙　乙.［集韻］迄力切 hè（中文 5－585、586）
歙　（二）xì《集韻》迄力切（大字典902）

迄力切爲曉母職韻開口三等，xì 音合於反切，不合於反切的 hè 音是注音字多音所致。查《康熙字典·欠部》：

歙，又《集韻》迄力切，音虩。

"虩"，古有迄力切、赫格切等讀，hè 音不合於迄力切，却合於赫格切。

直音字用的是迄力切之音，審注今音時却按它的赫格切之讀進行折合，因此導致今音誤注。

7. 而證切的 rèn-rèng 歧異
荵　rèn 而證切（辭源4－2622）
荵　甲.［廣韻］而證切 rèng（中文7－1363）

而證切爲日母證韻開口，rèng 音合於反切，不合於反切的 rèn 音是注音字多音所致。查《康熙字典·艸部》：

荵，《唐韻》而證切，《集韻》如證切，並音認。

“認”，古有而證、而振等切，rèn 音不合於而證切，却合於而振切。

直音字用的是而證切之音，審注今音時却按它的而振切之讀進行折合，因此導致今音誤注。

8. 台鄧(隥)切的 dèng-tèng 歧異

A.《中文大辭典》的 dèng-tèng 歧異

霙　[集韻]台隥切 dèng(9－1525)

澄　乙.[廣韻]台鄧切 tèng(5－1655、1656)

B.《漢語大字典》與《中文大辭典》的 dèng-tèng 歧異

輴　dèng《集韻》台隥切(大字典1482)

輴　[集韻]台鄧切 tèng①(中文8－1767)

台鄧(隥)切，切上字古有透母、定母二讀，在《廣韻·嶝韻》和《集韻·隥韻》中，撇開台鄧(隥)切不算，定母小韻已有徒(唐)亘切之讀，而透母小韻則處於空缺的狀況。由此可見，台鄧(隥)切實屬透母音節，tèng 音合於反切，dèng 音則是誤取切上字定母之讀而致。

9. 以制切(音曳)的 yè-yì 歧異

妻　yè《龍龕手鑑》音曳(大字典436)

妻　[龍龕手鑑]以制切　音曳 yì(中文3－87)

該被注字在《龍龕手鑑》中列在女部去聲類，只有“音曳”的直音，並無反切注音。“曳”字中古有“餘制、羊列”二切——今音分別爲 yì、yè，被注字明屬去聲，用作直音的“曳”字，自然應該是餘制切之音。

至此而知：後一例依直音而增擬以制切，這種作法雖然有悖

---

① 切下字《集韻》作“隥”，在引證中被換成了同韻的“鄧”字。

於引證原則,但所擬制的這個反切則屬余母祭韻,與"音曳"的内蘊相合,由此獲得的是正確的 yì 音。至於前一例的 yè 音,不合於餘制切,却合於羊列切,顯然是注音的"曳"字多音而引發的失誤。

注音字的多音,有時還會引起一音多誤的問題。例如:

郎佐切的 luó-luǒ 歧異

蔃　[字彙]郎佐切　音邏 luó(中文 6－510)

蔃　luǒ《改併四聲篇海》引《奚韻》郎佐切(大字典 478)

切下字和直音字都存在多音問題,"佐",古有"子我、則箇"二切;"邏",古有"良何、郎可、郎佐"三切。"佐"字二音存在上-去之别,"邏"字三音則是平-上-去之别,可見郎佐切(音邏)表示的不是來母歌韻平聲音節。至於是上聲還是去聲的問題,則不大容易確定。繼續考察而知:郎佐切出自中古文獻,中古字書、韻書中,郎佐切以及其他以"佐"爲切下字的反切,一般都是切的去聲箇韻。綜合上述情況可以推知,這裏的切下字"佐"和直音字"邏",用的應都是去聲之讀,該被注字的今音,無論是依反切還是依直音,都應折合爲 luò。

至於 luó 和 luǒ,一個是誤取"邏"字平聲而折合的結果,一個是誤取切下字"佐"的上聲而折合的結果,二者屬於誤音與誤音的歧異。

當注音字的多音問題與其他致誤因素相交織時,更會引發一音而多誤的現象。例如:

1. 粗本切的 cǔn-cūn-zǔn-zùn 歧異

A.《漢語大字典》的 cǔn-zùn 歧異

蹲　(四)cǔn《集韻》粗本切(1557)

唪　zùn《集韻》粗本切(258)

B.《中文大辭典》的 cūn-zǔn-zùn 歧異

洤　丙.［集韻］粗本切 cūn(5－1144)

墫　乙.［集韻］粗本切 zǔn(2－1340)

鱒　甲.［集韻］粗本切 zùn(10－670)

粗本切爲從母混韻,zùn 音合於反切,cǔn、cūn、zǔn 則都不合。cǔn 音是切上字多音所致:"粗"字古有清母和從母兩讀,這裏用的是從母之讀,審注今音時却按它的清母之讀而折合,因此誤爲 cǔn 音。zǔn 音的産生跟同小韻之字多音有關:該小韻的"蔂、僔、蹲",另有祖本切-zǔn 音,因此在粗本切書卷字當中引發誤移音zǔn①。

至於 cūn 音,則是其他誤因所致。

2. 許維切的 suī-xū-huī 歧異

嶉　suī 許維切(辭源 1－235)

嶉　［廣韻］許維切 xū(中文 1－1097)

嶉　［huī《廣韻》許維切］(大詞典 1－1508)

許維切爲曉母脂韻合口,huī 音合於反切,suī、xū 二音則都不合。suī 音是注音字多音所致。查《康熙字典・人部》:

嶉,《廣韻》許維切,《集韻》、《韻會》呼維切,並音睢。

"睢",古有許(呼)維切、息遺切等音,直音字用的是許(呼)維切之讀,審注今音時却按它的息遺切之讀而折合,因此誤爲 suī 音。

至於 xū 音,則是其他誤因所致。

3. 五(吾)瓜切 wā-huá-wá 歧異

A.《中文大辭典》的 wā-wá 歧異

---

① 關於誤移的有關問題,參看本書上篇第七節。

> 佤　[廣韻]五瓜切 wā(5－544)
>
> 譌　乙.[集韻]吾瓜切 wá(8－1142)
>
> B.《中文大辭典》與《漢語大字典》的 huá-wá 歧異
>
> 髇　[廣韻]五瓜切 huá(中文 10－432)
>
> 髇　wá《廣韻》五瓜切(大字典 1834)

五(吾)瓜切爲疑母麻韻合口二等,wá 音合於反切,其餘二音則都不合。查《康熙字典·骨部》:

> 髇,《廣韻》五瓜切,《集韻》吾瓜切,並音譁。

“譁”,古有五(吾)瓜切、胡瓜切等音,直音字用的是五(吾)瓜切之讀,審注今音時却按它的胡瓜切之讀而折合,因此誤爲 huá 音。

至於 wā 音,則是不明平聲分化原理所致。

4. 五刮切的 yuè-yè-wà 歧異

A.《漢語大字典》的 yuè-wà 歧異

> 豱　yuè《改併四聲篇海》引《搜真玉鏡》五刮切(719)
>
> 詢　wà《廣韻》五刮切(1643)

B.《中文大辭典》與《漢語大字典》的 yè-wà 歧異

> 玥　乙.[廣韻]五刮切 yè(中文 7－898)
>
> 玥　wà《廣韻》五刮切(大字典 1163)

五刮切爲疑母末韻,wà 音合於反切,yuè、yè 二音則都不合。yuè 是注音字多音所致。查《字彙補·水部》:

> 豱,五刮切,音刖。

“刖”,古有五刮切、魚厥切等音,直音字用的是五刮切之音,審注今音時却按它的魚厥切之讀而折合,因此誤爲 yuè 音。

至於 yè 音,則是其他誤因所致。

第六節　因不明歷史音變規律而
引發的今音歧異

不明歷史音變規律往往導致古今音的折合失誤。例如：

齔　chèn《玉篇》士禁切（大字典 1730）

衉　xiòng《龍龕手鑑》呼貢反（大字典 1224）

《玉篇》音和《龍龕手鑑》音都跟《切韻》系統相當，士禁切爲崇母沁韻，呼貢反爲曉母送韻合口一等。

崇母沁韻音節，今音韻母聲調作 èn 不誤，聲母則應爲 zh——只有平聲的崇母才變爲 ch。曉母送韻合口一等音節，今作去聲不誤，聲母韻母則應爲 hong——喉音送韻只有合口三等的今音聲韻母才變爲 xiong。

要之，上述兩例今音應分別折合爲 zhèn、hòng。chèn、xiòng二音的形成，並非全然沒有察究音變規律問題，而是沒有緊扣具體的聲韻結構辨察規律。在這種情況下，張冠而李戴，誤依甲類聲韻條件之下的規律折合乙類聲韻結構的今音，誤注也就這樣形成了①。

以上説的是，没從歷史音變的聲韻條件方面着眼，因而不能駕馭紛繁，以致引起古今音折合失誤的情況，除此之外，還有一些聲韻條件並不複雜的歷史音變現象，却因疏於常識性規律而引起了今音的失誤。例如：

晘　（二）tǔn《字彙》丁本切（大字典 1039）

貃　（二）má《集韻》莫轄切（大字典 1627）

---

①　參看范新幹《論僻音字的今音誤注現象》，《國學研究》第十八卷，北京大學出版社，2006 年。

丁本切爲端母混韻,今音應折合爲 dǔn;莫轄切爲明母鎋(轄)
韻,今音應折合爲 mà。上面所注的 tǔn、má 二音,或爲聲母失誤,
或是聲調失誤,都是不明常識性的歷史音變規律所致。

因不明歷史音變規律而導致的今音誤注現象,引發了大量的
今音歧異。例如:

1. 蒲光(郞)切的 pāng-páng

忙　[pāng《玉篇》蒲郞切](大詞典 10－431)

彭₃　[páng《集韻》蒲光切](大詞典 3－1129)

蒲光(郞)切爲並母唐韻,páng 音合於反切,作 pāng 則是不
明濁音平聲演變規律而引發的失誤。

2. 蒲結切的 biè-bié 歧異

㴜　biè《集韻》蒲結切(辭源 2－1090)

蛈　bié 蒲結切(辭源 4－2762)

蒲結切爲並母屑韻開口,bié 音合於反切,作 biè 則是不明全
濁入聲調類演變規律而引發的失誤。

3. 山芮切的 shuài-shuì 歧異

漵　(三) shuài《集韻》山芮切(大字典 743)

啐　(一) shuì《廣韻》山芮切(大字典 285)

山芮切爲山母祭韻合口,shuì 音合於反切,作 shuài 則是不明
祭韻合口演變規律而引發的失誤。

4. 實窄切的 xí-zé 歧異

舴　丙. [集韻]實窄切 xí(中文 7－1289)

嶧　[集韻]實窄切 zé(中文 3－919)

實窄切,今音應折合爲 zé,作 xí 則是不明該聲韻演變規律而
引發的失誤。

5. 士九切的 chǒu-zhòu 歧異

鯫　丁.〔廣韻〕士九切 chǒu（中文 10－648）

𥐢　甲.〔廣韻〕士九切 zhòu（中文 6－1702）

士九切爲崇母有韻，zhòu 音合於反切，作 chǒu 則是不明濁音清化和濁上變去規律而引發的失誤。

6. 士（仕）下切的 chǎ-zhà 歧異

厏　乙.〔廣韻〕士下切 chǎ（中文 2－331）

絴　甲.〔集韻〕仕下切 zhà（中文 7－334）

士（仕）下切爲崇母馬韻，zhà 音合於反切，作 chǎ 則是不明濁音清化和濁上變去規律而引發的失誤。

7. 仕懈切的 xià-zhài 歧異

虄　丙.〔集韻〕仕懈切 xià（中文 10－1121）

䶪　丁.〔集韻〕仕懈切 zhài（中文 10－432）

仕懈切爲崇母卦韻開口，zhài 音合於反切，作 xià 則是不明該聲韻歷史音變規律而引發的失誤。

8. 仕知切的 chī-chí 歧異

䕞　丙.〔集韻〕仕知切 chī（中文 10－1129）

瘝　丙.〔集韻〕仕知切 chí（中文 6－791）

仕知切爲崇母支韻開口，chí 音合於反切，作 chī 則是不明濁音平聲演變規律而引發的失誤。

9. 所瓦切的 sǎ-shuǎ 歧異

馺　（一）sǎ《改併四聲篇海》引《龍龕手鑑》所瓦切（大字典 1640）

碼　shuǎ《龍龕手鑑》所瓦反（大字典 1897）

所瓦切爲山母馬韻合口二等，shuǎ 音合於反切，作 sǎ 則是不明該聲韻歷史音變規律而引發的失誤。

10. 所(數)化切的 sà-shuà 歧異

訤　(二) sà《改併四聲篇海》引《龍龕手鑑》所化切(大字典 1640)

唆　(二) shuà《集韻》數化切(大字典 267)

所(數)化切爲山母禡韻合口二等, shuà 音合於反切, 作 sà 則是不明該聲韻歷史音變規律而引發的失誤。

11. 五(逆)革切的 é-è 歧異

鞸　(一) é《廣韻》五革切(大字典 1808)

娂　(三) è《集韻》逆革切(大字典 444)

五(逆)革切爲疑母麥韻開口, è 音合於反切, 作 é 則是不明次濁入聲調類演變規律而引發的失誤。

12. 象呂切的 xǔ-xù 歧異

杼　[集韻]象呂切 xǔ(中文 5-1012)

汻　[集韻]象呂切 xù(中文 5-956)

象呂切爲邪母語韻, xù 音合於反切, 作 xǔ 則是不明濁上變去規律而引發的失誤。

13. 之(職)吏切的 chì-zhì 歧異

峕　chì《改併四聲篇海》引《川篇》之吏切(大字典 1392)

想　zhì《集韻》職吏切(大字典 1527)

之(職)吏切爲章母志韻, zhì 音合於反切, 作 chì 則是不明章母演變規律而引發的失誤。

14. 丈(直)善切的 chǎn-zhàn 歧異

攤　[篇海]直善切 chǎn(中文 4-825)

纏　乙. [集韻]丈善切 zhàn(中文 8-1637)

丈(直)善切爲澄母獮韻開口,zhàn 音合於反切,作 chǎn 則是不明濁音清化和濁上變去規律而引發的失誤。

15. 陟葉(涉)切的 sè-zhé 歧異

鯎　己.[類篇]陟涉切 sè(中文 10－648)

褶　乙.[廣韻]陟葉切 zhé(中文 8－729)

陟葉(涉)切爲知母葉韻開口,zhé 音合於反切,作 sè 則是不明該聲韻歷史音變規律而引發的失誤。

16. 祖(子)芮切的 zhì-zuì 歧異

爨　zhì《改併四聲篇海》引《併了部頭》子芮切(大字典 942)

枙　zuì《集韻》祖芮切(大字典 507)

祖(子)芮切爲精母祭韻合口,zuì 音合於反切,作 zhì 則是不明該聲韻演變規律而引發的失誤。

書內歧異之外,還有書與書之間的歧異,這種外亂與內亂常常是交織在一起的。例如:

1. 布亥切的 běi-bǎi 歧異

恡　běi《集韻》布亥切(大字典 964)

恡　甲.[集韻]布亥切 bǎi(中文 4－102)

布亥切爲幫母海韻,bǎi 音合於反切,作 běi 則是不明海韻歷史音變規律而引發的失誤。

2. 叉宜切的 qī-cī 歧異

齜　丁.[集韻]叉宜切 qī(中文 10－1124)

齜　(四) cī《集韻》叉宜切(大字典 1990)

叉宜切爲初母支韻開口,cī 音合於反切,作 qī 則是不明該聲韻歷史音變規律而引發的失誤。

3. 常證切的 chèng-shèng 歧異

郕　[集韻]常證切 chèng（中文 9 – 300）

郕　shèng《集韻》常證切（大字典 1569）

常證切爲禪母證韻，今音應爲 shèng，作 chèng 則是不明禪母
仄聲演變規律而引發的失誤。

4. 初栗切的 chè-chì 歧異

刹　甲.［廣韻]初栗切 chè（中文 1 – 1756）

刹　（一）chì《廣韻》初栗切（大字典 149）

初栗切爲初母質韻，chì 音合於反切，作 chè 則是不明齒音質
韻演變規律而引發的失誤。

5. 石證切的 chèng-shèng 歧異

韠　（二）chèng《集韻》石證切（大字典 1476）

韠　乙.［集韻]石證切 shèng（中文 8 – 1735、1736）

石證切爲船母證韻①，shèng 音合於反切，作 chèng 則是不明
船母仄聲演變規律而引發的失誤。

6. 尺夜切的 ché-chè 歧異

祚　ché《改併四聲篇海》引《川篇》尺夜切（大字典 1284）

祚　［川篇]尺夜切 chè（中文 8 – 636）

尺夜切爲昌母禡韻開口三等，chè 音合於反切，作 ché 則是不
明去聲調類演變規律而引發的失誤。

7. 鉏佳切的 chā-chái 歧異

齹　甲.［集韻]鉏佳切 chā（中文 10 – 1121）

齹　（一）chái《集韻》鉏佳切（大字典 1988）

———————————

① 參看邱榮鐈《集韻研究》，臺北卓少蘭印行，1974 年，第 310 頁。

鉏佳切爲崇母佳韻開口，chái 音合於反切，作 chā 則是不明齒音佳韻及濁音平聲演變規律而引發的失誤。

8. 古玄切的 jiān-juān 歧異

覸　jiān《龍龕手鑑》古玄切（大字典 1528）

覸　juān［字彙］古玄切（中文 8－818）

古玄切爲見母先韻合口，juān 音合於反切，作 jiān 則是不明先韻合口歷史音變規律而引發的失誤。

9. 居況切的 kuàng-guàng 歧異

㤮　甲.［廣韻］居況切 kuàng（中文 1－1046）

㤮　guàng㊀《廣韻》居況切①（大字典 69）

居況切爲見母漾韻合口，guàng 音合於反切，作 kuàng 則是不明見母音變規律而引發的失誤。

10. 居郎切的 gān-gāng 歧異

瓨　gān《集韻》居郎切（辭源 3－2086）

瓨　gāng《集韻》居郎切（大字典 598）

居郎切爲見母唐韻開口，gāng 音合於反切，作 gān 則是不明唐韻演變規律而引發的失誤。

11. 居悚切的 góng-gǒng 歧異

䂿　góng 居悚切（辭源 3－2245）

䂿　gǒng《廣韻》居悚切（大字典 1015）

居悚切爲見母腫韻，gǒng 音合於反切，作 góng 則是不明上聲演變規律而引發的失誤。

---

①　切下字《廣韻》作“况”，在引證中被換成了異體字“況”。

12. 寒歌切的 hè-hé 歧異

訶　hè《集韻》寒歌切（大字典 1655）

訶　［集韻］寒歌切 hé（中文 8－1002）

寒歌切爲匣母歌韻開口一等，hé 音合於反切，作 hè 則是不明濁音平聲演變規律而引發的失誤。

13. 呼朗切的 hàng-hǎng 歧異

酐　（一）hàng《廣韻》呼朗切（大字典 1488）

酐　甲.［廣韻］呼朗切 hǎng（中文 9－436）

呼朗切爲曉母蕩韻開口，今音應爲 hǎng，作 hàng 則是不明清音上聲演變規律而引發的失誤。

14. 呼胐切的 huō-xuē 歧異

吙　huō《集韻》呼胐切（大字典 250）

吙　［集韻］呼胐切 xuē（中文 2－591）

呼胐切爲曉母戈韻合口三等①，曉母與戈韻的組合，只有合口一等的今音才變爲 huō，至於合口三等，則是變爲 xuē 音，作 huō 顯然是昧於音變條件而引發的失誤。

15. 胡廣切的 huǎng-huàng 歧異

銧　huǎng 胡廣切（辭源 3－2181）

銧　huàng《廣韻》胡廣切（大字典 1108）

胡廣切爲匣母蕩韻合口，huàng 音合於反切，作 huǎng 則是不明濁上變去規律而引發的失誤。

16. 戸來切的 hāi-hái 歧異

擡　hāi《廣韻》古哀切　又戸來切（大字典 811）

---

① 　參看黃侃《集韻聲類表》卷一，上海開明書店，1936 年。

揩　乙.［廣韻］戶來切 hái (中文 4 - 719)

戶來切爲匣母咍韻,今音應爲 hái,作 hāi 則是不明濁音平聲演變規律而引發的失誤。

17. "音伉"的 kāng-kàng 歧異

蹥　kāng《龍龕手鑑》呼剛反　跰。《康熙字典・足部》引《篇韻》:"蹥,音伉。跰也。"(大字典 1554、1555)

蹥　［篇韻］音伉 kàng　跰也。(中文 8 - 1616)

前一例,"呼剛反"和"音伉",二者並非同音關係而是異讀關係——"伉",古有居郎、下朗、苦杏、口朗、苦浪切幾音。kāng 與呼剛反和"伉"音都不相合,相對來說跟直音的關係近一些,很可能是本乎直音而來——因声調折合失誤而成 kāng 音;後一例本乎"音伉"之注,得出的是正確的今音 kàng。

18. 口觥切的 kēng-kōng 歧異

硁　［集韻］口觥切 kēng (中文 6 - 1323)

硁　kōng《集韻》口觥切 (大字典 1021)

口觥切爲溪母庚韻合口二等,kōng 音合於反切,作 kēng 則是不明庚韻合口二等演變規律而引發的失誤。

19. 盧谷切的 lú-lù 歧異

氌　lú 盧谷切 (辭源 3 - 2089)

氌　［lù《廣韻》盧谷切］(大詞典 5 - 295)

盧谷切爲來母屋韻一等,lù 音合於反切,作 lú 則是不明次濁入聲調類演變規律而引發的失誤。

20. 莫割切的 mó-mò 歧異

莈　mó《玉篇》莫割切 (大字典 927)

莈　［玉篇］莫割切 mò (中文 5 - 1823)

莫割切爲明母末韻——切下字以曷切末,今音應爲 mò, 作
mó 則是不明次濁入聲調類演變規律而引發的失誤。

21. 尼立切的 xí-nì 歧異

漝　xí 尼立切(辭源 3 – 1889)

漝　[nì《廣韻》尼立切](大詞典 6 – 180)

尼立切爲娘母緝韻, nì 音合於反切, 作 xí 則是不明該聲韻演
變規律而引發的失誤。

22. 皮咸切的 pān-pán 歧異

湴　乙. [集韻]皮咸切 pān(中文 5 – 1369)

湴　(二) pán《集韻》皮咸切(大字典 708)

皮咸切爲並母咸韻, pán 音合於反切, 作 pān 則是不明濁音平
聲演變規律而引發的失誤。

23. 蒲鑑切的 pàn-bàn 歧異

埿　2. pàn 蒲鑑切(辭源 1 – 607)

埿　丙. [廣韻]蒲鑑切 bàn(中文 2 – 1201)

蒲鑑切爲並母鑑韻, bàn 音合於反切, 作 pàn 則是不明濁音清
化規律而引發的失誤。

24. 七戈切的 cuó-cuō 歧異

逤　cuó 七戈切(辭源 4 – 3085)

逤　[廣韻]七戈切 cuō(中文 9 – 210)

七戈切爲清母戈韻合口一等, cuō 音合於反切, 作 cuó 則是不
明清音平聲演變規律而引發的失誤。

25. 其竭切的 jué-jié 歧異

碣　甲. [集韻]其竭切 jué(中文 3 – 950)

碣　(二) jié《集韻》其竭切(大字典 331)

其謁切爲群母月韻開口,jié 音合於反切,作 jué 則是不明月韻開口演變規律而引發的失誤。

26. 爾者切的 rè-rě 歧異

踇 (二) rè《集韻》爾者切(大字典 1548)

踇 丁.[集韻]爾者切 rě(中文 8 - 1604)

爾者切爲日母馬韻開口三等,rě 音合於反切,作 rè 則是不明上聲演變規律而引發的失誤。

27. 人質切的 yì-rì 歧異

衵 yì《廣韻》人質切(大字典 1282)

衵 甲.[廣韻]人質切 rì(中文 8 - 620)

人質切爲日母質韻開口,rì 音合於反切,作 yì 則是不明日母演變規律而引發的失誤。

28. 如融切的 yóng-róng 歧異

莪 yóng 如融切(辭源 4 - 2645)

莪 [róng《廣韻》如融切](大詞典 9 - 363)

如融切爲日母東韻三等,róng 音合於反切,作 yóng 則是不明日母演變規律而引發的失誤。

29. 時髓切的 chuǐ-shuì 歧異

婑 乙.[廣韻]時髓切 chuǐ 不悅也。(中文 3 - 195)

㥂 (一) shuì《廣韻》時髓切 不悅貌。(大字典 973)

"婑"、"㥂"爲異體字,兩部辭書各取其字,因此形成字頭形體歧異。

時髓切爲禪母紙韻合口,shuì 音合於反切,作 chuǐ 則是不明禪母仄聲演變規律和濁上變去規律而引發的失誤。

30. 士革切的 zè-zé 歧異

趠　（三）zè《集韻》士革切（大字典 1457－1458）

趠　丙.［集韻］士革切 zé（中文 8－1542）

士革切爲崇母麥韻開口，zé 音合於反切，作 zè 則是不明全濁入聲調類演變規律而引發的失誤。

31. 仕壞切的 chuài-zhuài 歧異

揣　乙.［集韻］仕壞切 chuài（中文 4－805）

揣　（二）zhuài《集韻》仕壞切（大字典 827）

仕壞切爲崇母怪韻合口，zhuài 音合於反切，作 chuài 則是不明濁音清化規律而引發的失誤。

32. 士稍（仕教、士孝）切的 chào-zhào 歧異

A.《漢語大字典》的 chào-zhào 歧異

釃　chào《玉篇》士孝切（1498）

嗻　zhào《集韻》仕教切（286）

B.《漢語大字典》與《中文大辭典》的 chào-zhào 歧異

巢　（二）chào《廣韻》士稍切（大字典 461、462）

巢　乙.［廣韻］士稍切 zhào（中文 3－1008）

士稍（仕教、士孝）切爲崇母效韻，zhào 音合於反切，作 chào 則是不明濁音清化規律而引發的失誤。

33. 士乙切的 shì-shí 歧異

鯏　［字彙］士乙切 shì（中文 10－1127）

鯏　（一）shí《改併四聲篇海》引《川篇》士乙切（大字典 1990）

《字彙》反切來自《川篇》，《川篇》音跟《切韻》系統相當，士乙切爲崇母質韻，shí 音與反切相合，shì 音則是不明全濁入聲調類演

變規律而引發的失誤。

34. 似絕切的 xiè-xué 歧異

鰠　［集韻］似絕切 xiè（中文 10－642）

鰠　xué《集韻》似絕切（大字典 1948）

似絕切爲邪母薛韻合口，xué 音合於反切，作 xiè 則是不明該音節韻母聲調演變規律而引發的失誤。

35. 他典切的 tián-tiǎn 歧異

硯　1. tián 他典切（辭源 4－3363）

硯₁　［tiǎn《廣韻》他典切］（大詞典 12－391）

他典切爲透母銑韻開口，tiǎn 音合於反切，作 tián 則是不明上聲演變規律而引發的失誤。

36. 五滑切的 wā-wà 歧異

聉　甲．［廣韻］五滑切 wā（中文 7－899）

聉　（一）wà《廣韻》五滑切（大字典 1164）

五滑切爲疑母黠韻合口，wà 音合於反切，作 wā 則是不明次濁入聲演變規律而引發的失誤。

37. 息兹切的 sí-sī 歧異

葸　sí 息兹切（辭源 3－2367）

葸　甲．［廣韻］息兹切 sī（中文 7－69）

息兹切爲心母之韻，sī 音合於反切，作 sí 則是不明清音平聲演變規律而引發的失誤。

38. 下斬切的 hàn-xiàn 歧異

豏　［廣韻］下斬切 hàn（中文 3－177）

豏　xiàn《廣韻》下斬切（大字典 447）

下斬切爲匣母豏韻開口，xiàn 音合於反切，作 hàn 則是不明喉音豏韻演變規律而引發的失誤。

39. 丈乖切的 chái-chuái 歧異

毿　[玉篇]丈乖切 chái（中文 4－943）

毿　chuái《玉篇》丈乖切（大字典 616）

丈乖切爲澄母皆韻合口，chuái 音合於反切，作 chái 則是不明皆韻合口演變規律而引發的失誤。

40. 直律切的 chù-zhú 歧異

鮋　[字彙]直律切 chù（中文 10－622）

鮋　zhú《玉篇》直律切（大字典 1944）

《字彙》反切出自《玉篇》，《玉篇》的直律切屬於澄母術韻，zhú 音合於反切，作 chù 則是不明澄母清化規律和全濁入聲演變規律而引發的失誤。

昧於歷史音變綫索，還會導致一音多誤現象。例如：

奴侯（鉤）切的 yóu-nōu-nóu 歧異

瓾　yóu《集韻》奴侯切（辭源 2－897）

𪘀　nōu 奴鈎切①（辭源 4－3345）

𦚤　[nóu《廣韻》奴鈎切]（大詞典 9－195）

奴侯（鉤）切爲泥母侯韻，nóu 音合於反切，yóu、nōu 都是不明歷史音變規律而引發的失誤。

昧於歷史音變綫索的問題跟其他致誤（致亂）因素相交織時，所引發的便是另一種亂上加亂的多重歧異局面。例如：

---

① 切下字《廣韻》作“鈎”，在引證中被換成了異體字“鉤”。

1. 蘇骨(索没)切的 suò-sū-sù 歧異

A.《漢語大字典》的 suò-sù 歧異

崒　suò《玉篇》索没切(1195)

埣　(二) sù《集韻》蘇骨切(192)

B.《漢語大字典》的 sū-sù 歧異

捽　(三) sū《集韻》蘇骨切(799、800)

鵽　sù《集韻》蘇骨切(1928)

C.《漢語大字典》與《中文大辭典》的 sū-sù 歧異

卒　(二) sū《集韻》蘇骨切(大字典 132、133)

卒　乙. [集韻]蘇骨切 sù(中文 2-320)

D.《漢語大字典》與《辭源》修訂本的 sū-sù 歧異

窣　sū《廣韻》蘇骨切(大字典 1142)

窣　sù 蘇骨切(辭源 3-2328)

　　蘇骨(索没)切爲心母没韻,suò 音與反切不合,是昧於歷史音變的聲韻條件所致:中古的没韻,舌齒喉牙音字變爲 u,唇音字才變爲 o(uo)。不明這種分化條件,依唇音没韻字的情況類推齒音字爲 uo 韻母,誤音就這樣形成了。至於 sū、sù 二音,聲母韻母不誤,聲調歧異則是清入調類演變缺乏條理所致。

　　2. 烏没切的 wà-wò-wēn-wèn-wù 歧異

A.《漢語大字典》的 wò-wù 歧異

膃　wò《類篇》烏没切(1271)

膃　wù《集韻》烏没切(841)

B.《中文大辭典》的 wēn-wà 歧異

頦　甲. [廣韻]烏没切 wēn(10-6)

殟　甲. [廣韻]烏没切 wà(5-710)

C.《中文大辭典》與《漢語大字典》的 wèn-wù 歧異

搵　戊. [廣韻]烏没切 wèn(中文 4-718)

搵　（二）wù《廣韻》烏没切（大字典805）

烏没切爲影母没韻，中古的没韻，喉牙音字變爲 u，脣音字才變爲 o（uo），可見烏没切的今音應折合爲 wù，wò 音是昧於音變聲韻條件所導致的誤注。至於 wà、wēn、wèn 三音，則是誤移所致：該小韻的"嗢、瘟"和"搵"，另外還分別有烏八切、烏昆切、烏困切之音，因此在烏没切書卷字中引發 wà、wēn、wèn 這幾類今音誤注①。

3. 下（乎）刮切的 huà-xì-huá 歧異

A.《中文大辭典》與《漢語大字典》的 huà-huá 歧異

齰　乙.［集韻］乎刮切 huà（中文 10 – 1121）

齰　（二）huá《集韻》乎刮切（大字典1989）

B.《中文大辭典》與《漢語大字典》的 xì-huá 歧異

鴰　［字彙補］下利切 xì（中文 3 – 1158）

鴰　huá《廣韻》下刮切（大字典1228）

下（乎）刮切爲匣母鎋（鞻）韻合口，huá 音合於反切，作 huà 則是不明全濁入聲演變規律而導致的失誤。至於 xì 音，則是抄錯切下字所致：該被注字"鴰"，《廣韻》、《集韻》和《字彙補》作下（乎）刮切，不誤，B 組前一例誤切下字"刮"爲"利"，依此而折合，以致誤爲 xì 音。

第七節　因誤移而引發的今音歧異②

一、"誤移"簡説

四部辭書的今音審注，往往從同小韻的字入手，根據這種同音

---

① 關於誤移現象及其引發今音歧異的問題，參看本書上篇第七節。
② 參看范新幹《從士革切的今音歧異説起》，《漢語史研究集刊》第十二輯，巴蜀書社，2009 年。

字的今音類推被注字今音。例如：

噪　乙．[集韻]北及切 zào(中文 9 - 1283)
齰　甲．[集韻]士革切 yí(中文 10 - 1130)

　　"北及、士革"二切的今音應分別折合爲 bī、zé，zào、yí 都與反
切相去甚遠。這種誤音的産生必有特殊的成因。查《集韻》而知：
北及切小韻有一個"皀"字，與"皂"形似；士革切小韻有一個"賾"
字，與"頤"形似。注音者審注今音時，依"皀"、"賾"的今音類推，
在操作過程中誤"皀、賾"爲"皂、頤"，以致誤將"皂、頤"的 zào、yí
之音分別"移植"給了北及切和士革切之字。

　　致誤的直接原因是看錯了同小韻之字的形體，深層原因則是
注音操作程序失當：沒有從反切所提供的古音聲韻地位入手聯繫
歷史音變規律進行折合，而是徑依同小韻之字進行類推。其理據
和推斷過程大致如下：A、B 兩字昔時同音，A 字今爲 kān 音，據此
推定 B 字的今音也爲 kān。這種作法固然可以適用於某些古今音
注，比如《集韻》母敢切小韻，共有"娼、餡"二字，都不存在異讀，後
來也沒有發生語音分化，在這種情況下，依昔時同音字而推定的被
注字今音一般不會出錯。然而，如此單純的同音關係畢竟非常有
限，大量存在的則是性質與此不同的情況：同小韻的字，或者是另
有異讀，或者是後來發生了特殊音變。這樣的同小韻之字，它們與
被注字是多音對一音的關係；若是單純從今音角度來看，後一類同
小韻之字則是異音關係。依這樣的昔時同音字類推被注字今音，
自然易於受到"虛假"信息的牽累，因而造成類推失誤。這些情況
表明，書卷字的今音，宜於從反切(或直音)入手——借以掌握被
注字的古音信息，聯繫歷史音變規律進行折合，而不能依同音字推
定。按後一種處置程序而運作，定對了今音的情況固然也有，但只
不過是一種"僥幸現象"，而在多數情況下都會引發今音誤注的
産生。

　　至此而知,徑依同小韻之字推定今音的作法,即使不看錯同小韻之字的字形,也不大容易避免誤注的產生。較常見的一種情況是,涉同音字的異讀音而致失誤。舉例來説,給"C, AB 切"審注今音時,借重的不是歷史音變綫索,而是"AB 切"小韻之字,按這種同音字的今音類推被注字今音,操作中受牽累於同音字的其他讀音,以致誤將這種異讀音"移植"給了"AB 切"的"C"字①。下面試看幾組例子:

　　　罥　juān 烏玄切　許緣切(辭源 2 − 1047)
　　　䲡　乙.〔集韻〕其述切 qū(中文 9 − 500)
　　　礜　甲.〔廣韻〕爲立切 yù(中文 10 − 392)
　　　膹　乙.〔廣韻〕扶沸切　〔集韻〕父沸切 fèn(中文 10 − 919)
　　　藒　甲.〔集韻〕阿葛切 àn(中文 8 − 93)

　　前一例,烏玄切和許緣切的今音本應爲 yuān、xuān,與這兩個反切都不相合的 juān 音就是誤移所致:烏玄(縈玄)切小韻的"焆"字和許緣(璿緣)切小韻的"蜎"字,另外都還有圭玄切一音——今音爲 juān,無論是取烏玄切,還是取許緣切,都有誤移爲 juān 的外部條件,上面的 juān 音之注就是在這種情況下產生的。

　　後四例,其述、爲立、扶(父)沸、阿葛幾切,今音本應分別折合爲 jú、yì、fèi、è,所注的四個今音 qū、yù、fèn、àn 明顯不合於反切。查各有關小韻的情況:其述切小韻的"屈"字,另有區勿切-qū 音;爲立切小韻的"煜"字,另有余六切-yù 音;扶(父)沸切小韻的"幢、賁"二字,另有房(父)吻切-fèn 音;阿葛切小韻的"按、胺、洝、峖"幾字,另有烏旰切-àn 音。例中所注的四個今音,顯然是受這些異讀音影響而形成的誤音。

_____

①　參看范新幹《論僻音字的今音誤注現象》,《國學研究》第十八卷,北京大學出版社,2006 年。

《廣韻》(《集韻》)未收的一些散字,這類字的注音也存在就昔時同音字類推被注字今音的作法,因此也常有誤移的情況發生。例如:

褦　[玉篇]子六切 cù(中文 8 - 729)

中古的子六切爲精母屋韻三等,今音應折合爲 zú,cù 音與反切不合。比照《廣韻》(《集韻》)來看,同音諸字也注的是子六切,該小韻的"蹴、噈"等字,另有七六切一音——今音爲 cù,《玉篇》子六切而折合爲 cù,就是誤移這類同音字的異讀音所致。

關於誤移現象,還有一種較爲特殊的情況值得注意。例如:

黀　甲.[廣韻]許位切 xì(中文 8 - 1259)

黀　丙.[集韻]虛器切 xì(中文 8 - 1259)

許位切的今音本應爲 huì,作 xì 則是涉虛器切這一異讀而誤移的結果。就四部辭書來説,這種情況僅見於《中文大辭典》,是一種頗爲特殊的誤移——同一小韻之中的異讀字,除了可讓它的同音字產生今音誤移之外,竟然還可使其自身產生今音誤移。

二、誤移引發的今音歧異

因誤移而導致的今音誤注現象在四部辭書中較爲多見,其負面影響之一便是引發今音歧異。例如:

1. 附袁切的 fān-fán 歧異

蹯　fān 附袁切(辭源 4 - 3008)

緐　1. fán 附袁切(辭源 3 - 2469)

附袁切爲奉母元韻,fán 音合於反切,fān 音則不合:該小韻的"藩、蕃"等字,另有甫煩切一音,因此在附袁切書卷字當中引發誤音 fān。

2. 普没切的 bó-pò 歧異

䵜　bó《廣韻》普没切（大字典 1869）

媲　pò《廣韻》普没切（大字典 441）

普没切爲滂母没韻，pò 音合於反切，bó 音則不合：該小韻的"䵜、哱"另有薄没切一音，因此在普没切書卷字當中引發誤音 bó。

3. 乃嫁〈企夜〉切的 xù-nà 歧異

䄹　丙.［集韻］企夜切 xù　䄹䄹、粘也。（中文 10‑997）

腏　丁.［集韻］乃嫁切 nà（中文 7‑1042）

查《集韻·禡韻》，"䄹、腏"二字都隸屬乃嫁切小韻——各本並同，後一例從反切引注到今音折合都不誤；前一例則犯了一個"迂回曲折"的錯誤：反切引注誤成了"企夜"，在折合今音之時，則是徑依乃嫁切小韻之字而類推——乃嫁切小韻的"絮"字，另有息據切一音，因而發生誤移，錯成 xù 音。

4. 徒弔切的 tiào-diào 歧異

稠　3. tiào《集韻》徒弔切（辭源 3‑2310）

藋　1. diào 徒弔切（辭源 4‑2728）

徒弔切爲定母嘯韻，diào 音合於反切，tiào 音則不合：該小韻的"窱、啁"等字，另有他弔切一音，因此在徒弔切書卷字當中引發誤音 tiào。

5. 烏(過)合切的 ān-è 歧異

佮　丙.［廣韻］烏合切 ān（中文 1‑989）

䫾　［集韻］過合切 è（中文 9‑517）

烏(過)合切爲影母合韻，è 音合於反切，ān 音則不合：該小韻的"庵、媕"等字，另有烏含切一音，因此在烏(過)合切書卷字當中引發誤音 ān。

6. 於陷切的 àn-yàn 歧異

鰭　àn《玉篇》於陷切(大字典 1953)

揞　(二) yàn《廣韻》於陷切(大字典 807、808)

於陷切爲影母陷韻，yàn 音合於反切，àn 音則不合：該小韻的"黯"字，另有烏紺切一音，因此在於陷切書卷字當中引發誤音 àn。

7. 魚(逆)乙切的 niè-yì 歧異

堨　[niè《集韻》逆乙切](大詞典 2 - 1173)

釚　[yì《廣韻》魚乙切](大詞典 8 - 653)

魚(逆)乙切爲疑母質韻，yì 音合於反切，niè 音則不合：該小韻的"虶"字，另有五結切一音，因此在魚(逆)乙切書卷字當中引發誤音 niè。

8. 其矜(巨興)切的 jīng-qíng 歧異

蔜　乙. [集韻]巨興切 jīng(中文 8 - 88)

殑　甲. [廣韻]其矜切　[集韻]巨興切 qíng(中文 5 - 699)

其矜(巨興)切爲群母蒸韻開口，qíng 音合於反切，jīng 音則不合：該小韻的"兢"字，另有居陵切一音，因此在其矜(巨興)切書卷字當中引發誤音 jīng。

書内歧異之外，還有書與書之間的歧異。例如：

1. 儒隹切的 ruǐ-ruí 歧異

桵　[廣韻]儒隹切 ruǐ(中文 5 - 235)

桵　ruí 儒隹切(辭源 2 - 1581)

儒隹切爲日母脂韻合口，ruí 音合於反切，ruǐ 音則不合：該小韻的"甤"字，另有如累切一音，因此在儒隹切書卷字當中引發誤音 ruǐ。

2. 竹益切的 dí-zhí 歧異

黐　乙.［廣韻］竹益切 dí（中文 10 - 998）

黐　（二）zhí《廣韻》竹益切（大字典 1977）

竹益切爲知母昔韻開口，zhí 音合於反切，dí 音則不合：該小韻的"嫡"字，另有都歷切一音，因此在竹益切書卷字當中引發誤音 dí。

3. 丑江切的 chōng-chuāng 歧異

橦　［廣韻］丑江切 chōng（中文 6 - 1681）

橦　chuāng《廣韻》丑江切（大字典 1098）

丑江切爲徹母江韻，chuāng 音合於反切，chōng 音則不合：該小韻的"憃"字，另有書容切一音，因此在丑江切書卷字當中引發誤音 chōng。

4. 就六切的 cù-zú 歧異

摵　乙.［集韻］就六切 cù（中文 4 - 758）

摵　（二）zú《集韻》就六切（大字典 824）

就六切爲從母屋韻三等，zú 音合於反切，cù 音則不合：該小韻的"嗾、欶"等，另有七六切一音，因此在就六切書卷字當中引發誤音 cù。

5. 詰結切的 xì-qiè 歧異

稧　乙.［集韻］詰結切 xì（中文 6 - 1661、1662）

稧　（二）qiè《集韻》詰結切（大字典 1093）

詰結切爲溪母屑韻開口，qiè 音合於反切，xì 音則不合：該小韻的"稧、頡"二字，另有胡計切一音，因此在詰結切書卷字當中引發誤音 xì。

6. 祖猥切的 cuī-zuǐ 歧異

唯　丁．［集韻］祖猥切 cuī（中文 2－922）

唯　（三）zuǐ《集韻》祖猥切（大字典 285）

《集韻》祖猥切（《廣韻》作子罪切）屬於精母賄韻，zuǐ 音合於反切，cuī 音則不合：該小韻的"榷"字另有倉回切之讀，因此使祖猥切之字誤移爲 cuī。

　　書内歧異和書與書之間的歧異，這種内亂和外亂往往是交織在一起的。例如：

1. 苦（口）賣切的 kuài-kài 歧異

A.《中文大辭典》的 kuài-kài 歧異

邮　甲．［廣韻］苦賣切 kuài（9－318）

嫛　甲．［廣韻］苦賣切 kài（3－216）

B.《漢語大字典》與《中文大辭典》的 kuài-kài 歧異

憝　（三）kuài《集韻》口賣切（大字典 987）

憝　丙．［集韻］口賣切 kài（中文 4－286）

　　苦（口）賣切爲溪母卦韻開口，kài 音合於反切①，kuài 音則不合：該小韻的"邮"字另有苦怪切一音，因此在苦（口）賣切書卷字當中引發誤音 kuài。

2. 其訖（巨迄）切 qì-jí 歧異

A.《漢語大字典》的 qì-jí 歧異

扢　（二）qì《集韻》其訖切（769）

戞　jí《玉篇》巨迄切（461）

---

①　牙音佳（蟹、卦）韻開口韻母的歷史音變存在 ɑi-ie 不定的模糊性，説 kài 音合於苦（口）賣切，這不過是一種權宜説法（參看上篇第十節）。這類情況，後面還有，一般不再加注進行説明。

B.《中文大辭典》與《漢語大字典》的 qì-jí 歧異

趌　甲.［廣韻］其訖切 qì（中文 8－1474）

趌　jí《廣韻》其訖切（大字典 1448）

其訖（巨迄）切爲群母迄韻，jí 音合於反切，qì 音則不合：該小韻的"芞"字，另有欺訖切一音，因此在其訖切書卷字當中引發誤音 qì。

3. 徒（敵）盍切的 tà-dá 歧異

A.《中文大辭典》與《辭源》修訂本的 tà-dá 歧異

闟　丙.［集韻］敵盍切 tà（中文 9－1033）

闟　2. dá《集韻》敵盍切（辭源 4－3256）

B.《中文大辭典》與《漢語大字典》的 tà-dá 歧異

鷞　［廣韻］徒盍切 tà（中文 10－805）

鷞　（二）dá《廣韻》徒盍切（大字典 1932）

徒（敵）盍切爲定母盍韻，dá 音合於反切，tà 音則不合：該小韻的"㯓、蹋"等字，另有託盍切一音，因此在徒（敵）盍切書卷字當中引發誤音 tà。

4. 初芮切的 cuì-chuì 歧異

A.《漢語大字典》的 cuì-chuì 歧異

蒃　（二）cuì《集韻》初芮切（398、399）

蔡　（二）chuì《集韻》初芮切（1382）

B.《漢語大字典》與《中文大辭典》的 cuì-chuì 歧異

篅　cuì《集韻》初芮切（大字典 1257）

篅　甲.［集韻］初芮切 chuì（中文 7－121）

初芮切（《廣韻》作楚稅切）爲初母祭韻合口，chuì 音合於反切，cuì 音則不合：該小韻"毳、竁"二字，另有此芮切之讀，因此在初芮（楚稅）切書卷字當中引發誤音 cuì。

5. 呵(黑)各切的 huò-hè 歧異

A.《漢語大字典》的 huò-hè 歧異

毃　（三）huò《集韻》黑各切(908)

謞　（一）hè《廣韻》呵各切(1668)

B.《中文大辭典》的 huò-hè 歧異

糧　[集韻]黑各切 huò(7－212)

曤　甲.[廣韻]呵各切 hè(6－1171)

C.《中文大辭典》與《漢語大字典》的 huò-hè 歧異

奭　乙.[類篇]黑各切 huò(中文 10－500)

奭　（二）hè《類篇》黑各切(大字典 1909)

呵(黑)各切爲曉母鐸韻開口，hè 音合於反切，huò 音則不合：該小韻的"曤、曤"等字，另有忽郭切一音，因此在呵(黑)各切書卷字當中引發誤音 huò。

6. 子六切的 cù-zú 歧異

A.《漢語大字典》的 cù-zú 歧異

臧　cù《廣韻》子六切(883)

襡　（二）zú《廣韻》子六切(1296)

B.《中文大辭典》與《漢語大詞典》的 cù-zú 歧異

蝍　甲.[廣韻]子六切 cù(中文 8－465)

蝍　[zú《廣韻》子六切](大詞典 8－974)

C.《中文大辭典》與《漢語大字典》的 cù-zú 歧異

縬　[集韻]子六切 cù(中文 7－202)

縬　zú《集韻》子六切(大字典 1316)

子六切爲精母屋韻三等，zú 音合於反切，cù 音則不合：該小韻的"蹴、噈、踏"等字，另有七六切一音，因此在子六切書卷字當中引發誤音 cù。

　　同小韻之字往往存在多類異讀,這種情況易於引發誤移音與誤移音的歧異。例如:

　　房益(毗亦)切的 pì-bì 歧異

A.《漢語大字典》的 pì-bì 歧異

革　(一) pì《廣韻》房益切(1348)

毬　bì《廣韻》房益切(840)

B.《中文大辭典》的 pì-bì 歧異

焷　乙.〔集韻〕毗亦切 pì(5－1752)

㯷　〔集韻〕毗亦切 bì(5－507)

C.《中文大辭典》與《漢語大字典》的 pì-bì 歧異

椑　丁.〔廣韻〕房益切 pì(中文 5－291)

椑　(三) bì《廣韻》房益切(大字典 519)

　　房益(毗亦)切爲並母昔韻開口,今音本應折合爲 bí,pì、bì 都與反切不合:該小韻之中,"辟、僻"等字另有匹辟切之讀——今音多爲 pì,"髀、躃"等字另有必益切之讀——今音多爲 bì,因此在房益(毗亦)切書卷字當中引發誤音 pì、bì。

　　四部辭書裏,該小韻諸字沒有 bí 音之注,只有 pì、bì 二注,是一個誤音與誤音相對立的特殊歧異格局。

　　關於多類誤移,更多的情況是一正對多誤的多重歧異局面。例如:

1. 薄蟹(部買)切的 bà-bǎi-bài 歧異

A.《中文大辭典》的 bà-bǎi 歧異

勵　〔廣韻〕薄蟹切 bà(2－73)

矲　甲.〔廣韻〕薄蟹切 bǎi(6－1213)

B.《中文大辭典》與《漢語大字典》的 bà-bài 歧異

猈　甲.〔廣韻〕薄蟹切 bà(中文 6－202)

獋　（一）bài《廣韻》薄蟹切（大字典569）

C.《中文大辭典》與《漢語大字典》的 bǎi-bài 歧異

灞　［集韻］部買切 bǎi（中文5－1643）

灞　bài《集韻》部買切（大字典747）

薄蟹（部買）切爲並母蟹韻開口，bài 音合於反切，bà、bǎi 則不合：該小韻的"罷、擺"，另外還分別有部下切、北買切之讀，因此在薄蟹（部買）切書卷字當中引發誤音 bà、bǎi，形成一正對多誤的局面。

2. 側（莊）交切的 cháo-chāo-zhāo 歧異

A.《漢語大字典》的 chāo-zhāo 歧異

樔　（二）chāo《集韻》莊交切（541）

𤇜　zhāo《集韻》莊交切（934）

B.《漢語大字典》、《辭源》修訂本、《中文大辭典》的 cháo-chāo-zhāo 歧異

巢　cháo《廣韻》側交切（大字典1220）

巢　chāo 側交切（辭源3－2485）

巢　甲．［廣韻］側交切 zhāo（中文7－676）

側（莊）交切爲莊母肴韻，zhāo 音合於反切，cháo、chāo 則不合：該小韻之中，"巢、鄛"等另有鋤交切一音，"謿、摷"二字另有初交切一音，因此在側（莊）交切書卷字當中引發誤音 cháo、chāo，形成一正對多誤的局面。

3. 荒（虎）檻切的 kàn-hǎn-xiǎn 歧異

A.《中文大辭典》的 hǎn-xiǎn 歧異

闞　丙．［集韻］虎檻切 hǎn（9－1031）

㺄　甲．［廣韻］荒檻切 xiǎn（6－228）

B.《辭源》修訂本與《中文大辭典》的 kàn-hǎn 歧異

礛　kàn 荒檻切(辭源 4－2929)

礛　甲.［廣韻］荒檻切 hǎn(中文 8－1201)

荒(虎)檻切爲曉母檻韻，xiǎn 音合於反切，kàn、hǎn 二音都不合：該小韻之中，"闞"字另有苦濫切一音，"㺄"字另有虎覽切一音，因此在荒(虎)檻切書卷字當中引發誤音 kàn、hǎn，形成一正對多誤的局面。

4.　所(朔)律切的 shuài-shuò-shù 歧異

A.《中文大辭典》的 shuò-shuài 歧異

裇　［廣韻］所律切 shuò(8－708)

逪　［廣韻］所律切 shuài(9－208)

B.《中文大辭典》與《漢語大字典》的 shuò-shuài 歧異

剌　乙.［廣韻］所律切 shuò(中文 1－1756)

剌　(二) shuài《廣韻》所律切(大字典 149)

C.《中文大辭典》與《漢語大字典》的 shuài-shù 歧異

牌　［集韻］朔律切 shuài(中文 6－74)

牌　shù《集韻》朔律切(大字典 847)

所(朔)律切爲山母術韻(合口三等)①，shù 音與反切相合，shuài、shuò 二音則都不合：該小韻的"衕、帥"和"率、嗹"，前者另有所類切一音，後者另有所劣切一音，因此在所(朔)律切書卷字當中引發誤音 shuài、shuò，形成一正對多誤的局面。

5.　徒感切的 tǎn-dǎn-dàn 歧異

A.《中文大辭典》的 dǎn-dàn 歧異

磹　乙.［集韻］徒感切 dǎn(6－1314)

覢　乙.［廣韻］徒感切 dàn(8－816)

---

① 　參看李新魁《韻鏡校證》，中華書局，1982 年，第 199 頁。

B.《辭源》修訂本的 dǎn-dàn 歧異

噉　dǎn《集韻》徒感切(1－533)

嘾　dàn 徒感切(1－549)

C.《中文大辭典》與《辭源》修訂本的 tǎn-dàn 歧異

襌　[廣韻]徒感切 tǎn(中文6－1484)

襌　dàn 徒感切(辭源3－2286)

D.《中文大辭典》與《漢語大詞典》的 dǎn-dàn 歧異

憾　丙.[集韻]徒感切 dǎn(中文4－273)

憾₂　[dàn《集韻》徒感切](大詞典7－761)

徒感切爲定母感韻，dàn 音合於反切，tǎn、dǎn 二音則都不合：該小韻的"黵"和"黕、髧"，前者另有他感切一音，後者另有都感切一音，因此在徒感切書卷字當中引發誤音 tǎn、dǎn，形成一正對多誤的局面。

誤移問題有時還會帶起其他的致誤(致亂)因素，匯成一種綜合性的動因，由此而引發今音歧異。例如：

1. 規恚切的 jì-guì 歧異

嫛　己.[集韻]規恚切 jì(中文3－198)

規　丙.[集韻]規恚切 guì(中文8－794)

規恚切爲見母寘韻合口，guì 音合於反切，jì 音則是誤移作用以及由此引發的另一個致誤因素所導致：規恚切小韻的"瞡"字，另有其季切一音，其季切爲群母至韻合口，今音本來也應爲 guì，但其季切小韻的"悸"字已異變爲 jì，受此影響而使規恚切之字誤上加誤，錯成一個與音源相去較遠的 jì 音①。

_____

① 關於語音異變與今音歧異問題，參看本書上篇第八節。

2. 胡(轄)格切的 hè-hé 歧異

A.《中文大辭典》的 hè-hé 歧異

椆　丁.［類篇］轄格切 hè(5－359)

輅　丙.［集韻］轄格切 hé(8－1706)

B.《漢語大字典》與《辭源》修訂本的 hè-hé 歧異

垎　hè《廣韻》胡格切(大字典 185)

垎　hé 胡格切(辭源 1－604)

　　胡(轄)格切爲匣母陌韻開口，hé 音合於反切，hè 音則是誤移作用以及由此引發的另一個致誤因素所導致：該小韻的"洛、格"，另有曷各切一音，這一小韻的"鶴"字已異變爲 hè，受此影響而在胡(轄)格切書卷字當中引發誤音 hè。

3. 昨誤(存故、才布)切的 zuò-zù 歧異

A.《漢語大字典》的 zuò-zù 歧異

酢　zuò《廣韻》昨誤切(1388)

麆　zù《玉篇》才布切(1180)

B.《中文大辭典》的 zuò-zù 歧異

䏣　甲.［集韻］存故切 zuò(7－1690)

鮓　丙.［廣韻］昨誤切 zù(10－187)

C.《辭源》修訂本與《中文大辭典》的 zuò-zù 歧異

胙　zuò 昨誤切(辭源 3－2554)

胙　甲.［廣韻］昨誤切 zù(中文 7－1000)

D.《中文大辭典》與《漢語大字典》的 zuò-zù 歧異

蓔　甲.［集韻］存故切 zuò(中文 7－1740)

蓔　zù《集韻》存故切(大字典 1358)

　　昨誤(存故、才布)切爲從母暮韻，zù 音合於反切，zuò 音則是誤移作用以及由此引發的另一個致誤因素所導致：該小韻的"阼、秨"等字，另有在各切一音，這一小韻的"作、酢"等已異變爲 zuò，

受此影響而在昨誤(存故)切書卷字當中引發誤音 zuò。

　　這種連鎖性的綜合因素,更易於引發一正對多誤的歧異。
例如:

　　1. 蜀庸(常容)切的 yōng-yóng-chóng 歧異
　　A.《中文大辭典》的 yóng-chóng 歧異
罋　乙. [集韻]常容切 yóng(6‒564)
鱅　[集韻]常容切 chóng(10‒229)
　　B.《中文大辭典》與《漢語大字典》的 yóng-chóng 歧異
鞴　[廣韻]蜀庸切 yóng(中文 9‒1666)
鞴　chóng《廣韻》蜀庸切(大字典 1809)
　　C.《漢語大字典》與《中文大辭典》的 yōng-yóng 歧異
廥　yōng《集韻》常容切(大字典 1145)
廥　[集韻]常容切 yóng(中文 6‒1766)

　　蜀庸(常容)切爲禪母鍾韻,chóng 音合於反切,yōng、yóng 二
音則是誤移作用以及由此引發的另一個致誤因素所導致:該小韻
的"鱅、鰫"等字,另有餘封切一音,餘封切之字,正變音爲 yóng,異
變音爲 yōng,存在二音並存的問題。受此影響,在蜀庸(常容)切
書卷字當中引發今音誤注—— 一誤而爲 yóng,誤上加誤而
成 yōng。

　　2. 所介切的 shā-shà-shài 歧異
　　A.《漢語大字典》的 shà-shài 歧異
蝦　shà《改併四聲篇海·虫部》引《搜真玉鏡》:"蝦,所介
　　切。"(1201)
雯　shài《類篇》所介切(1689)
　　B.《中文大辭典》與《漢語大字典》的 shā-shài 歧異
魓　[集韻]所介切 shā(中文 10‒584)

　　魘　shài《集韻》所介切(大字典 1844)

　　所介切爲山母怪韻開口,shài 音合於反切,shā、shà 則是誤移作用以及由此引發的另一個致亂因素所致:該小韻的"殺、煞"二字,另有所八切一音,屬於清音入聲,調類演變存在模糊性①,致誤而又致亂的雙重因素使所介切之字歧出 shā、shà 兩類誤音,形成一正對多誤的歧異局面。

　　3. 徒(達)合切的 tá-tà-dá 歧異

　　A.《辭源》修訂本的 tá-tà 歧異

　　蹹　tá 徒合切(4 – 3008)

　　渃　tà 徒合切(3 – 1829)

　　B.《漢語大字典》的 tà-dá 歧異

　　嵮　tà《集韻》達合切(328)

　　鬡　dá《集韻》達合切(1881)

　　C.《中文大辭典》的 tà-dá 歧異

　　譶　甲. [廣韻]徒合切 tà(8 – 1165)

　　蹹　[字彙]徒合切 dá(8 – 1628)

　　D.《中文大辭典》與《漢語大詞典》的 tà-dá 歧異

　　偺　[廣韻]徒合切 tà(中文 1 – 1083)

　　偺　[dá《廣韻》徒合切](大詞典 1 – 1507)

　　徒(達)合切爲定母合韻,dá 音與反切相合,tá、tà 二音則是誤移作用以及由此引發的另一個致亂因素所致:該小韻的"搨、榻"等字,另有他(託)合切一音——屬於清音入聲,調類演變存在模糊性,致誤而又致亂的雙重因素使徒(達)合切之字歧出兩類誤音,引發一正對多誤的今音歧異。

---

　　①　關於清入調類演變綫索的模糊性與今音歧異問題,參看本書上篇第十節。

　　誤移問題與其他致誤(致亂)因素相交織的另一種情況是,多種致誤(致亂)因素相並列,由此而引發誤-誤歧異。例如:

　　1. 胡麥切的 huà-huò 歧異

咶　(一) huà《龍龕手鑑》胡麥反(大字典254)

嚯　huò《廣韻》胡麥切(大字典289)

　　胡麥切爲匣母麥韻合口,今音本應爲 huó,huà、huò 二音都與反切不合,屬於誤音與誤音的歧異。huà 音是誤移所致:該小韻的"繣、畫"等字,另有胡卦切一音,因此在胡麥切書卷字中引發誤移音 huà。至於 huò 音,則是同小韻的"獲"字語音異變所引發。

　　2. 於(娟)營切的 yīng-yíng 歧異

A.《漢語大字典》的 yīng-yíng 歧異

礯　yīng《集韻》娟營切(1030)

嫈　(三) yíng《廣韻》於營切(451)

B.《中文大辭典》的 yīng-yíng 歧異

謍　甲. [廣韻]於營切 yīng(9-1741)

攖　乙. [集韻]娟營切 yíng(4-838)

C.《漢語大字典》與《中文大辭典》yīng-yíng 歧異

帯　yīng《廣韻》於營切(大字典316)

帯　[廣韻]於營切 yíng(中文3-1151)

　　於(娟)營切爲影母清韻合口三等,今音本應爲 yōng,yīng、yíng 二音都與反切不合。yīng 音是誤移所致:該小韻的"攖"字,另有於盈切一音,因此在於營切書卷字當中引發誤移音 yīng。至於 yíng 音,則是同小韻的"縈"字語音異變所引發。

　　多種致誤(致亂)因素相並列,更多的情況是引發一正對多誤的今音歧異。例如:

1. 莫(墨)角切的 mào-miǎo-mò 歧異

A.《中文大辭典》與《漢語大字典》的 mào-mò 歧異

晶　[廣韻]莫角切 mào(中文 6 – 1148)

晶　mò《廣韻》莫角切(大字典 1048)

B.《中文大辭典》與《辭源》修訂本的 mào-mò 歧異

薃　甲. [廣韻]莫角切 mào(中文 8 – 175、176)

薃　1. mò 莫角切(辭源 4 – 2729)

C.《中文大辭典》與《漢語大字典》的 miǎo-mò 歧異

勓　[集韻]墨角切 miǎo(中文 2 – 36)

勓　mò《集韻》墨角切(大字典 156)

　　莫(墨)角切爲明母覺韻,mò 音合於反切,miǎo、mào 則都不合。mào 音是誤移所致: 該小韻的"貌、藐"和"眊、罦",前者另有莫(眉)教切一音,後者另有莫報切一音,二者都可在莫(墨)角切書卷字當中引發誤移音 mào。miǎo 音則是同小韻的"邈"字語音異變所引發。

2. 内(奴)骨切的 nà-nè-nù 歧異

A.《漢語大字典》的 nà-nè 歧異

肭　(一) nà《改併四聲篇海》引《搜真玉鏡》奴骨切(626)

忸　nè《集韻》奴骨切(952)

B.《中文大辭典》與《漢語大字典》的 nà-nè 歧異

殉　[廣韻]内骨切 nà(中文 5 – 689)

殉　nè《廣韻》内骨切(大字典 581)

C.《漢語大詞典》與《中文大辭典》的 nè-nù 歧異

抐₁　nè《廣韻》内骨切(大詞典 6 – 374)

抐　甲. [廣韻]内骨切 nù(中文 4 – 454)

　　内(奴)骨切爲泥母没韻,nù 音合於反切,nè、nà 則都不合。該小韻的"肭"和"訥",前者另有乃滑切一音,後者異變爲 nè,因此在内(奴)骨切書卷字當中引發誤音 nà、nè。

3. 士（鋤、仕）耕切的 céng-zhēng-chéng 歧異

A.《中文大辭典》的 céng-chéng 歧異

曾　　［集韻］鋤耕切 céng(3－597)

埩　乙.［廣韻］士耕切 chéng(2－1218)

B.《中文大辭典》與《漢語大字典》的 céng-chéng 歧異

�　［玉篇］仕耕切 céng(中文6－1319)

硅　chéng《集韻》鋤耕切（大字典1019）

C.《中文大辭典》與《漢語大字典》的 zhēng-chéng 歧異

淨　乙.［唐韻］士耕切 zhēng(中文5－1325、1326)

淨　（一）chéng《廣韻》士耕切（大字典694）

士（鋤、仕）耕切爲崇母耕韻開口，chéng 音合於反切，céng、zhēng 則都不合。該小韻的"噌、譄"和"崢"，前者另有疾陵切－céng 音，後者異變爲 zhēng，因此在士（鋤、仕）耕切書卷字當中引發 céng、zhēng 兩類誤音。

以上説的是單一的誤移與其他因素匯成的多重歧異，此外還有多重誤移與其他因素匯成的多重歧異格局。例如：

1. 當没切的 chū-duò-duō-dū 歧異

A.《漢語大字典》的 chū-duò-duō-dū 歧異

黜　chū《集韻》當没切(1834)

独　（二）duò《集韻》當没切(1627)

馲　duō《廣韻》當没切(1891)

蝟　（二）dū《廣韻》當没切①(1834)

B.《中文大辭典》與《漢語大字典》的 duò-duō 歧異

䄣　［集韻］當没切 duò(中文7－727)

䄣　duō《集韻》當没切（大字典1304）

---

① 該字頭當没切的今音，《漢語大字典》第二版已更改爲 duō。

當没切爲端母没韻，dū 音合於反切，其餘三音則都不合。

chū 音是單純的誤移作用所致：該小韻的“⿰忄出”字，另有勑律切一音，因此在當没切書卷字當中引發誤移音 chū。

duò、duō 二音則是誤移作用以及由此引發的另一個致亂因素所致：該小韻的“咄”字，另有當末切一音——今音聲母韻母爲 duo，屬於清音入聲，演變綫索存在模糊性。誤移致誤外加清入致亂，二者交匯於一體，使當没切之字歧出 duò、duō 兩類誤音。

2. 士(仕)懺切的 chán-chàn-zhàn-shàn 歧異

A.《漢語大字典》的 chàn-zhàn 歧異

⿰镸毚 chàn《改併四聲篇海》引《餘文》士懺切(1688)

⿰牜毚 zhàn《集韻》仕懺切(765)

B.《中文大辭典》的 chán-chàn-zhàn 歧異

⿰月毚 [廣韻]仕懺切 chán①(6－76)

⿰阝毚 乙.[集韻]仕懺切 chàn(9－1299)

⿰足毚 [集韻]仕懺切 zhàn(8－1641)

C.《中文大辭典》與《漢語大字典》的 chàn-shàn 歧異

攙 丁.[集韻]仕懺切 chàn(中文 4－839)

攙 (二) shàn《集韻》仕懺切(大字典 833)

士(仕)懺切爲崇母鑑韻，chán、chàn 二音都與反切不合。該小韻的“讒、儳”二字，前者另有士咸切一音，後者另有楚鑒切一音，因此在士(仕)懺切書卷字當中引發誤移音 chán、chàn。

至於 zhàn、shàn 二音，韻母聲調不誤，zh-sh 歧異則是崇母演變綫索的模糊性所致。

3. 踈舉(爽阻)切的 xǔ-chǔ-suǒ-shǔ 歧異

A.《中文大辭典》的 chǔ-shǔ 歧異

① 切上字《廣韻》作“士”，引證中被換成了同音的“仕”字。

齭　[廣韻]踈舉切　[集韻]爽阻切 chǔ(10－1126)

稰　丙.[廣韻]踈舉切 shǔ(7－194、195)

B.《漢語大字典》與《中文大辭典》的 xǔ-suǒ 歧異

盨　xǔ《廣韻》踈舉切(大字典 1075)

盨　乙.[廣韻]踈舉切[集韻]爽阻切 suǒ(中文 6－1033)

踈舉(爽阻)切爲山母語韻，shǔ 音合於反切，其他三音則都不合。

xǔ、chǔ 二音是誤移所致：該小韻當中，"稰"另有寫與切-xǔ 音，"齭"另有創舉切-chǔ 音，因此在踈舉(爽阻)切書卷字當中引發誤移音 xǔ、chǔ。

至於 suǒ 音，則是語音異變所致：該小韻的"所"字異變爲 suǒ，因此在同小韻書卷字當中引發誤音 suǒ。

4. 五割(牙葛)切的 yuè-niè-xuē-è 歧異

A.《中文大辭典》的 yuè-è 歧異

钀　乙.[廣韻]五割切 yuè(8－1777)

頞　丙.[廣韻]五割切 è(9－1748)

B.《中文大辭典》與《漢語大字典》的 xuē-è 歧異

庘　甲.[廣韻]五割切 xuē(中文 3－866)

庘　(一)è《廣韻》五割切(大字典 320)

C.《中文大辭典》與《漢語大字典》的 niè-è 歧異

揠　甲.[廣韻]五割切 niè(中文 4－849)

揠　è《廣韻》五割切(大字典 836)

五割(牙葛)切爲疑母曷韻，è 音合於反切，其餘三音則都不合。

yuè、niè 都是誤移異讀音所致：該小韻的"刖"和"孽、钀、㰒"，前者另有魚厥切一音，後者另有魚列切一音，因此在五割(牙葛)切書卷字當中引發誤移音 yuè、niè。

至於 xuē 音,則是誤移形近字之音所致:該小韻的"嶭"字與"薛"形近,給五割切的"庍"字審注今音時,按同小韻的"嶭"字進行類推,在操作過程中誤"嶭"爲"薛",以致誤將"薛"字的 xuē 音"移植"給了五割切之字。

5. 呼昊切的 huò-shuò-xū-xù 歧異

A.《中文大辭典》的 huò-xù 歧異

焱　丁. ［廣韻］呼昊切 huò(5－1801、1802)

昚　乙. ［廣韻］呼昊切 xù(6－1121)

B.《漢語大字典》的 xū-xù 歧異

馫　xū《廣韻》呼昊切(1011)

豹　xù《集韻》呼昊切(1154)

C.《中文大辭典》與《漢語大詞典》的 shuò-xù 歧異

殺　乙. ［廣韻］呼昊切 shuò(中文 6－1176)

殺　［xù《廣韻》呼昊切］(大詞典 8－586)

呼昊切爲曉母錫韻合口,huò、shuò 二音都與反切不相合,都是誤移所致:該小韻的"馫、豹"二字,前者另有虎伯切一音,後者另有市若切一音,因此在呼昊切書卷字當中引發誤移音huò、shuò。

至於 xū、xù 二音,聲母韻母都是對的,聲調歧異則是清入聲調演變綫索的模糊性所致。

第八節　語音異變所引發的今音歧異①

一、異變音簡説

聯繫《廣韻》或《集韻》的注音來看,現代漢語普通話口語字

---

① 參看范新幹《"北及"怎麼切出了 zào 音》,《中國語文》2009 年第 6 期。

詞的既成讀音,大都合乎歷史音變規律,但也存在一些不合律的情況。例如"盔、恢"二字,同屬《廣韻》苦回切,其既成讀音却是一爲 kuī 一爲 huī。苦回切爲溪母灰韻,kuī、huī 二音,韻母聲調沒有問題,聲母歧異,則代表着兩種不同的歷史發展情況:k、h 之於中古溪母,前者是保留舊有音值,代表洪音音節溪母發展史上的主流,合於歷史音變的規律;後者則經歷了由 k 到 h 的跳躍,屬於中古溪母发展史上少见的情況。進一步考察,"恢"與今爲 huī 音的字,不存在通假、異體或古今字之類的關係,可見該字的今音 huī,不是因爲字的同用、通用等緣故,舍棄本讀而依就其他讀音的改讀現象。然而,該字除苦回切之外,在《廣韻》、《集韻》等中古音書、字書裏,並無可與現代 huī 音相應的音切存在。考察至此不難斷知:kuī、huī 二音之於苦回切,前者是歷史語音正常演變的結果,後者則是不合律的變異現象——不妨分別稱作正變音和異變音。

　　正變和異變,二者的本質性區別在於是否合乎音變規律。關於這個方面的辨正,有時還會遇上一些較爲複雜的情況。例如"鑿"字,《廣韻》在各切,屬於從母鐸韻開口,今有 zuó、záo 二讀(一文一白)。聲母聲調都沒有問題,韻母歧異反映的則是兩種不同的歷史音變情況:uo、ao 之於鐸韻開口,前者是由 ag 變 uo,後者則是由 ag 變 ao,轉折程度前者略大於後者。進一步考察,中古鐸韻開口,舌音和齒音聲母字,今音韻母以變 uo 爲常,變作 ao 的則屬少數情況①。

　　常識告訴我們,判定歷史音變現象是否合律,應以是否具有普遍性爲基本理據,這當中固然要考慮音值的變化情況,但不宜單純拘泥於音值轉折程度的大小而論事。顯然,"鑿"的 zuó、

---

　　①　關於鐸韻的歷史音變情況,參看王力《漢語史稿》(上冊),中華書局,1980 年,第 148、150、151 頁。

záo 二音，諸如此類，都宜於把前者歸於正變音而把後者歸於異變音。

異變音指的是一種既成讀音。從上面列舉的"盉、恢、鑿"三個例字來看，所謂既成讀音，指的是口語字詞之音。除此以外，還有沒有其他的情況？關於這個問題，還是從有關實例説起：

　　鬖　甲.［廣韻］蘇甘切 sǎn（中文 10－523）
　　裻　jiǒng 口迥切（辭源 4－2833）

"鬖、裻"都不是口語詞，其今音都與各自的音源不相合。進一步來看，"鬖"的 sǎn 音之注，只見於個別辭書，在多數字詞典和其他注音文獻中，都是與反切相合的 sān 音；"裻"的 jiǒng 音之注，則不是一家之言，而是一致性的認同——海峽兩岸現行的所有辭書和其他注音文獻，只要是收了該字的，一律以 jiǒng 音爲注。顯而易見，"鬖"的 sǎn 音，屬於今音誤注現象，不能歸入既成讀音的範疇。至於"裻"及其 jiǒng 音，其性質的定位，則還要進一步考論。説到這裏，有必要提起《國音常用字彙》這部經典文獻。該書由國語統一籌備會於 20 世紀 20 年代末葉編纂，以收口語字詞爲主，還酌收有一些較常用的書卷字；語音方面以"現代北平音系"爲骨架，依"受過中等教育的北平本地人的話的音"而酌定①；從收字到注音，都具有規範性、權威性，對後來的審音注音等方面的規範工作頗有影響。上面提及的"裻"字，就是見收於《國音常用字彙》者，不合律的今音 jiǒng，其所以能成爲定讞，就與該字的這一經歷有關。《國音常用字彙》的權威性和影響性，給這種不合律的今音提供了"合法"存在的基礎條件，使之得以"積非"而"成是"，在現代漢語普通話中生根，這樣的今音，不妨視之爲既成讀音。至

---

① 參看何容《國音標準的來歷》，見《何容文集》，臺灣國語日報社，1975 年，第 6 頁。

此可知：所謂既成讀音，包括純粹的口語音和已有權威性認同的非口語音，只有口語詞和某些具有"特殊經歷"的非口語詞，才有既成讀音可言，異變音現象指的就是這兩類字的有關讀音。

　　就海峽兩岸的情況來看，正變（異變）現象還有因地而異的情況存在。舉例來説，"度"的"揣測"意義，《廣韻》徒落切，《漢語大字典》等大陸辭書注作 duó，《中文大辭典》等臺灣辭書則注作 duò。duó、duò 之於徒落切，前者爲正變音，後者則爲異變音。正變（異變）現象因地而異，原因何在？查《國音常用字彙》：

度（忖度）duò①

再查《普通話異讀詞審音表初稿》（第三編）：

度德量力 duódéliànglì　　忖度 cǔnduó②

　　至此而知，"揣測"意義的"度"，曾有 duò、duó 二讀，《國音常用字彙》審定前者爲規範音。後來，大陸方面改訂爲陽平，臺灣方面則是沿用舊標準，以去聲爲正——變成了異變音③。

　　上述有關情況説明，異變音現象的確認，宜於以《國音常用字彙》所收之字及其注音作爲基本參照，進而聯繫海峽兩岸今音審注的有關實際，綜合審察核定。

　　關於異變音的基本特徵，下面接着補説幾個相關的具體問題。

　　其一，關於音源問題。異變現象以《廣韻》（《集韻》）的注音爲歷史參照系，而不以其他來源的注音爲憑據。例如"悸"字，古有其季切和"音計"二讀，前者見於《廣韻》（《集韻》），後者見於明代字書《新校經史海篇直音》。其季切爲群母至韻合口，"悸"字現代

---

①　參看《國音標準彙編·常用字彙》，上海開明書店，1947 年，第 13 頁。

②　參看程養之《普通話異讀詞審音檢字》，文字改革出版社，1965 年，第 2 頁。

③　《中文大辭典》、《國民常用標準字典》、《重編國語辭典》、《重編國語辭典修訂本》（網路版）等，都注作 duò 音。

的 ʝ 音與之大不相合，聲母韻母都有異變問題；至於"音計"之讀，則異於其季切而同於"悸"字的現代讀法。

這個"音計"之讀，不見於《切韻》系音切文獻，可見它不是共時性異讀，而是後來發生的異變現象。"悸"字今音承接"音計"之讀，"音計"之讀又"逆接"其季切，不管怎樣看，其季切都處於源頭地位，而"音計"這一直音現象，則只能説明"悸"的異變讀法早在《海篇直音》時代即已產生，却不能否定現代 ʝ 音之於其季切的異變性質。"悸"音的上述特徵可以代表異變音現象的總體情況，這就決定了異變音現象的確認應該以《廣韻》(《集韻》)音切爲依據。

其二，關於"集體搬家"的問題。舉例來説：《廣韻》(《集韻》)側羊切，屬於莊母陽韻開口三等，其今音韻母依常理應爲開口呼，但事實上却變成了合口呼("莊、裝"之類)。單從這種由開變合看，似乎不大合律。但這還只是問題的一個方面，聯繫與之相關的其他方面看，陽韻的由開變合，不只是發生在莊母陽韻音節，而是莊組聲母-陽/養/漾韻音節的共有現象。從更廣闊的歷史音變空間看，成批地由開變合(或是由合變開)之類情況，更是不乏其例。既然是成批的變更，其音素更動方面，即使是跳躍程度稍大，也只能算是一種"集體搬家"，屬於以類相從的音變性質，具有"普遍性"，宜於視作正常音變，而不宜以異變論處。

其三，關於古音異讀方面的有關糾葛。例如"餌"字，今爲 ěr 音，《廣韻》仍吏切，就此而論，ěr 屬異變音。進一步考察而知，《集韻》裏該字還有一個忍止切的同義異讀——ěr 音與之相合。既然有相合的中古反切存在，這種今音自然也就不應歸入異變之列了。

其四，關於清入聲調多歧問題。舉例來説，中古同屬竹角切的"桌、涿"和"啄、琢"，它們的今音，前者爲 zhuō，後者爲 zhuó，存在陰、陽平的歧異。陽平之讀合乎知母入聲的調類演變傾向，陰平之讀則不合，僅僅就此而論，陰平之讀與異變音現象相似。聯繫漢語語音演變的歷史長河來看，清入調類演變方面，傾向性只是表現在一定條件之下的可循之章,其地位還不能等同於歷史音變規律。由此可見,上述不合傾向性的 zhuō 音之類,不宜作爲異變音看待。

基於以上所述,現將異變音現象的有關考察結果開列如下。

《廣韻》傍伯切,正變音爲 bó,異變音爲 bái——"白$_2$"[1]。

《廣韻》傍各切,正變音爲 bó,異變音爲 báo——"薄$_2$"。

《廣韻》北角切,正變音爲 bō,異變音爲 bāo——"剝$_2$"。

《廣韻》筆錦切,正變音爲 bǐn,異變音爲 bǐng——"稟$_2$"。

《廣韻》兵媚切,正變音爲 bì,異變音爲 mì——"祕$_2$"。

《廣韻》并弭切,正變音爲 bǐ,異變音爲 bì——"俾"。

《廣韻》博厄切,正變音爲 bò,異變音爲 bāi——"掰(擘)"。

《廣韻》博古切,正變音爲 bǔ,異變音爲 pǔ——"譜"。

《廣韻》博禾切,正變音爲 bō,異變音爲 pō——"波$_2$"。

《廣韻》博黑切,正變音爲 bò,異變音爲 běi——"北$_2$"。

《廣韻》博陌切,正變音爲 bó,異變音或爲 bǎi——"百$_2$",或爲 pò——"迫$_1$",或爲 pǎi——"迫$_2$"。

《廣韻》博木切,正變音爲 bū,異變音爲 pú——"濮"。

《廣韻》薄故切,正變音爲 bù,異變音爲 bǔ——"哺$_2$"。

《廣韻》薄交切,正變音爲 páo,異變音爲 pǎo——"跑"。

《廣韻》布耕切,正變音爲 bēng,異變音爲 bāng——"浜"。

《廣韻》側伯切,正變音爲 zé,異變音爲 zhǎi——"窄$_2$"。

《廣韻》昌朱切,正變音爲 chū,異變音爲 shū——"樞"。

《廣韻》場伯切,正變音爲 zhé,異變音或爲 zhái——"宅$_1$",或爲 zhè——"宅$_2$",或爲 zé——"擇$_1$"

《廣韻》常恕切,正變音爲 shù,異變音爲 shǔ——"署$_2$"。

---

[1] "白"有 bó、bái 二讀,前者爲正變音,後者才是異變音,故在其右下角附加"2"字,表明異變音讀法屬於該字的異讀之一,以下仿此。

《廣韻》常隻切，正變音爲 shí，異變音爲 shuò——"碩₂"。

《廣韻》常職切，正變音爲 shí，異變音爲 zhí——"殖"。

《廣韻》丑格切，正變音爲 chè，異變音爲 chāi——"拆₂"。

《廣韻》丑貞切，正變音爲 chēng，異變音爲 zhēn——"偵"。

《廣韻》初委切，正變音爲 chuǐ，異變音爲 chuǎi——"揣"。

《廣韻》楚革切，正變音爲 cè，異變音爲 zhà——"栅"。

《廣韻》慈呂切，正變音爲 jù，異變音爲 jǔ——"沮"。

《廣韻》此移切，正變音爲 cī，異變音爲 cí——"雌₂"。

《廣韻》此緣切，正變音爲 quān，異變音爲 quán——"痊"。

《廣韻》都了切，正變音爲 diǎo，異變音爲 niǎo——"鳥₂"。

《廣韻》多則切，正變音爲 dé，異變音爲 děi——"得₂"。

《廣韻》而蜀切，正變音爲 rù，異變音爲 rǔ——"辱₂"。

《廣韻》芳杯切，正變音爲 pēi，異變音爲 pī——"坏₂"。

《廣韻》敷奉切，正變音爲 fěng，異變音爲 pěng——"捧"。

《廣韻》敷亮切，正變音爲 fàng，異變音爲 fǎng——"訪"。

《廣韻》房密切，正變音爲 bí，異變音爲 bì——"弼"。

《廣韻》扶雨切，正變音爲 fù，異變音爲 fǔ——"腐"。

《廣韻》符芝切，正變音爲 fán，異變音爲 fān——"帆₂"。

《廣韻》符逼切，正變音爲 bí，異變音爲 bì——"愎"。

《廣韻》符鄙切，正變音爲 bì，異變音爲 pǐ——"痞"。

《廣韻》符弗切，正變音爲 fú，異變音爲 fó——"佛"。

《廣韻》甫烋切，正變音爲 biū，異變音爲 biāo——"彪"。

《廣韻》古隘切，正變音爲 jiè，異變音爲 xiè——"懈"。

《廣韻》古對切，正變音爲 guì，異變音爲 kuì——"憒"。

《廣韻》古俄切，正變音爲 gē，異變音爲 kē——"柯"。

《廣韻》古渾切，正變音爲 gūn，異變音爲 kūn——"昆"。

《廣韻》古猛切，正變音爲 gǒng，異變音爲 kuàng——"礦₂"。

《廣韻》古蛙切，正變音爲 guā，異變音爲 wā——"媧"。

《廣韻》古外切,正變音 guài/guì①,異變音爲 kuài——"會會計"。

《廣韻》古堯切,正變音爲 jiāo,異變音爲 xiāo——"梟"。

《廣韻》古岳切,正變音爲 jué,異變音爲 jiǎo——"角₂"。

《廣韻》侯夾切,正變音爲 xiá,異變音爲 qià——"洽₂"。

《廣韻》呼北切,正變音爲 hè,異變音爲 hēi——"黑"。

《廣韻》呼決切,正變音爲 xuè,異變音爲 xiě——"血₂"。

《集韻》呼麥切,正變音爲 huò,異變音爲 huà——"嫿"。

《廣韻》呼刑切,正變音爲 xīng,異變音爲 xīn——"馨₂"。

《廣韻》胡黤切,正變音爲 xiàn,異變音爲 jiàn——"艦"。

《廣韻》胡本切,正變音爲 hùn,異變音爲 hǔn——"混₂"。

《廣韻》胡定切,正變音爲 xìng,異變音爲 jìng——"脛"。

《廣韻》胡對切,正變音爲 huì,異變音爲 kuì——"潰₂"。

《廣韻》胡歌切,正變音爲 hé,異變音爲 kē——"苛"。

《廣韻》胡葛切,正變音爲 hé,異變音爲 hè——"褐"。

《廣韻》胡官切,正變音爲 huán,異變音爲 wán——"完"。

《廣韻》胡管切,正變音爲 huàn,異變音或爲 huǎn——"緩",或爲 wǎn——"皖₂(睆)"。

《廣韻》胡郭切,正變音爲 huó,異變音爲 huò——"穫"。

《廣韻》胡國切,正變音爲 huó,異變音爲 huò——"或"。

《廣韻》胡雞切,正變音爲 xí,異變音爲 xī——"奚"。

《廣韻》胡決切,正變音爲 xué,異變音爲 xuè——"穴₂"。

《廣韻》胡覺切,正變音爲 xué,異變音爲 xiáo——"學₂"。

《廣韻》胡茅切,正變音爲 xiáo,異變音爲 yáo——"肴₂"。

《廣韻》胡麥切,正變音爲 huó,異變音爲 huò——"獲"。

---

① 古外切爲見母泰韻合口,其韻母存在或演變爲 uɑi、或演變爲 uei 的不定性,因此酌定兩個正變音韻母——下仿此。參看本書上篇第十節。

《廣韻》户板切，正變音爲 huàn，異變音爲 wǎn——"莞"。

《廣韻》户圭切，正變音爲 huí，異變音或爲 qí——"畦₁"，或爲 xié——"攜₁"，或爲 xī——"畦₂、攜₂"，或爲 xí——"攜₃"。

《廣韻》户扃切，正變音爲 xióng，異變音或爲 yíng——"螢"，或爲 xíng——"熒"。

《廣韻》户盲切，正變音爲 hóng，異變音爲 héng——"横"。

《廣韻》户萌切，正變音爲 hóng，異變音爲 róng——"嶸"。

《廣韻》户孟切，正變音爲 hòng，異變音爲 hèng——"横"。

《廣韻》黄練切，正變音爲 xuàn，異變音爲 xiàn——"縣"。

《廣韻》即略切，正變音爲 jué，異變音或爲 què——"雀₁"，或爲 qiāo——"雀₂"，或爲 qiǎo——"雀₃"。

《廣韻》將倫切，正變音爲 jūn，異變音爲 zūn——"遵"。

《廣韻》九容切，正變音爲 jiōng，異變音爲 gōng——"恭"。

《廣韻》居悸切，正變音爲 guì，異變音爲 jì——"季"。

《廣韻》居理切，正變音爲 jǐ，異變音爲 jì——"紀₂"。

《廣韻》居乞切，正變音爲 jí，異變音爲 qì——"訖"。

《廣韻》居戎切，正變音爲 jiōng，異變音爲 gōng——"弓"。

《廣韻》居勺切，正變音爲 jué，異變音爲 jiǎo——"脚₂"。

《廣韻》居悚切，正變音爲 jiǒng，異變音爲 gǒng——"拱"。

《廣韻》居用切，正變音爲 jiòng，異變音爲 gòng——"供"。

《廣韻》俱位切，正變音爲 guì，異變音爲 kuì——"愧"。

《廣韻》俱永切，正變音爲 jiǒng，異變音爲 jǐng——"憬"。

《廣韻》口迥切，正變音爲 qiǒng，異變音爲 jiǒng——"褧"。

《廣韻》苦圭切，正變音爲 kuī，異變音爲 kuí——"奎"。

《廣韻》苦回切，正變音爲 kuī，異變音或爲 huī——"恢"，或爲 kuí——"魁"。

《廣韻》苦角切，正變音爲 què，異變音或爲 ké——"殼₁（殼）"，或爲 qiào——"殼₂（殼）"。

《廣韻》苦奚切,正變音爲 qī,異變音爲 xī——"溪₂"。

《廣韻》力几切,正變音爲 lǐ,異變音爲 lǚ——"履₂"。

《廣韻》力居切,正變音爲 lǘ,異變音爲 lú——"廬"。

《廣韻》力卷切,正變音爲 luàn,異變音爲 liàn——"戀"。

《廣韻》力玉切,正變音爲 lù,異變音爲 lǜ——"綠₂"。

《廣韻》力竹切,正變音爲 lù,異變音爲 liù——"六₂"。

《廣韻》郎括切,正變音爲 luò,異變音或爲 luō——"捋₁",或爲 lǚ——"捋₂"。

《廣韻》力輟切,正變音爲 lüè,異變音或爲 liè——"劣",或爲 lè——"捋₃"。

《廣韻》盧各切,正變音爲 luò,異變音或爲 lè——"樂",或爲 lào——"落₂"。

《廣韻》盧貢切,正變音爲 lòng,異變音爲 nòng——"弄₂"。

《廣韻》盧合切,正變音爲 là,異變音爲 lā——"拉"。

《廣韻》盧則切,正變音爲 lè,異變音或爲 lèi——"肋₂",或爲 lēi——"勒₂"。

《廣韻》莫獲切,正變音爲 mò,異變音爲 mài——"脉₂"。

《廣韻》莫迥切,正變音爲 mǐng,異變音爲 míng——"茗₂"。

《廣韻》墨角切,正變音爲 mò,異變音爲 miǎo——"邈"。

《廣韻》乃禁切,正變音爲 nìn,異變音爲 lìn——"賃"。

《廣韻》内骨切,正變音爲 nù,異變音或爲 nè——"訥₁",或爲 nà——"訥₂"。

《廣韻》尼耕切,正變音爲 néng,異變音爲 níng——"獰"。

《廣韻》奴可切,正變音爲 nuǒ,異變音爲 nǎ——"那"。

《廣韻》奴困切,正變音爲 nùn,異變音爲 nèn——"嫩₂"。

《廣韻》奴結切,正變音爲 niè,異變音爲 niē——"捏"。

《廣韻》女六切,正變音爲 nù,異變音或爲 nǜ——"衄₁",或爲 niù——"衄₂"。

《集韻》諾叶切，正變音爲 niè，異變音爲 nié——"苶"。

《廣韻》滂禾切，正變音爲 pō，異變音爲 bō——"玻"。

《廣韻》匹賓切，正變音爲 pīn，異變音爲 bīn——"繽"。

《廣韻》匹角切，正變音爲 pò，異變音或爲 pú——"樸₁"，或爲 pǔ——"樸₂"。

《廣韻》匹正切，正變音爲 pìng，異變音爲 pìn——"聘₂"。

《廣韻》平表切，正變音爲 biào，異變音爲 piǎo——"殍"。

《廣韻》蒲撥切，正變音爲 bó，異變音爲 bá——"跋"。

《廣韻》蒲蓋切，正變音爲 bèi，異變音爲 pèi——"斾"。

《廣韻》蒲角切，正變音爲 bó，異變音爲 báo——"雹₂"。

《廣韻》蒲木切，正變音爲 bú，異變音或爲 pú——"瀑₁"，或爲 pù——"瀑₂"。

《廣韻》蒲昧切，正變音爲 bèi，異變音爲 pèi——"佩"。

《廣韻》普伯切，正變音爲 pò，異變音爲 pāi——"拍"。

《廣韻》普丁切，正變音爲 pīng，異變音或爲 pīn——"姘"。

《廣韻》普故切，正變音爲 pù，異變音爲 bù——"怖"。

《廣韻》普后切，正變音爲 pǒu，異變音爲 pōu——"剖₂"。

《廣韻》七到切，正變音爲 cào，異變音爲 cāo——"糙"。

《廣韻》七倫切，正變音爲 qūn，異變音爲 cūn——"皴"。

《廣韻》七雀切，正變音爲 què，異變音爲 qiǎo——"鵲₂"。

《廣韻》七余切，正變音爲 qū，異變音爲 jū——"疽"。

《廣韻》其季切，正變音爲 guì，異變音爲 jì——"悸"。

《廣韻》其兩切，正變音爲 jiàng，異變音爲 qiǎng——"强₂（勥）"。

《廣韻》奇逆切，正變音爲 jí，異變音或爲 jī——"屐"，或爲 jù——"劇"。

《廣韻》綺戟切，正變音爲 qì，異變音爲 xì——"隙"。

《廣韻》千結切，正變音爲 qiè，異變音爲 qī——"沏"。

《廣韻》前歷切,正變音爲 jí,異變音爲 jì——"寂₂"。

《廣韻》秦醉切,正變音爲 zuì,異變音爲 cuì——"悴"。

《集韻》丘傑切,正變音爲 qiè,異變音爲 jié——"詰"。

《廣韻》丘隴切,正變音爲 qiǒng,異變音爲 kǒng——"恐"。

《廣韻》求癸切,正變音爲 guì,異變音或爲 kuí——"揆₁",或爲 kuǐ——"揆₂"。

《廣韻》求位切,正變音爲 guì,異變音爲 kuì——"饋"。

《廣韻》衢物切,正變音爲 jú,異變音或爲 jué——"倔₁",或爲 juè——"倔₂"。

《廣韻》渠用切,正變音爲 jiòng,異變音爲 gòng——"共"。

《廣韻》渠殞切,正變音爲 jùn,異變音或爲 jiǒng——"窘₁",或爲 jǔn——"窘₂"。

《廣韻》去宮切,正變音爲 qiōng,異變音爲 qióng——"穹₂"。

《廣韻》去劫切,正變音爲 qiè,異變音爲 què——"怯₂"。

《廣韻》去營切,正變音爲 qiōng,異變音爲 qīng——"傾"。

《廣韻》去潁切,正變音爲 qiǒng,異變音爲 qǐng——"頃"。

《廣韻》去魚切,正變音爲 qū,異變音爲 xū——"墟"。

《廣韻》人賒切,正變音爲 ré,異變音爲 ruò——"婼"。

《廣韻》人執切,正變音爲 rì,異變音爲 rù——"入"。

《廣韻》如六切,正變音爲 rù,異變音爲 ròu——"肉₂"。

《廣韻》沙瓦切,正變音爲 shuǎ,異變音爲 shǎ——"傻"。

《廣韻》施智切,正變音爲 shì,異變音爲 chì——"翅"。

《廣韻》食尹切,正變音爲 shùn,異變音爲 shǔn——"吮"。

《廣韻》食聿切,正變音爲 shú,異變音爲 shù——"術"。

《廣韻》式亮切,正變音爲 shàng,異變音爲 xiǎng——"餉"。

《廣韻》士耕切,正變音爲 chéng,異變音爲 zhēng——"崢"。

《廣韻》士減切,正變音爲 zhàn,異變音爲 zhǎn——"嶄(嶃)"。

《廣韻》市若切,正變音爲 shuó,異變音或爲 shuò——"勺$_1$",
或爲 sháo——"勺$_2$"。

《廣韻》市玉切,正變音爲 shú,異變音爲 shǔ——"屬"。

《廣韻》市朱切,正變音爲 shú,異變音或爲 shū——"殊",或
爲 zhū——"銖"。

《廣韻》是僞切,正變音爲 shuì,異變音爲 ruì——"瑞"。

《廣韻》視佳切,正變音爲 shuí,異變音爲 shéi——"誰$_2$"。

《廣韻》似兹切,正變音爲 sí,異變音爲 cí——"詞"。

《廣韻》書容切,正變音爲 shōng,異變音爲 chōng——"舂"。

《廣韻》疎舉切,正變音爲　shǔ,異變音爲 suǒ——"所"。

《廣韻》殊六切,正變音爲 shú,異變音爲 shóu——"熟$_2$"。

《廣韻》蜀庸切,正變音爲 chóng,異變音或爲 yōng——
"慵$_1$",或爲 yóng——"慵$_2$"。

《廣韻》私列切,正變音爲 xiè,異變音爲 xuē——"薛"。

《廣韻》斯氏切,正變音爲 sǐ,異變音爲 xǐ——"徙"。

《廣韻》斯義切,正變音爲 sì,異變音爲 cì——"賜$_2$"。

《廣韻》思尹切,正變音爲 xǔn,異變音爲 sǔn——"筍"。

《廣韻》似由切,正變音爲 xiú,異變音爲 qiú——"囚"。

《廣韻》蘇干切,正變音爲 sān,異變音爲 shān——"珊"。

《廣韻》蘇計切,正變音爲 xì,異變音爲 xù——"壻"。

《廣韻》蘇困切,正變音爲 sùn,異變音爲 xùn——"遜$_2$"。

《廣韻》蘇則切,正變音爲 sè,異變音或爲 sāi——"塞$_2$",或爲
sēi——"塞$_3$"。

《廣韻》雖遂切,正變音爲 suì,異變音爲 cuì——"粹"。

《廣韻》所簡切,正變音爲 shǎn,異變音爲 chǎn——"産"。

《廣韻》所類切,正變音爲 shuì,異變音爲 shuài——"帥"。

《廣韻》所力切,正變音爲 sè,異變音爲 shǎi——"色$_2$"。

《廣韻》所六切,正變音爲 sù,異變音爲 suō——"縮"。

《廣韻》所綺切,正變音爲 shǐ,異變音爲 xǐ——"屣"。

《廣韻》所咸切,正變音爲 shān,異變音爲 shā——"杉"。

《廣韻》所追切,正變音爲 shuī,異變音爲 shuāi——"衰"。

《廣韻》他代切,正變音爲 tài,異變音爲 dài——"貸"。

《廣韻》他綜切,正變音爲 tòng,異音爲 tǒng——"統"。

《廣韻》徒得切,正變音爲 dé,異變音爲 tè——"特"。

《廣韻》徒典切,正變音爲 diàn,異變音爲 tiǎn——"殄"。

《廣韻》徒鼎切,正變音爲 dìng,異變音或爲 tǐng——"艇",
或爲 tìng——"梃₂"。

《廣韻》徒蓋切,正變音爲 dài,異變音爲 dà——"大₂"。

《廣韻》徒結切,正變音爲 dié,異變音爲 diē——"跌₂"。

《廣韻》徒禮切,正變音爲 dì,異變音爲 tì——"悌₂"。

《廣韻》徒了切,正變音爲 diào,異變音爲 tiǎo——"挑"。

《廣韻》徒弄切,正變音爲 dòng,異變音爲 tòng——"慟"。

《廣韻》徒落切,正變音爲 duó,異變音爲 duò——"度₂"。

《廣韻》吐根切,正變音爲 tēn,異變音爲 tūn——"吞"。

《廣韻》吐何切,正變音爲 tuō,異變音爲 tā——"他"。

《廣韻》陀骨切,正變音爲 dú,異變音或爲 tū——"凸₁",或爲
tú——"凸₂"。

《廣韻》王伐切,正變音爲 yuè,異變音爲 yuē——"曰"。

《廣韻》危睡切,正變音爲 wèi,異變音爲 wěi——"僞₂"。

《廣韻》爲命切,正變音爲 yòng,異變音爲 yǒng——"詠"。

《廣韻》烏何切,正變音爲 ē,異變音或爲 ā——"阿₂",或爲
kē——"痾₂"。

《廣韻》烏宏切,正變音爲 wēng,異變音爲 hóng——"泓"。

《廣韻》烏酷切,正變音爲 wù,異變音爲 wò——"沃₂"。

《廣韻》烏外切,正變音爲 wài/wèi,異變音爲 huì——"薈"。

《廣韻》無非切,正變音爲 wéi,異變音爲 wēi——"微₂"。

《廣韻》武夫切，正變音爲 wú，異變音爲 wū——"誣"。

《廣韻》武庚切，正變音爲 méng，異變音爲 máng——"盲"。

《廣韻》五怪切，正變音爲 wài，異變音爲 kuì——"聵"。

《廣韻》五可切，正變音爲 ě，異變音爲 wǒ——"我"。

《廣韻》五困切，正變音爲 wèn，異變音爲 hùn——"諢"。

《廣韻》五陌切，正變音爲 è，異變音爲 é——"額"。

《廣韻》虞遠切，正變音爲 yuǎn，異變音爲 ruǎn——"阮"。

《廣韻》息晉切，正變音爲 xìn，異變音爲 xùn——"訊₂"。

《廣韻》息約切，正變音爲 xuē，異變音爲 xiāo——"削₂"。

《廣韻》下各切，正變音爲 hé，異變音或爲 hè——"鶴₁"，或爲 háo——"鶴₂"。

《集韻》先到切，正變音爲 sào，異變音爲 zào——"燥"。

《廣韻》先稽切，正變音爲 xī，異變音爲 sī——"嘶"。

《廣韻》相倫切，正變音爲 xūn，異變音爲 xún——"詢"。

《廣韻》祥易切，正變音爲 xí，異變音或爲 xī——"夕₁"，或爲 xì——"夕₂"。

《廣韻》胥里切，正變音爲 sǐ，異變音爲 xǐ——"葸"。

《廣韻》虛言切，正變音爲 xiān，異變音爲 xuān——"軒"。

《廣韻》徐林切，正變音爲 xín，異變音爲 xún——"尋₂"。

《廣韻》許訪切，正變音爲 huàng，異變音爲 kuàng——"況"。

《廣韻》許訖切，正變音爲 xī，異變音爲 qì——"迄"。

《廣韻》許云切，正變音爲 xūn，異變音爲 hūn——"葷"。

《集韻》尋浸切，正變音爲 xìn，異變音爲 xùn——"蕈"。

《廣韻》央居切，正變音爲 yū，異變音爲 yú——"於"於陵。

《廣韻》以芮切，正變音爲 wèi，異變音爲 ruì——"銳"。

《廣韻》以戎切，正變音爲 yóng，異變音爲 róng——"融"。

《廣韻》以遮切，正變音爲 yé，異變音爲 yē——"椰₂"。

《廣韻》以證切，正變音爲 yìng，異變音爲 yùn——"孕"。

《廣韻》以轉切,正變音爲 yuǎn,異變音爲 yǎn——"兖"。

《廣韻》以追切,正變音爲 wéi,異變音爲 yí——"遺"。

《廣韻》以灼切,正變音爲 yuè,異變音爲 yào——"藥₂"。

《廣韻》營隻切,正變音爲 yù,異變音爲 yì——"役"。

《廣韻》永兵切,正變音爲 yóng,異變音或爲 róng——"榮",或爲 yíng——"瑩"。

《廣韻》於避切,正變音爲 wèi,異變音爲 huì——"恚"。

《廣韻》於廢切,正變音爲 wèi,異變音爲 huì——"穢"。

《廣韻》於蓋切,正變音爲 ài,異變音爲 ǎi——"藹₂"。

《廣韻》於阮切,正變音爲 yuǎn,異變音爲 wǎn——"菀"。

《廣韻》於緣切,正變音爲 yuān,異變音爲 juān——"娟"。

《廣韻》於營切,正變音爲 yōng,異變音或爲 yíng——"縈₁",或爲 yīng——"縈₂"。

《廣韻》于貴切,正變音爲 wèi,異變音爲 huì——"彙"。

《廣韻》于歲切,正變音爲 wèi,異變音爲 huì——"篲"。

《廣韻》魚及切,正變音爲 yì,異變音爲 jí——"岌"。

《廣韻》魚爲切,正變音爲 wéi,異變音爲 wēi——"危₂"。

《廣韻》餘封切,正變音爲 yóng,異變音或爲 róng——"容",或爲 yōng——"庸₂"。

《廣韻》餘頃切,正變音爲 yǒng,異變音爲 yǐng——"穎"。

《廣韻》余傾切,正變音爲 yóng,異變音爲 yíng——"營"。

《廣韻》余準切,正變音爲 yǔn,異變音爲 yǐn——"尹"。

《廣韻》與專切,正變音爲 yuán,異變音或爲 yán——"沿",或爲 juān——"捐",或爲 yuān——"鳶",或爲 qiān——"鉛"。

《廣韻》在各切,正變音爲 zuó,異變音或爲 zuò——"鑿₂",或爲 záo——"鑿₃"。

《廣韻》在爵切,正變音爲 jué,異變音或爲 jiáo——"嚼₂",或爲 jiào——嚼₃。

《廣韻》則卧切,正變音爲 zuò,異變音爲 cuò——"挫"。

《廣韻》宅耕切,正變音爲 chéng,異變音爲 chén——"橙$_2$"。

《廣韻》张略切,正變音爲 zhuó,異變音爲 zhāo——"着(著)"着涼。

《廣韻》丈證切,正變音爲 zhèng,異變音爲 dèng——"瞪"。

《廣韻》之六切,正變音爲 zhù,異變音爲 zhōu——"粥$_2$"。

《廣韻》直立切,正變音爲 zhí,異變音爲 zhé——"蟄$_2$"。

《廣韻》直六切,正變音爲 zhú,異變音爲 zhóu——"軸$_2$"。

《廣韻》直略切,正變音爲 zhuó,異變音爲 zháo——"着(著)"睡着。

《廣韻》直一切,正變音爲 zhí,異變音爲 zhì——"秩"。

《廣韻》直炙切,正變音爲 zhí,異變音爲 zhì——"擲"。

《廣韻》陟革切,正變音爲 zhé,異變音爲 zhāi——"摘"。

《廣韻》陟交切,正變音爲 zhāo,異變音爲 cháo——"嘲"。

《廣韻》陟劣切,正變音爲 zhuó,異變音爲 chuò——"輟"。

《廣韻》陟盈切,正變音爲 zhēng,異變音爲 zhēn——"貞"。

《集韻》佇陷切,正變音爲 zhàn,異變音爲 zhuàn——"賺"。

《廣韻》子括切,正變音爲 zuó,異變音爲 zuàn——"攥"。

《廣韻》子邪切,正變音爲 jiē,異變音爲 juē——"嗟$_2$"。

《廣韻》阻力切,正變音爲 zè,異變音爲 cè——"側$_2$"。

《廣韻》阻瑟切,正變音爲 zhì,異變音爲 jié——"櫛$_2$"。

《廣韻》昨回切,正變音爲 cuí,異變音爲 cuī——"摧"。

《廣韻》昨没切,正變音爲 zú,異變音爲 zuó——"捽"。

《廣韻》昨則切,正變音爲 zé,異變音爲 zéi——"賊$_2$"。

　　上面列舉的異變音共 325 例,涉及 282 個小韻——約占《廣韻》3 877 小韻的百分之七。這些異變現象,喉牙舌齒唇五音、陰陽入三類韻、兩呼四等及平上去入四聲,樣樣俱全,可見異變現象在中古聲韻分布方面頗具代表性。從字音的音節構成方面看,異變現象或異在聲母，或異在韻母，或異在聲調，或異在聲母、韻母，或異在聲母、聲調，或異在韻母、聲調，或是聲母、韻母、聲調俱異，情況多種多樣。

從異變音之字所屬的小韻看，一個小韻通常只存在一類異變現象，但也有一些多類異變的情況。例如《廣韻》與專切（《集韻》余專切）小韻，正變音爲 yuán，異變音或爲 yán（"沿"字），或爲 juān（"捐"字），或爲 yuān（"鳶"字），或爲 qiān（"鉛"字）——一小韻而有四類異變現象存在。

異變音之字所屬的小韻，其中的正變音情況，可歸結爲四種類型。下面先看例子：

1.《廣韻》古俄切，正變音爲 gē（"哥"之類），異變音爲 kē（"柯"字）。

2.《廣韻》俱位切，正變音爲 guì（字闕如），異變音爲 kuì（"愧"字）。

3.《廣韻》初委切，正變音爲 chuǐ（音、字闕如），異變音爲 chuǎi（"揣"字）。

4.《廣韻》北角切，正變音或爲 bō（"剝$_1$"），或爲 bó（"駁"字），異變音爲 bāo（"剝$_2$"字）。

上述諸例各代表一類情況，例 1 之類，正變音實有其字。例 2 之類，依歷史音變規律折合出來的正變音作爲音節來説是存在的，但該小韻的口語詞並沒有這種讀法，屬於有音而無字的情況。例 3 之類，依歷史音變規律折合出來的正變音音節在今音系統中並不存在，屬於音、字並缺的情況。例 4 之類，正變音讀法不定。這種讀法不定的情況，主要出現在清音聲母入聲音節，由於聲調的歷史演變缺乏明顯條理，因而使正變音產生一些聲調歧異。當然，這種歧異往往不是真正的對等性關係，拿北角切的情況來説，其中的陰平之讀合於音變的傾向性，陽平之讀則不合①,二者的關係類似於正變音和異變音的關係。

二、異變音引發的今音歧異

異變音之字爲數不少,各自代表一類讀音,這種現象的出現,使有關音節在歷史發展的進程中産生了正、異變音並立的局面。這種並立局面從客觀上給古今音審注造成了一定的"麻煩",加之注音工作中又存在徑依同小韻之字類推今音的習慣。客觀上的致誤基礎和促成失誤的主觀因素,雙重作用融於一體,因此往往引發今音誤注。常見情況可分爲兩類:其一,音源相同諸字,在一書之內或依正變規律而折合,或依異變情況而推定,因而導致一書之內的今音歧異;其二,音源相同的一字之音,此書依正變規律而折合,彼書則依異變情況而推定,因而導致因書而異的今音歧異。

下面先看一書之內的歧異情況。

1.《漢語大字典》的內部歧異

墟　(一) lú《廣韻》力居切(481)

櫨　(二) lǘ《集韻》凌如切(553、554)

力居(凌如)切爲來母魚韻,lú 音合於反切,不合於反切的 lǘ 音是該小韻"廬"字語音異變所引發。

2.《中文大辭典》的內部歧異

嶃　丁.[集韻]士減切 zhǎn(2-972)

嶄　丁.[廣韻]士減切 zhàn(3-947)

士減切爲崇母豏韻,zhàn 音合於反切,不合於反切的 zhǎn 音是該小韻的"嶄(嶃)"字語音異變所引發。

――――――――――

① 參看本書下篇第六節。

3.《辭源》修訂本的内部歧異

怚　1. jǔ 慈吕切（2-1108）

跙　jù 慈吕切（4-2994）

慈吕切爲從母語韻，jù 音合於反切，不合於反切的 jǔ 音是該小韻的"沮"字語音異變所引發。

4.《漢語大詞典》的内部歧異

捖　[wán《廣韻》胡官切]（6-626）

綄　[huán《廣韻》胡官切]（9-876）

胡官切爲匣母桓韻，huán 音合於反切，不合於反切的 wán 音是該小韻的"完"字語音異變所引發。

書内歧異和書與書之間的歧異，這種内亂和外亂，往往是交織在一起的。例如：

1. 古隘切的 xiè-jiè 歧異

繲　xiè《廣韻》古隘切（大字典 1442）

繲　[廣韻]古隘切 jiè（中文 7-606）

古隘切爲見母卦韻開口，jiè 音合於反切，不合於反切的 xiè 音是該小韻的"懈"字語音異變所引發。

2. 常（丞）職切的 zhí-shí 歧異

A.《辭源》修訂本的 zhí-shí 歧異

埴　zhí 常職切（1-610）

湜　shí 常職切（3-1846）

B.《漢語大字典》的 zhí-shí 歧異

埴　（二）zhí《廣韻》常職切（794）

湜　shí《廣韻》常職切（1605）

C.《中文大辭典》的 zhí-shí 歧異

祬　[集韻]丞職切 zhí（6-1454）

寔 ［廣韻］常職切 shí(3–567)

D.《漢語大字典》與《中文大辭典》的 zhí-shí 歧異

殖 zhí《集韻》丞職切（大字典 364）

殖 ［字彙補］常職切 shí(中文 2–1421)

常（丞）職切爲禪母職韻開口，shí 音合於反切，不合於反切的 zhí 音是該小韻的"殖"字語音異變所引發。

3. 女（尼）耕切的 níng-néng 歧異

A.《中文大辭典》的 níng-néng 歧異

檸 乙.［集韻］尼耕切 níng(6–1702)

嬟 甲.［廣韻］女耕切 néng(3–223)

B.《漢語大字典》與《中文大辭典》的 níng-néng 歧異

譚 （一）níng《廣韻》女耕切（大字典 1677）

譚 甲.［廣韻］女耕切 néng(中文 8–1157)

C.《漢語大詞典》與《中文大辭典》的 níng-néng 歧異

儜 ［níng《廣韻》女耕切］（大詞典 1–1718）

儜 ［廣韻］女耕切 néng(中文 1–1237)

女（尼）耕切爲娘母耕韻開口，néng 音合於反切，不合於反切的 níng 音是該小韻的"獰"字語音異變所引發。

4. 五怪切的 kuì-wài 歧異

A.《中文大辭典》的 kuì-wài 歧異

額 甲.［廣韻］五怪切 kuì(10–70)

顡 ［集韻］五怪切 wài(10–88)

B.《中文大辭典》與《漢語大字典》的 kuì-wài 歧異

額 ［廣韻］五怪切 kuì(中文 10–52)

額 wài《廣韻》五怪切（大字典 1823）

C.《中文大辭典》與《漢語大詞典》的 kuì-wài 歧異

聭　乙.［集韻］五怪切 kuì（中文 7－952、953）

聭　［wài《集韻》五怪切］（大詞典 8－719）

五怪切爲疑母怪韻合口，wài 音合於反切，不合於反切的 kuì 音是該小韻的"聭"字語音異變所引發。

5. 蘇(相)干切的 shān-sān 歧異

A.《漢語大字典》的 shān-sān 歧異

珊　shān《類篇》相干切（1971）

箾　sān《廣韻》蘇干切（1240）

B.《中文大辭典》的 shān-sān 歧異

狦　丙.［集韻］相干切 shān（6－182）

狦　［集韻］相干切 sān（8－1242）

C.《中文大辭典》與《漢語大字典》的 shān-sān 歧異

册　［廣韻］蘇干切 shān（中文 7－996）

册　sān《廣韻》蘇干切（大字典 863）

蘇(相)干切爲心母寒韻，sān 音合於反切，不合於反切的 shān 音是該小韻的"册"字語音異變所引發。

6. 徐林(心)切的 xún-xín 歧異

A.《辭源》修訂本的 xún-xín 歧異

蕁　2. xún《集韻》徐心切（4－2738）

枔　xín 徐林切（2－1539）

B.《漢語大詞典》的 xún-xín 歧異

蟫₂　［xún《集韻》徐心切］（8－962）

鐔　［xín《廣韻》徐林切］（11－1390）

C.《漢語大字典》的 xún-xín 歧異

燅　xún《集韻》徐心切（1258）

燖　xín《集韻》徐心切（455）

D.《中文大辭典》的 xún-xín 歧異

犝　［集韻］徐心切 xún(6－142)

塂　［集韻］徐心切 xín(2－1271)

E.《辭源》修訂本與《中文大辭典》的 xún-xín 歧異

趐　xún《集韻》徐心切(辭源 2－1333)

趐　［集韻］徐心切 xín(中文 4－860)

F.《漢語大字典》與《辭源》修訂本的 xún-xín 歧異

撏　xián(又讀 xún)《廣韻》徐林切①　又《集韻》徐廉切(大
　字典 824)

撏　xín 徐林切(辭源 2－1310)

G.《漢語大詞典》與《中文大辭典》的 xún-xín 歧異

襑　［xún《廣韻》徐林切](大詞典 9－139)

襑　甲. [廣韻]徐林切 xín(中文 8－713)

H.《中文大辭典》與《漢語大字典》的 xún-xín 歧異

璕　［集韻]徐心切 xún(中文 6－536)

璕　xín《集韻》徐心切(大字典 482)

徐林(心)切為邪母侵韻,xín 音合於反切,不合於反切的 xún
音是該小韻的"尋"字語音異變所引發。

7. 直立切的 zhé-zhí 歧異

A.《辭源》修訂本的 zhé-zhí 歧異

膤　zhé 直立切(3－2572)

譶　zhí 直立切(4－2922)

B.《漢語大詞典》的 zhé-zhí 歧異

厇　［zhé《廣韻》直立切](4－15)

墌　［zhí《廣韻》直立切](2－1237)

---

① 這裏的 xún 音來自徐林切。

C.《漢語大字典》與《中文大辭典》的 zhé-zhí 歧異

脛　zhé《集韻》直立切(大字典 881)

脛　zhí《廣韻》直立切(中文 7－1109)

直立切爲澄母緝韻,zhí 音合於反切,不合於反切的 zhé 音是該小韻的"蟄"字語音異變所引發。

8. 陟(株、知)劣切的 chuò-zhuó 歧異

A.《漢語大字典》的 chuò-zhuó 歧異

腏　(一) chuò《廣韻》陟劣切(877)

蹢　(一) zhuó《廣韻》陟劣切(1548)

B.《中文大辭典》的 chuò-zhuó 歧異

餟　[玉篇]知劣切 chuò(10－434)

惙　甲.[廣韻]陟劣切 zhuó(4－118)

C.《漢語大字典》與《中文大辭典》的 chuò-zhuó 歧異

鞦　(三) chuò《集韻》株劣切(大字典 1306)

鞦　丙.[集韻]株劣切 zhuó(中文 7－753)

陟(株、知)劣切爲知母薛韻合口,zhuó 音合於反切,不合於反切的 chuò 音是該小韻的"輟"字語音異變所引發。

9. 陟(知)盈切的 zhēn-zhēng 歧異

A.《漢語大字典》的 zhēn-zhēng 歧異

寊　zhēn《集韻》知盈切(396)

陙　zhēng《廣韻》陟盈切(1724)

B.《中文大辭典》的 zhēn-zhēng 歧異

搸　甲.[集韻]知盈切 zhēn(4－692)

鄭　甲.[廣韻]陟盈切 zhēng(9－366)

C.《中文大辭典》與《漢語大字典》的 zhēn-zhēng 歧異

媜　[集韻]知盈切 zhēn(中文 3－185)

禎　zhēng《集韻》知盈切（大字典 447）*

陟（知）盈切爲知母清韻開口，zhēng 音合於反切，不合於反切
的 zhēn 音是該小韻的"貞"字語音異變所引發。

有些口語字詞的異變讀法，經歷了一個曲折複雜的規範過
程，由此而引發的今音歧異，往往帶有這種特殊過程的印記。
例如：

阻（側）瑟切的 jié-zhì 歧異

A.《漢語大字典》的 jié-zhì 歧異

唧　（二）jié《集韻》側瑟切（267）

擳　（一）zhì《廣韻》阻瑟切（832）

B.《中文大辭典》與《漢語大字典》的 jié-zhì 歧異

稥　［廣韻］阻瑟切 jié（中文 6－1705）

稥　zhì《集韻》側瑟切（大字典 1103）

C.《辭源》修訂本與《漢語大詞典》的 jié-zhì 歧異

瀄　jié 阻瑟切（辭源 3－1892）

瀄　［zhì《廣韻》阻瑟切］（大詞典 6－169）

D.《辭源》修訂本與《漢語大字典》的 jié-zhì 歧異

嚌　jié 阻瑟切（辭源 1－552）

嚌　zhì《廣韻》阻瑟切（大字典 291）

阻（側）瑟切爲莊母櫛韻，zhì 音合於反切，不合於反切的 jié 音
是該小韻的"櫛"字語音異變所引發。

查該小韻書卷字，《漢語大字典》jié 音 1 例、zhì 音 6 例，《漢語
大詞典》zhì 音 2 例，《辭源》修訂本 jié 音 2 例，《中文大辭典》jié 音
5 例。《漢語大字典》等大陸辭書是 zhì 音占絕大多數，《中文大辭
典》則是全爲 jié 音，兩岸各執一端，兩相對峙。

這種歧異格局的形成，與"櫛"字今音的複雜性有關。"櫛"，
曾有 jié、zhì 二讀——前者爲異變音，後者爲正變音，1932 年發行

的權威審音文獻《國音常用字彙》確定 jié 爲標準音①；1957 年以來，大陸方面改定 zhì 爲標準音②，而臺灣方面仍是按舊標準以 jié 音爲正③。給該小韻書卷字審注今音時，或依歷史音變規律折合，或徑依"櫛"字今音類推，以致歧成 zhì、jié 二音。大陸字詞典個別字的 jié 音現象，這是沒有徹底擺脫"櫛"字異變讀法影響的表現；《中文大辭典》jié 音一律化的現象，則是在臺灣語音環境下，受"櫛"字異變音影響而導致的必然結果。

"櫛"字今音的異變讀法，最初曾被定於一尊，後來則是否定-肯定異地而共存。口語字詞今音規範方面的特殊性，給該小韻的今音歧異打上了深深的印記。

當小韻之字存在多類異變現象時，往往引發異變音與異變音的歧異。例如：

1. 求癸切的 kuǐ-kuí 歧異

愯　乙．[廣韻]求癸切 kuǐ（中文 4－161、162）

湀　甲．[廣韻]求癸切 kuí（中文 5－1370）

求癸切爲群母旨韻合口，從理論上講，今音應折合爲 guì，與反切不合的 kuǐ、kuí 二音，都是語音異變所致：該小韻的"揆"字，異變爲 kuǐ 和 kuí，因此在同小韻書卷字當中引發誤音 kuǐ、kuí。該小韻之字，在四部辭書裏沒有正變音之注，kuǐ、kuí 二音屬於異變音與異變音的歧異。

2. 户（玄）扃切的 yíng-xíng 歧異

A.《中文大辭典》的 yíng-xíng 歧異

---

① 見《國音標準彙編·常用字彙》，上海開明書店，1947 年，第 33 頁。

② 參看徐世榮《普通話異讀詞審音表釋例》，語文出版社，1997 年，第 260 頁。

③ 《中文大辭典》、《國民常用標準字典》、《重編國語辭典》、《重編國語辭典修訂本》（網路版）等，都是注作 jié 音。

褮　丙.［廣韻］戶扃切 yíng（8－695）

駉　丙.［廣韻］戶扃切 xíng（8－1356）

B.《漢語大字典》與《中文大辭典》的 yíng-xíng 歧異

嫈　（二）yíng《集韻》玄扃切（大字典333）

嫈　丙.［集韻］玄扃切 xíng（中文3－954）

戶扃切爲匣母青韻合口四等，從理論上講，今音應折合爲 xióng，yíng、xíng 二音都與反切不相合，都是語音異變所致：該小韻的"螢、榮"二字，前者異變爲 yíng，後者異變爲 xíng，因此在同小韻書卷字當中引發誤音 yíng、xíng。該小韻之字，沒有正變音之注，yíng、xíng 二音屬於異變音與異變音的歧異。

小韻之字多類異變所引發的歧異，更多的情況是一正對多異的格局。例如：

1. 餘封切的 róng-yōng-yóng 歧異

A.《漢語大字典》的 róng-yōng-yóng 歧異

軵　róng《廣韻》餘封切（1466）

戜　yōng《廣韻》餘封切（593）

蟯　yóng《廣韻》餘封切（1204）

B.《中文大辭典》的 róng-yóng 歧異

瑢　甲.［廣韻］餘封切 róng（6－564）

搈　乙.［廣韻］餘封切 yóng（4－704）

C.《漢語大詞典》的 róng-yóng 歧異

縟　［róng《集韻》餘封切］（9－1313）

嵱₁　［yóng《廣韻》餘封切］（3－860）

D.《中文大辭典》與《辭源》修訂本的 róng-yóng 歧異

鵬　［廣韻］餘封切 róng（中文10－811）

鶰　yóng 餘封切（辭源4－3546）

E.《辭源》修訂本與《中文大辭典》的 yōng-yóng 歧異

慵　yōng 餘封切(辭源 3－1990)

慵　[廣韻]餘封切 yóng(中文 6－140)

F.《漢語大字典》與《中文大辭典》的 róng-yóng 歧異

嫆　róng《集韻》餘封切(大字典 451)

嫆　[集韻]餘封切 yóng(中文 3－191)

G.《漢語大詞典》與《中文大辭典》的 yōng-yóng 歧異

獷　[yōng《廣韻》餘封切](大詞典 5－105)

獷　[廣韻]餘封切 yóng(中文 6－223)

餘封切爲余母鍾韻，yóng 音合於反切，róng、yōng 則不合於反切——該小韻的"容、庸"二字分别異變爲 róng、yōng，因此在餘封切書卷字當中歧出 róng、yōng 二音，形成一正對多異的局面。

2. 徒(待)鼎切的 tǐng-tìng-dìng 歧異

A.《漢語大字典》的 tǐng-tìng-dìng 歧異

烶　tǐng《集韻》待鼎切(921)

睈　tìng《集韻》待鼎切(1039)

鋌　(一) dìng《廣韻》徒鼎切(1746)

B.《中文大辭典》的 tǐng-dìng 歧異

町　乙. [廣韻]徒鼎切 tǐng(6－648)

莛　乙. [集韻]待鼎切 dìng(9－1634)

C.《中文大辭典》與《漢語大詞典》的 tǐng-dìng 歧異

汀　丙. [集韻]待鼎切 tǐng(中文 5－885)

汀3　[dìng《集韻》待鼎切](大詞典 5－904)

D.《漢語大字典》與《中文大辭典》的 tǐng-dìng 歧異

娗　(一) tǐng《廣韻》徒鼎切(大字典 439)

娗　甲. [廣韻]徒鼎切 dìng(中文 3－156)

徒(待)鼎切爲定母迥韻開口，dìng 音合於反切，tǐng、tìng 則不合——該小韻的"艇、梃"二字，分別異變爲 tǐng、tìng，因此在徒（待）鼎切書卷字當中歧出 tǐng、tìng 二音，形成一正對多異的格局。

3. 永兵（于平、于兄）切的 róng-yíng-yóng 歧異

A.《中文大辭典》的 yíng-yóng 歧異

禜 乙. ［廣韻］永兵切 yíng(6－1481)

嫈 ［集韻］于平切 yóng(3－224)

B.《漢語大字典》與《中文大辭典》的 róng-yóng 歧異

嵘 róng《玉篇·口部》："嵘，于兄切。"（大字典 293）

嵘 ［玉篇］于兄切 yóng(中文 2－951)

永兵（于平、于兄）切爲云母庚韻合口三等，yóng 音合於反切，róng、yíng 則不合——該小韻的"榮、瑩"二字，分別異變爲 róng、yíng，因此在永兵（于平、于兄）切書卷字當中歧出 róng、yíng 二音，形成一正對多異的格局。

由語音異變所引發的一正對多異之類，屬於一正對多誤的性質。下面再看語音異變和其他誤因匯成的一正對多誤現象。例如：

1. 户（胡）盲切的héng-huáng-hóng 歧異

A.《漢語大字典》的 héng-huáng-hóng 歧異

甏 héng《廣韻》户盲切(602)

揘 （二）huáng《集韻》胡盲切(806)

㤚 hóng《廣韻》户盲切(957)

B.《中文大辭典》的 héng-huáng-hóng 歧異

瑝 乙. ［廣韻］户盲切 héng(6－491)

鐄 ［廣韻］户盲切 huáng(10－984)

喤 乙. ［廣韻］户盲切 hóng(2－880)

C.《中文大辭典》與《漢語大詞典》的 héng-hóng 歧異

鸞　〔廣韻〕户盲切 héng（中文 10－985）

鸞　〔hóng《廣韻》户盲切〕（大詞典 12－1015）

D.《中文大辭典》與《辭源》修訂本的 héng-hóng 歧異

颮　甲.〔廣韻〕户盲切 héng（中文 10－146）

颮　hóng 户盲切（辭源 4－3414）

户（胡）盲切爲匣母庚韻合口二等，hóng 音合於反切，héng、huáng 則不合。該小韻的"横"和"鍠、煌、穩"，前者異變爲 héng，後者另有胡光切之讀，因此在户（胡）盲切書卷字當中誤生 héng、huáng 二音①，引發多重歧異。

2.　五陌（鄂格）切的 é-ē-è 歧異

A.《漢語大字典》的 é-è 歧異

鞯　é《集韻》鄂格切（1807）

敂　（三）è《集韻》鄂格切（612）

B.《中文大辭典》的 é-è 歧異

碰　〔集韻〕鄂格切 é（6－1342）

詻　甲.〔廣韻〕五陌切 è（8－976）

C.《中文大辭典》與《漢語大詞典》的 é-ē 歧異

硸　〔集韻〕鄂格切 é（中文 6－1290）

硸　〔ē《集韻》鄂格切〕（大詞典 7－1045）

D.《中文大辭典》與《漢語大詞典》的 é-è 歧異

峉　〔廣韻〕五陌切 é（中文 3－893）

峉　〔è《廣韻》五陌切〕（大詞典 3－814）

E.《中文大辭典》與《辭源》修訂本的 é-ē 歧異

嶺　〔集韻〕鄂格切 é（中文 3－983）

---

① 關於誤移現象及其導致今音誤注、引發今音歧異的問題，參看本書上篇第七節。

巘　è《集韻》鄂格切(辭源 2－947)

F.《中文大辭典》與《漢語大字典》的 é-è 歧異

幀　[玉篇]五伯切 é(中文 3－1150)

幀　è《玉篇》五伯切(大字典 314)

五陌(鄂格)切爲疑母陌韻開口，è 音合於反切，é、ē 則都不合。é 音是該小韻的"額"字語音異變所引發，ē 音則是昧於次濁入聲變去聲的規律而致。

3. 徒典切的 tiàn-tiǎn-diǎn-diàn 歧異

A.《中文大辭典》的 diǎn-diàn 歧異

沴　乙. [集韻]徒典切 diǎn(5－1096)

獮　[集韻]徒典切 diàn(2－68)

B.《中文大辭典》與《漢語大字典》的 tiǎn-diàn 歧異

蜓　甲. [廣韻]徒典切 tiǎn(中文 8－386)

蜓　(一) diàn《廣韻》徒典切(大字典 1188)

C.《中文大辭典》與《漢語大字典》的 tiǎn-tiàn 歧異

珍　戊. [廣韻]徒典切 tiǎn(中文 8－1568)

珍　(四) tiàn《廣韻》徒典切(大字典 1538)

徒典切爲定母銑韻開口，diàn 音合於反切，其餘三音則都不合。該小韻的"殄、典"二字，前者異變爲 tiǎn，後者另有多殄切之讀，二者分別引發 tiǎn、diǎn 兩類誤注；至於 tiàn 音，則是昧於全濁仄聲演變常識而致。

上面説的一正對多誤現象，還只是一類異變問題與其他致誤因素匯成的多重歧異，此外還有更爲複雜的交織致亂情況。例如：

1. 奇逆(竭戟、巨逆)切的 jù-jī-jì-jí 歧異

A.《漢語大字典》的 jù-jí 歧異

噭　jù《廣韻》奇逆切(294)

馺　jí ㈠《集韻》竭戟切(1124)

B.《中文大辭典》的 jù-jī 歧異

趿　庚.［集韻］竭戟切 jù(中文 8－1556)

輾　［廣韻］奇逆切 jī(8－1750)

C.《中文大辭典》的 jù-jí 歧異

馭　［廣韻］奇逆切 jù(1－1597)

惋　丙.［廣韻］奇逆切 jí(4－169)

D.《漢語大字典》與《中文大辭典》的 jì-jí 歧異

馭　jì《玉篇》巨逆切(大字典233)

馭　［玉篇］巨逆切 jí(中文 3－749)

奇逆(竭戟、巨逆)切爲群母陌韻開口三等，jí 音合於反切，其他三音則都不合。jī、jù 都是語音異變所致：奇逆(竭戟)切小韻的"屐"和"劇"分别異變爲 jī、jù，因此分别引發 jī、jù 兩類誤注。至於 jì 音，則是昧於聲調演變常識而致。兩類異變現象與其他致誤因素交匯於該組注音，以致形成三重歧異。

2. 户(玄)圭切／音畦的 xī-xí-xiē-xié-qí-huī-huí 歧異

A.《漢語大字典》的 qí-xī-xiē-xié-huí 歧異

庲　qí《改併四聲篇海·一部》引《搜真玉鏡》："庲，音畦。"(121)

鱱　xī《集韻》玄圭切(1961)

曈　(二) xiē《集韻》玄圭切①(1055)

襭　xié《集韻》玄圭切(1301)

嶉　huí《龍龕手鑑》户圭反(234)

B.《辭源》修訂本的 xié-xī 歧異

㩗　xié 户圭切(2－1181)

_____

① 該字頭玄圭切的今音 xiē,《漢語大字典》第二版已更改爲 xié。

纗　xī 戸圭切（3‑2478）

C.《中文大辭典》的 xī‑xí 歧異

眭　乙.［集韻］玄圭切 xī（6‑1103）

劻　［廣韻］戸圭切 xí（1‑1818）

D.《中文大辭典》與《漢語大字典》的 huī‑huí 歧異

鼲　［字彙］戸圭切 huī（中文 10‑1189）

鼲　huí《改併四聲篇海》引《川篇》戸圭切（大字典 1995）

E.《漢語大字典》與《中文大辭典》的 xié‑xī 歧異

轋　xié《集韻》玄圭切（大字典 1484）

轋　［集韻］玄圭切 xī（中文 8‑1777）

F.《中文大辭典》與《漢語大詞典》的 xī‑xí 歧異

驨　［廣韻］戸圭切 xī（中文 10‑420）

驨　［xí《廣韻》戸圭切］（大詞典 12‑919）

　　一個音源而歧成了七個今音，huí 與反切相合，其餘六音都與反切不合。qí、xī、xí、xié 都是語音異變所致：該小韻的“眭”和“攜”，前者異變爲 qí、xī，後者異變爲 xié、xī、xí①，因此分別引發 qí、xī、xí、xié 幾音。至於 xiē、huī 二音，前者是在異變音 xié 影響之下誤上加誤的結果，後者則是誤移所致：該小韻的“眭、觿”等另有許規切一音，因此在戸（玄）圭切書卷字當中引發誤移音 huī。多類異變現象和一類誤移問題，外加其他致誤因素，幾個方面交匯於該組注音，以致歧成六重歧異。

　　語音異變所引發的書内歧異，大都出現在同音源諸字之間——以上論列的種種情況即屬此類，與此同時也還存在一字而歧出二音的情況。例如：

---

①　參看徐世榮《普通話異讀詞審音表釋例》，語文出版社，1997 年，第 159、227 頁。

啁　乙.［廣韻］之六切 zhōu　zhù（中文 6－471）

之六切爲章母屋韻三等，正變音爲 zhù，異變音爲 zhōu（"粥"字）。給被注字確定今音時，沒有對這種正-異分立局面進行辨正和區分，以致在一個音項當中形成 zhōu、zhù 二音。由此引發的書內歧異和書與書之間的歧異，自然是一音對多音的格局，其中的"一音"或爲正變音，或爲異變音。例如：

1. 所六切的 suō-sù——sù 歧異

茜　1. suō　sù 所六切（辭源 4－2657）

蹜　sù 所六切（辭源 4－3006）

所六切爲山母屋韻三等，正變音爲 sù，異變音爲 suō（"縮"字）。"茜"字之注產生了正-異變音同條的情況，因此使同音源諸字在一書之內形成一音對多音的歧異。

2. 七余切的 qū-jū——jū 歧異

砠　［廣韻］七余切 qū　jū（中文 6－1278）

砠　1. jū 七余切（辭源 3－2245）

七余切爲清母魚韻，正變音爲 qū，異變音爲 jū（"疽"字）。前一例產生了正-異變音同條的情況，因此使一字之今音因書而異，形成一音對多音的歧異。

一音對多音的歧異往往與一音對一音的歧異相交織，其結果便是一種更爲複雜的歧異格局。例如：

1. 側伯（格）切的 zhǎi-zé 及 zhǎi-zé——zé 歧異

A.《中文大辭典》的 zhǎi-zé 歧異

措　乙.［集韻］側格切 zhǎi（4－630）

虴　乙.［集韻］側格切 zé（8－339）

B.《中文大辭典》與《漢語大字典》的 zhǎi-zé 歧異

莋　乙.［集韻］側格切 zhǎi（中文 10－187）

飵　(二) zé《集韻》側格切(大字典 1849)

C.《中文大辭典》的 zhǎi-zé——zé 歧異

柞　丙.［集韻］側格切 zhǎi　zé(5－117)

湝　甲.［廣韻］側伯切 zé(5－1307)

D.《中文大辭典》與《漢語大字典》的 zhǎi-zé——zé 歧異

窄　［集韻］側格切 zhǎi　zé(中文 9－1481)

窄　zé《集韻》側格切(大字典 1689)

側伯(格)切屬於莊母陌韻開口二等,正變音爲 zé,異變音爲 zhǎi("窄"字)。前兩組産生了正-異變音一對一的歧異;後兩組産生了一音對二音的歧異,以致匯成亂上加亂的歧異局面。

2. 施智切的 chì-shì 及 shì-chì——shì 歧異

A.《中文大辭典》與《漢語大字典》的 chì-shì 歧異

胗　乙.［廣韻］施智切 chì(中文 6－69)

胗　shì《廣韻》施智切(大字典 846)

B.《中文大辭典》與《漢語大字典》的 shì-chì——shì 歧異

搋　［集韻］施智切 shì　chì(中文 4－668)

搋　shì《集韻》施智切(大字典 808)

施智切爲書母寘韻開口,正變音爲 shì,異變音爲 chì("翅"字)。前一組産生了正-異變音一對一的歧異;後一組産生了一音對二音的歧異,二者匯成亂上加亂的歧異局面。

3. 陟革切的 zhāi-zhé 及 zhé-zhāi——zhé 歧異

A.《中文大辭典》的 zhāi-zhé 歧異

鏑　甲.［集韻］陟革切 zhāi(10－229)

樀　乙.［類篇］陟革切 zhé(5－401)

B.《漢語大字典》與《中文大辭典》的 zhāi-zhé 歧異

僪　(一) zhāi《集韻》陟革切(大字典 90)

倜　甲．［集韻］陟革切 zhé(中文 1 – 1165)

C.《中文大辭典》的 zhé-zhāi──zhé 歧異

聃　乙．［集韻］陟革切 zhé　zhāi(7 – 901)

䊓　甲．［廣韻］陟革切 zhé(10 – 998)

D.《中文大辭典》與《漢語大字典》的 zhé-zhāi──zhé 歧異

狤　乙．［集韻］陟革切 zhé　zhāi(中文 6 – 201)

狤　zhé《廣韻》陟革切(大字典 569)

陟革切爲知母麥韻開口,正變音爲 zhé,異變音爲 zhāi("摘"字)。前兩組產生了正-異變音一對一的歧異;後兩組產生了一音對二音的歧異,二者匯成亂上加亂的歧異局面。

有些具有多類異變現象的小韻,也存在一對一與一對多相交匯的問題。例如:

場伯(直格)切的 zhái-zé-zhè-zhé 及 zhè-zhái──zhái 歧異

A.《漢語大字典》的 zhái-zé 歧異

翱　(一) zhái《集韻》直格切(1398)

礋　zé《集韻》直格切(1028)

B.《中文大辭典》的 zhè-zé 歧異

葷　［集韻］直格切 zhè(8 – 135)

襗　乙．［廣韻］場伯切 zé(8 – 719、720)

C.《辭源》修訂本與《漢語大字典》的 zhái-zé 歧異

蠌　zhái 場伯切(辭源 4 – 2788)

蠌　zé《廣韻》場伯切(大字典 1208)

D.《漢語大詞典》與《中文大辭典》的 zé-zhé 歧異

鸅　[zé《廣韻》場伯切](大詞典 12 – 1164)

鸅　［廣韻］場伯切 zhé(中文 10 – 830)

E.《漢語大字典》與《中文大辭典》的 zhái-zé 歧異

> 繹　zhái《廣韻》場伯切(大字典 1875)
>
> 繹　[廣韻]場伯切 zé(中文 9－1712)
>
> F.《漢語大字典》與《中文大辭典》的 zhái-zhè 歧異
>
> 鸅　zhái《廣韻》場伯切(大字典 1924)
>
> 鸅　[廣韻]場伯切 zhè(中文 10－741)
>
> G.《漢語大字典》與《中文大辭典》的 zé-zhè 歧異
>
> 侘　(三) zé《集韻》直格切(大字典 962)
>
> 侘　乙.[集韻]直格切 zhè(中文 4－60、61)
>
> H.《中文大辭典》與《漢語大字典》的 zhè-zhái——zhái 歧異
>
> 檡　甲.[廣韻]場伯切 zhè　zhái(中文 5－495)
>
> 檡　(一) zhái《廣韻》場伯切(大字典 547)

場伯(直格)切屬於澄母陌韻開口二等,正變音爲 zhé,異變音或爲 zhái("宅₁"字),或爲 zhè("宅₂"字),或爲 zé("擇"字)。多樣的異變和一對一、一對多問題交匯於一體,由此而形成的自然是一個更紛繁多樣的歧異局面。

第九節　古音信息模糊所引發的今音歧異①

古代的音切大都能够明確表示一定的語音信息,但也有少數音切存在表音不够明確的問題。當然,我們常可通過一些相關情況透過模糊性而獲知真詮。例如:

1. 覞　yào《改併四聲篇海》引《餘文》於教切　深目。(大字典 1032)

2. 豐　xiào《改併四聲篇海》引《龍龕手鑑》音校　誤。

---

①　參看范新幹《一類成因特殊的今音歧異現象》,《華中學術》第 1 卷,華中師範大學出版社,2009 年。

《改併四聲篇海·學部》引《龍龕手鑑》:"罞,誤也。"
（大字典 1269）

切下字"教"和直音字"校",都存在多音問題。多音字用於韻書注音一般不會造成表音的模糊性,用於《四聲篇海》這類字書注音則往往存在一定的模糊性,切下字"教"究竟用的是哪一音? 查《五音集韻·效韻·影母小韻》:

覓,於教切,深目也。

這兩部文獻都是韓道昭所撰,《五音集韻》歸之於影母效韻,《四聲篇海》的於教切自應與之相同,而不可能是影母肴韻（今爲 yāo 音）或其他的音。《漢語大字典》注以 yào 音,這是正確解讀於教切的結果①。

後一例注作"誤也",根據這一字義可以繫聯到"䚛"字。"䚛"字之義同樣是"誤也"②,形體方面又有相同的構造成分,這種形相關義相等的情況表明,"罞、䚛"實有異體字的形義關係。其語音情況是:罞,音校——匣母效韻和見母效韻等音;䚛,《廣韻》胡教切——匣母效韻。既然形義方面已是異體字的特徵,其語音方面自然會是一種與之相應的協調關係:"䚛"音匣母效韻,"罞"音自應與之相同。"罞音校"的"校",用的是匣母效韻之音而不是見母效韻之讀,這個問題至此已經明朗化——《漢語大字典》注以 xiào 音,這也是正確解讀"罞音校"的結果。

上述這類易於辨明的古音信息模糊現象,我們已在第五節中作了專題討論,因此這裏只提及而不詳細説明。現在要專門

---

① 於教切——影母效韻,這一音節的歷史音變綫索存在一定的模糊性,其今音因此而存在一定的"兩可性":除了被折合爲 yào 之外,還有被折合爲 ào 的情況存在。參看本書上篇第十節。

② 見《廣雅·釋詁三》。

討論的是一些不大容易弄清楚的古音信息模糊現象。這種情況之下的古今音折合存在一定的彈性，往往引發今音歧異。例如：

1. 古伯切的 gé-guó 歧異
譯　[字彙補]古伯切 gé（中文 8－1164）
譯　guó《龍龕手鑑》古伯反（大字典 1676）

切下字"伯"爲脣音字，既可切開口韻，也可切合口韻，而且，《廣韻》裏見母陌韻開口小韻和合口小韻都用的是古伯切，也就是說古伯切在中古音系裏兼表開口和合口兩個音節，在這樣的雙重因素之下，《龍龕手鑑》（《字彙補》）古伯切是開口韻還是合口韻的問題，自然是很不明確的。

從現存文獻來看，最早給該被注字注音的要數《龍龕手鑑》，後來也還有一些，現將其中一些具有代表性的注音情況開列如下：

《新修絫音引證群籍玉篇·言部》：譯，古伯切，多言。
《改併四聲篇海·言部》：譯，古伯切，多言皃。
《新校經史海篇直音·言部》：譯，音革，多言皃。
《字彙補·言部》：譯，古伯切，音格，多言貌。

前兩書出自金朝學者之手，時間雖然晚於《龍龕手鑑》，但其中的《新修絫音引證群籍玉篇》一書，是本乎北宋以前的舊本《玉篇》而作，反映的是六朝舊音。由此可以推知"古伯"之切就是"譯"字原始的反切注音。一開始給出的就是這樣一個帶有模糊性的古音信息，而且字形本身不含表音部件，没能提供開合口的信息，同時，該字又屬於生僻字，形音義方面缺乏可以與之繫聯的字詞，不能據以窺知開合問題，以致給後世留下了一個謎團——無法廓清其開合歸屬情況。

《新校經史海篇直音》的"音革"之注、《字彙補》的"音格"之注,都不過是猜測而已,並不能成爲古伯切屬於開口韻的依據。直到現代,這種既可視作開口又可視作合口的兩可性仍然沒有改變,《中文大辭典》和《漢語大字典》的 gé-guó 歧異,便是一取開口一取合口的結果。這種情況下的 gé-guó 歧異,前者似有歷史依據,其實所依據的直音並不可靠;後者並非沒有看到《字彙補》的"音格"之注,而是自有"主見"的結果。

2. 牵(丘)近切的 qǐn-qìn 歧異

牵　qǐn《改併四聲篇海·牛部》引《搜真玉鏡》:"牵,輕近切。"(大字典 759)

屮　qìn《改併四聲篇海》引《龍龕手鑑》丘近切(大字典 320)

切下字"近",在《四聲篇海》等《切韻》系音切中存在上聲隱韻和去聲焮韻兩讀,在輕(丘)近切中,切下字切上聲還是切去聲的問題不够明確,這種帶有模糊性的古音信息,給後世留下了疑團,審注今音時或視作上聲或視作去聲,二者莫衷一是,以致歧成 qǐn-qìn 二音。

有些古音信息,除有注音字表音模糊問題之外,還在韻圖定位方面存在抵牾問題,這種雙重因素之下的古音信息,模糊程度更深,古今音折合存在更大的彈性,更易於引發今音歧異。例如:

1. 乎〈呼〉瞢切/胡猛切的 hèng-hòng 歧異

A.《中文大辭典》與《漢語大詞典》的 hèng-hòng 歧異

潩　甲.[廣韻]呼瞢切 hèng(中文 5 - 1567)

潩　[hòng《廣韻》呼瞢切](大詞典 6 - 138)

B.《中文大辭典》與《漢語大字典》的 hèng-hòng 歧異

撌　[集韻]胡猛切 hèng(中文 4 - 772)

撌　hòng《集韻》胡猛切(大字典 822)

　　該小韻《廣韻》作乎瞢切①，《集韻》作胡猛切。切下字"猛"，屬於脣音字，存在既可切開口也可切合口的兩可性。切下字"瞢"，《韻鏡》、《切韻指掌圖》列之於梗韻開口，從這一情況來看，本小韻應歸屬於開口②，但在《韻鏡》和其他有關韻圖裏却被列於合口。切下字或是本身存在一定的表音模糊性，或在韻圖定位方面與被注字存在一定的抵牾，二者交匯於一體不能相互發明，反而加深了模糊性的程度，給今音審注造成了一定的彈性。在這樣的情況下，或視之爲開口或視之爲合口，以致歧成 hèng-hòng 二音。

　　2. 于(章)筆切的 yì-yù 歧異
　　A.《中文大辭典》的 yì-yù 歧異
　　抇　乙.［廣韻］于筆切 yì(4–478)
　　颭　　［廣韻］于筆切 yù(10–131)
　　B.《漢語大字典》與《中文大辭典》的 yì-yù 歧異
　　赺　 yì《玉篇》章筆切(大字典 1449)
　　赺　［玉篇］章筆切 yù(中文 8–1475)

　　《廣韻》于筆切，《集韻》作越筆切，《玉篇》作韋筆切，反切用字相異而聲韻地位實同。該小韻《廣韻》、《集韻》都歸入質韻，雲母質韻而歧成 yì-yù 兩個今音，這顯然是或視之爲開三質韻或視之爲合三術韻的結果。同一個反切，爲什麼竟然引起了開合的歧見？從反切下字看，"筆"爲脣音字，既可切開口也可切合口，無法判定韻母是開還是合。這還只是表面情況，從有關的學術背景上看，還有更深一層的原因。我們知道，《切韻》質、術不分，《廣韻》、《集韻》承襲《切韻》而成書，離析小韻時未能準確按音分韻，存在當入

_____

　　① 參看周祖謨《廣韻校本》(上冊)，中華書局，1960 年，第 319 頁。A 組的切上字"呼"是沿用誤本所致。
　　② 參看李新魁《韻鏡校證》，中華書局，1982 年，第 268 頁。

術韻而入質韻的問題①。《廣韻》、《集韻》的質韻,實有某些術韻音節攙雜其內,其中哪些小韻是真正的質韻,哪些則是名爲質韻而實屬術韻的情況,長期以來,這個問題在學術界尚未達成一致。于(越)筆切在韻圖裏的歸屬情況,就是一個典型的例子:《韻鏡》列於開口圖,《切韻指南》列於合口圖,而《七音略》則是既列於開口圖又列於合口圖。

注音材料本身即有兩可性,學術史上又遺留有一系列的混亂問題,兩方面匯成的古音模糊信息,給今音審注造成了一定的彈性。在這種情況下,或以開口三等論處,或以合口三等論處,以致歧成 yì、yù 二音。

3. 烏猛切的 yǐng-wěng 歧異

A.《漢語大字典》的 yǐng-wěng 歧異

嚶　yǐng《集韻》烏猛切(295)

喬　wěng《廣韻》烏猛切(637)

B.《漢語大詞典》與《中文大辭典》的 yǐng-wěng 歧異

䁩₂　[yǐng《廣韻》烏猛切](大詞典 7-1244)

䁩　丁.[廣韻]烏猛切 wěng(中文 6-1147)

C.《漢語大字典》與《中文大辭典》的 yǐng-wěng 歧異

潧　yǐng《集韻》烏猛切(大字典 748)

潧　[集韻]烏猛切 wěng(中文 5-1639)

烏猛切爲影母梗韻,其今音歧爲 yǐng、wěng,這是一作梗韻開口二等對待、一作梗韻合口二等對待的結果。爲什麼會有這種開與合的歧見産生? 從切下字方面看,"猛"爲唇音字,既可切開口也可切合口。韻圖方面,《韻鏡》、《切韻指掌圖》列之於開口,《四聲等子》、《七音略》、《切韻指南》則列於合口。一方面是注音信息

①　參看李新魁《韻鏡校證》,中華書局,1982 年,第 199 頁。

的兩可性,一方面是韻圖定位的混亂性,這些模糊問題給烏猛切的韻母定位帶來了一定的困難,給今音審注方面造成了一定的彈性。在這種情況下,或視之爲開二,或視之爲合二,由此而引發 yǐng-wěng 歧異。

還有一些結構特殊的反切,其聲韻構造既可這樣理解也可那樣理解,這種兩可性也就是注音信息的模糊性,往往引發今音歧異。例如:

丁力切的 zhì-dí 歧異
勢　zhì《廣韻》丁力切(大字典 238)
得　dí《廣韻》丁力切(大字典 353)

丁力切,切上字爲端母,切下字爲職韻開口三等。《廣韻》系統中端母不拼合三等韻母,據此則可視作以端母切知母的類隔切。從另一個方面看,《廣韻》、《集韻》同作丁力切,《集韻》並未依照處置類隔切的慣例改爲音和切,而是沿用舊切,據此則可視作以切上字定等第的特殊反切——"讀如錫韻都歷切"[1]。在這種"兩可"的背景之下,或以知母職韻論處,或以定母錫韻論處,以致歧成 zhì-dí 二音。

在古音信息模糊而致歧見的同時,摻雜了其他致誤(致亂)因素,這時候今音混亂的種類往往隨之而增,以致形成亂上加亂的多重歧異格局。例如:

1. 古(谷、居)盍切的 jiǎ-fá-jié-gē-gě-gé 歧異
A.《漢語大字典》的 gē-gé 歧異
闛　(二)gē《廣韻》古盍切(1785)

---

① 參看余迺永《新校互注宋本廣韻》(定稿本)下册,上海人民出版社,2008 年,第 972 頁。

砝　（二）gé《廣韻》居盍切(1012)

B.《中文大辭典》的 jiǎ-gě-gé 歧異

鎑　乙.［集韻］谷盍切 jiǎ(9－802、803)

譮　乙.［廣韻］古盍切 gě(8－1088)

鰪　甲.［集韻］谷盍切 gé(10－661)

C.《中文大辭典》與《漢語大字典》的 gě-gé 歧異

螛　甲.［廣韻］古蓋切 gě①(中文 8－440)

螛　gé《廣韻》古盍切(大字典 1200)

D.《中文大辭典》與《漢語大字典》的 fá-jié 歧異②

鴶　［廣韻］［集韻］居盍切 fá(中文 10－757)

鴶　jié《廣韻》居盍切(大字典 1924)

該組歧異可從居盍切及其 gé、jié、fá 三音説起。切上字爲三等，切下字爲一等，這種構造特殊的反切，注音信息具有較大的模糊性：視作“以三等切一等”的居盍切₁有一定道理③，視作“切上字定等第”的居盍切₂也有一定道理④。居盍切₁表示的是見母盍韻，居盍切₂表示的是見母業韻，審注今音時各行其是，以致歧成 gé、jié 二音。至於 fá 音，則是另一個特殊因素所致：該小韻的“砝”字，在居盍切之外還產生了 fá、fǎ 兩個今讀，給居盍切審注今音時，按同小韻之字的今音類推被注字今音，操作當中受“砝”字今音的影響，以致引發誤移音 fá。

接着説古(谷)盍切及其 gē、gě、gé、jiǎ 四音。古(谷)盍切跟居盍切₁是同音異切的關係，作爲見母盍韻來説，gē、gě、gé 三音，

①　切下字《廣韻》作“盍”，在這一條引證中被換成了同韻的“蓋”字。

②　D 組的被注字存在異體，兩部辭書各取一字，因此形成字頭形體歧異。

③　參看陸志韋《古反切是怎樣構造的》,《中國語文》1963 年第 5 期。

④　參看余迺永《新校互注宋本廣韻》(定稿本)下册,上海人民出版社,2008 年,第 979 頁。

聲母韻母不誤,聲調歧異是清入調類演變缺乏規律所致。至於谷盍切而折合爲 jiǎ 音,則是誤移所致: 該小韻的"韇"字,另有古狎切之讀,因此在谷盍切書卷字當中引發誤移音 jiǎ①。

2. 姊(子)末切的 cǎ-zǎn-zā-zá-zuǒ-zuò 歧異

A.《漢語大字典》的 zā-zá-zuǒ-zuò 歧異

憤　zā《集韻》子末切(993)

涉　zá《集韻》子末切(680)

跥　zuǒ《集韻》子末切(1542)

桮　(一) zuò《類篇》子末切(514)

B.《中文大辭典》的 cǎ-zǎn 歧異

皻　[集韻]子末切 cǎ(6 - 960)

礍　[集韻]子末切 zǎn(6 - 1377)

C.《漢語大字典》與《辭源》修訂本的 zā-zá 歧異

捋　(一) zā《廣韻》姊末切(大字典 788)

捋　zá 姊末切(辭源 2 - 1257)

《切韻》曷、末不分,《廣韻》、《集韻》雖分,但常有雜亂——該小韻《集韻》作子末切歸曷韻,《廣韻》作姊末切歸末韻②。曷、末是一對開合韻,切下字"末"爲脣音字,既可切開口也可切合口,從這個方面無法確定歸曷合理還是歸末合理的問題。這些尚待廓清的歷史遺留問題,給姊(子)末切的開合確認方面帶來了一定的困難。視之爲開口,今音聲母韻母爲 za;視之爲合口,今音聲母韻母則爲 zuo。該組今音表現在聲母韻母方面的 za-zuo 歧異,就是這樣引發的。加之該反切又屬於清音入聲,其調類的演變缺乏明顯規律,給今音聲調的審定造成了一定的彈性,以致引發聲調歧異。

————————————

①　關於誤移現象及其導致今音誤注、引發今音歧異的問題,參看本書上篇第七節。

②　參看李新魁《韻鏡校證》,中華書局,1982 年,第 222 頁。

至於 cǎ、zǎn 二音，則是誤移所致：該小韻的“礤”和“饡”，前者另有七曷切之讀，後者另有子罕切之讀，因此在姊（子）末切書卷字當中引發誤移音 cǎ、zǎn。

有時候，多重的致亂因素所引發的今音歧異雖然不是多重的形式，但同樣蘊含有多重的内在關係。例如：

初買切的 chǎi-chuā 歧異

撮　己．［集韻］初買切 chǎi（中文 4－772、773）

撮　（四）chuā《集韻》初買切（大字典 822）

切下字“買”爲唇音字，既可切開口又可切合口。《韻鏡》、《七音略》雖未收列初買切小韻，但這兩部書當中，“買”字以及多數以“買”爲切下字的小韻都列在開口圖，依這種體例來看，初買切小韻也應歸屬《韻鏡》、《七音略》的開口地位①。而《四聲等子》和《切韻指南》，則是列初買切於合口圖内。切下字表音方面存在兩可性，韻圖則是或可歸開口或已歸合口，這些不一致現象所顯示的模糊性注音信息，給今音審注造成了一定的彈性，易於引發今音歧異。或視之爲開口或視之爲合口，由此引發的今音歧異本應是 chǎi、chuā 二音②，而事實上却是 chǎi、chuā 二音，這個 chuā 音不大可能是失誤，而是有意的更改。鑒於合口的 chuā 不見於現代漢語普通話音節系統，因此改上聲爲陰平以規避 chuā 這個“不曾聽到的聲音”③，chǎi-chuǎ 歧異也就被“加工”成了 chǎi-chuā 歧異。這裏面既反映了模糊問題引發的韻母歧異，又反映了音節問題引發的聲調歧異，單重的今音歧異包含有多重的並立性特徵。

---

① 參看李新魁《韻鏡校證》，中華書局，1982 年，第 179 頁。
② 參看王力《漢語史稿》（上册），中華書局，1980 年，第 144、175 頁。
③ 參看本書下篇第二節。

第十節　歷史音變綫索的模糊性
與書卷字的今音歧異①

　　古代漢語語音的發展，大都具有以類相從的規整性，但也存在一些音變條理不大明晰的情況——見於少數聲母、韻母和整個清音入聲調類。例如："繩、乘"二字，中古同爲食陵切，今音聲母却是一爲 sh，一爲 ch——船母平聲一分爲二；"戈、鍋"二字，中古同爲古禾切，今音韻母却是一爲 e，一爲 uo——牙音戈韻合口一等一分爲二。聲調方面，清音入聲演變缺乏明顯條理性。例如："汁、執"二字，中古同爲之入切，今音却是一爲 zhī，一爲 zhí——章母緝韻聲調一分爲二。

　　敍述至此，有必要提及另一類同音分化現象。例如"樘、偵"和"盔、魁"，前二字中古同爲丑貞切，今音却是一爲 chēng，一爲 zhēn；後二字中古同爲苦回切，今音却是一爲 kuī，一爲 kuí。聯繫歷史音類（音值）方面看，丑貞切屬於徹母清韻開口，今音理應爲 chēng，zhēn 的聲母韻母與丑貞切存在較大的距離；苦回切爲溪母灰韻，今音理應爲 kuī，kuí 的聲調明顯與苦回切不相應。這類存在"問題"的今音，顯然都是不符合歷史音變規律的異變現象——chēng 和 zhēn、kuī 和 kuí，屬於正變與異變的對立，其中的異變音，屬於本該讀此音而讀成彼音的一種情況②。

　　至於第一段所討論的聲韻調分化，與這種正變-異變分化情況則不相同：sh、ch 之於船母，e、uo 之於戈合一，都存在相承關係，船母既可演變爲 sh，也可演變爲 ch；牙音戈韻合口一等分化

------

① 參看范新幹《僻音字的今音歧異問題》，《國學研究》第二十五卷，北京大學出版社，2009 年。
② 關於語音異變現象（及其引發今音歧異的問題），參看本書上篇第八節。

爲 e、uo,都於音理可通①;清入的分化也不存在本該讀此音而讀成彼音的問題。要之,這種聲韻調分立現象,屬於對等的關係。這種對等性質的分化,實際上也就是歷史音變綫索模糊性的表現。書卷字今音的審注,應該比照漢語歷史音變規律而進行,音變規律是古今音折合程序當中一個重要的依憑,而歷史音變綫索的模糊性,則在一定程度上造成了古今音折合的彈性,其結果便是導致注音中產生今音歧異。下面分別從聲韻調三方面切入展開討論。

一、聲母歷史綫索模糊而引發的今音歧異

中古聲母的發展大都具有規律性,但也存在少數缺乏條理的情況:莊初崇山四母,或變爲 zh、ch、sh(“齋、助、叉、柴、沙”等),或變爲 z、c、s(“責、賾、測、岑、色”等);崇母仄聲,或變爲 zh(“棧、狀”等),或變爲 sh(“士、事”等);船禪二母的平聲,或變爲 sh(“神、佘”等),或變爲 ch(“塍、臣”等);某些開口三、四等的疑母,或變爲 i 類零聲母(“疑、詣、業”等),或變爲 n(“擬、倪、孽”等)②。這種或此或彼的現象,分化條件不大明朗,歷史音變綫索存在一定的模糊性,古今音折合因之也就存在一定的彈性,因而在有關書卷字當中引發今音聲母歧異。下面先看一書之內的情況。

1. 初紀(已)切的 chǐ-cǐ 歧異

歆　(一) chǐ《廣韻》初紀切(大字典 898)

翄　cǐ《玉篇》初已切(大字典 1394)

初紀(已)切爲初母止韻,chǐ、cǐ 二音,韻母聲調不誤,ch-c 歧異是初母歷史音變綫索的模糊性所致。

① 參看王力《漢語語音史》,中國科學出版社,1985 年,第 494、504 頁。
② 參看王力《漢語史稿》(上册),中華書局,1980 年,第 115—117、122、128—131 頁。

2．所救切的 shòu-sòu 歧異

嗖 （三）shòu《集韻》所救切（大字典 278）

嗖 （二）sòu《集韻》所救切（大字典 276）

所救切爲山母宥韻，shòu、sòu 二音韻母聲調不誤，sh-s 歧異是山母歷史音變綫索的模糊性所致。

3．魚（鄂）力切的 yì-nì 歧異

譺 丁．［集韻］鄂力切 yì（中文 8－1163）

薿 乙．［廣韻］魚力切 nì（中文 8－182）

魚（鄂）力切爲疑母職韻開口，yì、nì 二音韻母聲調不誤，i 類零聲母與 n 的歧異是疑母歷史音變綫索的模糊性所致。

4．語糾切的 yóu-niú 歧異

聱 （二）yóu《廣韻》語糾切（大字典 1166）

鬮 niú《改併四聲篇海》引《川篇》語糾切（大字典 1796）

語糾切爲疑母幽韻，yóu、niú 二音韻母聲調不誤，i 類零聲母與 n 的歧異是疑母歷史音變綫索的模糊性所致。

5．語訐切的 yè-niè 歧異

扤 丁．［集韻］語訐切 yè（中文 4－456）

钀 乙．［廣韻］語訐切 niè（中文 9－882）

語訐切爲疑母月韻開口，yè、niè 二音韻母聲調不誤，i 類零聲母與 n 的歧異是疑母歷史音變綫索的模糊性所致。

書内歧異之外還有書與書之間的歧異，而且這種外亂和内亂往往是交織在一起的。例如：

1．疏鳩切的 shōu-sōu 歧異

犙 shōu《集韻》疏鳩切（大字典 763）

犙 ［集韻］疏鳩切 sōu（中文 6－135）

疏鳩切爲山母尤韻，shōu、sōu 二音，韻母聲調不誤，sh-s 歧異是山母歷史音變綫索的模糊性所致。

2. 魚列切的 yè-niè 歧異

揭　（一）yè《集韻》魚列切（大字典 195）

揭　甲.［集韻］魚列切 niè（中文 2－1244）

魚列切爲疑母薛韻開口，yè、niè 二音，韻母聲調不誤，i 類零聲母與 n 的歧異是疑母歷史音變綫索的模糊性所致。

3. 是（常）支切的 shí-chí 歧異

A.《漢語大字典》的 shí-chí 歧異

喍　（一）shí《廣韻》是支切（274）

衼　（二）chí《集韻》常支切（999）

B.《中文大辭典》的 shí-chí 歧異

夥　丙.［廣韻］是支切 shí（3－139、140）

靴　甲.［集韻］常支切 chí（9－1637）

C.《漢語大詞典》的 shí-chí 歧異

堤₃　［shí《廣韻》是支切］（2－1147）

蝭₂　［chí《集韻》常支切］（8－928）

D.《辭源》修訂本與《漢語大字典》的 shí-chí 歧異

提　2. shí 是支切（辭源 2－1288）

提　（二）chí《廣韻》是支切（大字典 804）

E.《漢語大字典》與《中文大辭典》的 shí-chí 歧異

箟　（一）shí《廣韻》是支切（大字典 1247）

箟　甲.［廣韻］是支切 chí（中文 7－68）

是（常）支切爲禪母支韻，shí、chí 二音，韻母聲調沒有問題，sh-ch 歧異是禪母歷史音變綫索的模糊性所致。

4. 研啓（吾禮）切的 yǐ-nǐ 歧異

A.《中文大辭典》的 yǐ-nǐ 歧異

晲　乙. ［集韻］吾禮切 yǐ(6－1130)

婗　乙. ［集韻］吾禮切 nǐ(3－175)

B.《中文大辭典》與《辭源》修訂本的 yǐ-nǐ 歧異

晲　［廣韻］研啓切 yǐ(中文 4－1376)

睨　nǐ 研啓切(辭源 2－1442)

研啓(吾禮)切爲疑母薺韻, yǐ、nǐ 二音,韻母聲調沒有問題, i 類零聲母與 n 的歧異是疑母歷史音變綫索的模糊性所致。

5. 莊助切的 zhù-zù 歧異

A.《中文大辭典》的 zhù-zù 歧異

詛　丁. ［集韻］莊助切 zhù(8－1564)

詛　甲. ［廣韻］莊助切 zù(8－937)

B.《漢語大字典》與《中文大辭典》的 zhù-zù 歧異

詛　(二) zhù《廣韻》莊助切(大字典 1714、1715)

詛　乙. ［廣韻］莊助切 zù(中文 9－1077、1078)

莊助切爲莊母御韻, zhù、zù 二音,韻母聲調不誤, zh-z 歧異是莊母歷史演變綫索的模糊性所致。

有一些聲母存在雙重的致亂因素,這種情況下所產生的往往是多重的今音歧異。例如:

士瘖(錦)切的 zhèn-zèn-shèn 歧異

A.《中文大辭典》的 zèn-shèn 歧異

顖　丙. ［廣韻］士瘖切 zèn(10－25)

顮　丙. ［集韻］士瘖切 shèn(10－32、33)

B.《漢語大字典》與《中文大辭典》的 zhèn-zèn 歧異

顮　zhèn《改併四聲篇海》引《川篇》士錦切(大字典 1818)

顮　與顖同。(中文 10－19)

　　——顧　丙.［廣韻］士瘴切 zèn（中文 10-25）

　　士瘴（錦）切爲崇母寢韻，zhèn、zèn、shèn 三音韻母聲調不誤，聲母歧異是崇母演變綫索的模糊性所致：崇母的演變，一方面存在既爲 zh 又爲 z 的不定性；另一方面作爲崇母仄聲，又存在既爲 zh 又爲 sh 的不定性，兩個方面相互交織，以致形成 zh-z-sh 歧異。

　　在歷史綫索模糊的基礎上，再加上其他的致誤（致亂）動因，今音混亂的種類往往會隨之而增，以致形成亂上加亂的多重歧異格局。例如：

　　1. 側（臻）魚切的 jū-zhū-zū 歧異

　　A.《中文大辭典》的 jū-zhū 歧異

　　柤　丙.［集韻］臻於切 jū①（5-111）

　　鉏　丙.［集韻］臻魚切 zhū（10-185）

　　B.《中文大辭典》與《漢語大字典》的 jū-zū 歧異

　　姐　丙.［集韻］臻魚切 jū（中文 3-100）

　　姐　（四）zū《集韻》臻魚切（大字典 436）

　　C.《中文大辭典》與《辭源》修訂本的 jū-zū 歧異

　　菹　甲.［廣韻］側魚切 jū（中文 7-1578）

　　菹　zū 側魚切（辭源 3-2662）

　　側（臻）魚切爲莊母魚韻，zhū、zū 二音，韻母、聲調不誤，zh-z 歧異是莊母歷史音變綫索的模糊性所致。至於與反切不合的 jū 音，則是誤移所致：該小韻的"苴、沮"等字，另有子余切一音，因此

────────────

　　① 切下字本爲"魚"，在引證中被換成了同韻的"於"字——今音 jū 的產生與此無關。

在側（臻）魚切書卷字當中引發誤移音 jū①。

2. 鋤針（士金）切 cēn-chén-cén 歧異

A.《辭源》修訂本的 chén-cén 歧異

梣　chén 鋤針切（2－1581）

涔　cén 鋤針切（3－1797）

B.《中文大辭典》與《漢語大字典》的 cēn-cén 歧異

篸　［龍龕手鑑］篸、士金切 cēn（中文 9－924）

篸　cén《龍龕手鑑・長部》："篸，俗，士金反。"（大字典 1687）

鋤針（士金）切爲崇母侵韻，chén、cén 二音，韻母聲調不誤，ch-c 歧異是崇母歷史音變綫索的模糊性所致。至於 cēn 音的聲調折合失誤，則是昧於歷史音變常識所致。

3. 楚革（初賾）切的 chè-cē-cè 歧異

A.《中文大辭典》的 chè-cè 歧異

頙　乙.［字彙補］初賾切② chè（10－13）

情　［廣韻］楚革切 cè（4－220）

B.《辭源》修訂本與《中文大辭典》的 cē-cè 歧異

䀐　cē 楚革切（辭源 3－2182）

䀐　甲.［廣韻］楚革切 cè（中文 6－957）

楚革（初賾）切爲初母麥韻開口，今音韻母作 e 不誤，聲母方面存在 ch-c 不定的問題，聲調方面則有四聲不定的問題，兩類模糊因素相互交織，以致引發今音的二重歧異。

4. 山（所）賾切的 suǒ-shè-sè 歧異

A.《中文大辭典》的 suǒ-sè 歧異

_____

① 關於誤移而導致今音誤注、引發今音歧異的問題，參看本書上篇第七節。
② 《字彙補》注的初賾切來自中古舊切，這類襲舊現象後面一般不再加注説明。

渻　乙.［廣韻］山責切 suǒ(5－1307)

礫　甲.［字彙補］所責切 sè(8－331)

B.《中文大辭典》與《辭源》修訂本的 suǒ-shè 歧異

摵　甲.［廣韻］山責切 suǒ(中文4－746)

摵　shè 山責切(辭源2－1306)

C.《中文大辭典》與《漢語大字典》的 suǒ-sè 歧異

濏　［廣韻］山責切 suǒ(中文5－1585)

濏　sè《廣韻》山責切(大字典732)

D.《中文大辭典》與《漢語大詞典》的 suǒ-sè 歧異

瘷　乙.［廣韻］山責切 suǒ(中文6－763)

瘷₁　［sè《廣韻》山責切］(大詞典8－311)

　　山(所)責切爲山母麥韻開口，shè、sè 二音，韻母聲調不誤，sh-s 歧異是山母分化的模糊性所致。至於 suǒ 音，則與反切不合：該小韻的"櫯"字，另有昔各切一音，因此在山(色)責切書卷字當中引發誤移音 suǒ。

　　5. 仕(士)陷切的 chàn-zhàn-shàn 歧異

　　A.《漢語大字典》的 zhàn-shàn 歧異

嚵　zhàn《改併四聲篇海》引《餘文》士陷切(1729)

厬　shàn《龍龕手鑑》士陷反(948)

　　B.《中文大辭典》與《漢語大字典》的 chàn-zhàn 歧異

嚵　丙.［廣韻］仕陷切 chàn(中文9－1284)

嚵　zhàn《廣韻》仕陷切(大字典1731)

　　仕(士)陷切爲崇母陷韻，zhàn、shàn 二音，韻母聲調不誤，zh-sh 歧異是崇母仄聲歷史音變綫索的模糊性所致。至於 chàn 音，則與反切不合：該小韻的"儳"字，另有楚鑒切一音，因此在仕(士)陷切書卷字當中引發誤移音 chàn。

6. 所斬切的 shān-shǎn-sǎn 歧異

A.《中文大辭典》的 shān-shǎn 歧異

鬖　戊．[集韻] 所斬切 shān(10－523)

醶　甲．[廣韻] 所斬切 shǎn(9－495)

B.《漢語大字典》與《中文大辭典》的 shǎn-sǎn 歧異

掺　（一）shǎn《廣韻》所斬切(大字典 819)

掺　甲．[廣韻] 所斬切 sǎn(中文 4－753)

　　所斬切爲山母賺韻,shǎn、sǎn 二音,韻母聲調不誤,sh-s 歧異
是山母歷史音變綫索的模糊性所致。與反切不合的 shān 音則是
誤移所致:該小韻的"㟃、嘇、摻",另有師咸切一音,因此在所斬切
書卷字當中引發誤移音 shān。

二、韻母歷史綫索模糊而引發的今音歧異

　　中古韻母的發展,也存在少數缺乏條理的情況:喉牙音佳韻
開口①,或變爲 ai("矮、捱"等),或變爲 iai("崖₁、睚₁"等),或變
爲 ia("佳、涯、崖₂"等),或變爲 ie("蟹、街、解"等);喉牙音皆韻開
口,或變爲 ai("挨、駭、揩、楷"等),或變爲 ie("諧、械、階、界"
等);喉牙音戈韻合口一等,或變爲 e("和、戈、科、訛"等),或變爲
uo("火、窩、鍋、臥"等);脣音支韻開口,或變爲 i("彼、避、皮、臂、
糜"等),或變爲 ei("碑、卑、被、披₂、縻"等);脣音脂韻開口,或變
爲 i("比、紕、琵、鼻、鄙、篦枇、痹、麋"等),或變爲 ei("悲、備、轡、
眉、鵬、媚、魅、寐"等);見、曉組泰韻合口,或變爲 uai("劊、儈、膾、
外"等)②,或變爲 uei("會、繪、薈、檜"等);脣音侯韻,或變爲 ou
("剖、掊、某"等),或變爲 u("瓿₁、拇、畝"等),或變爲 ao("茂、
貿"等);脣音尤韻,或變爲 ou("謀、牟、否"等),或變爲 ao("矛、蟊"

---

①　這是舉平聲以賅上去的説法,下仿此。
②　參看徐世榮《普通話異讀詞審音表釋例》,語文出版社,1997 年,第 71 頁。

等),或變爲 u("浮₁、婦、富"等);影母肴韻,或變爲 ɑo("凹、坳"之
類),或變爲 iɑo("宭、靿"之類);喉牙音庚開二,或變爲 eng("亨、
衡、庚、梗、坑"等),或變爲 ing("行、杏、莕、硬、粳₁"等);喉牙音耕開
二,或變爲 eng("耕、耿、鏗"等),或變爲 ing("幸、鶯、櫻、莖"等);喉
牙音江韻,或變爲 ɑng("夯、肛、扛、港、杠"等),或變爲 iɑng("降、
巷、江、講、絳、腔"等)①。上述各類大都是單純的韻母分化,另外
還有一些則是韻母分化之後帶動聲母也產生分化的情況。後一類
情況只限於喉牙音開口二等韻,例如匣母庚韻開口二等,聲母韻母
後來或變爲 heng,或變爲 xing,就是韻母分化引發聲母產生分化
之類。韻母歷史綫索的模糊性給古今音折合造成了一定的彈性,
因而在有關書卷字當中引發今音歧異——多爲韻母歧異,也有聲
母-韻母與聲母-韻母的歧異。下面先看一書之內的歧異情況。

1. 莫浮切的 móu-máo 歧異

坴　móu 莫浮切(辭源 1－619)

醟　máo 莫浮切(辭源 4－3138)

莫浮切爲明母尤韻,其韻母後來或變爲 ou,或變爲 ɑo 等,演
變的路徑呈多樣性,以致引發 móu-máo 歧異。

2. 披義切的 pì-pèi 歧異

被₄　[pì《集韻》披義切](大詞典 9－56)

帔₁　[pèi《廣韻》披義切](大詞典 3－705)

披義切爲滂母寘韻開口,唇音支、紙、寘韻開口韻母後來或變
爲 i,或變爲 ei,因此引發 pì-pèi 歧異。

3. 文(密)彼切的 mǐ-měi 歧異

躎　mǐ《廣韻》文彼切(大字典 1561)

---

① 參看王力《漢語史稿》(上冊),中華書局,1980 年,第 144、147、153、155、159、160、168、175、177、179、188、189 頁。

俛　měi《玉篇》密彼切(大字典90)

文(密)彼切爲明母紙韻開口,脣音支、紙、眞韻開口韻母後來或變爲 i,或變爲 ei,因此引發 mǐ-měi 歧異。

4. 乙界(烏戒)切的 ài-yè 歧異
塧　[篇海]烏戒切 ài(中文 2－1255)
欸　戊.[集韻]乙界切 yè(中文 5－552)

乙界(烏戒)切爲影母怪韻開口,喉牙音皆、駭、怪韻開口韻母後來或變爲 ai,或變爲 ie,韻母分化還引起了聲母的分化,兩類因素相互交織,以致引發 ài-yè 歧異。

書內歧異之外還有書與書之間的歧異,而且這種外亂和內亂往往是交織在一起的。例如:

1. 莫候切的 mòu-mào 歧異
霿　戊.[集韻]莫候切 mòu(中文 9－1539)
霿　(二)mào《集韻》莫候切(大字典 1698)

莫候切爲明母候韻,脣音候韻韻母後來或變爲 ou,或變爲 ao 等,因此引發 mòu-mào 歧異。

2. 擬皆切的 ái-yé 歧異
崖　(二)ái《廣韻》擬皆切(大字典 1690)
崖　丙.[廣韻]擬皆切 yé(中文 9－1485)

擬皆切爲疑母皆韻開口,喉牙音皆韻開口韻母後來或變爲 ai,或變爲 ie,因此引發 ái-yé 歧異。

3. 符(貧)悲切的 pí-péi 歧異
A.《中文大辭典》的 pí-péi 歧異
伾　[集韻]貧悲切 pí(3－1565)
貔　甲.[集韻]貧悲切 péi(8－1272)

B.《漢語大字典》與《中文大辭典》的 pí-péi 歧異

碑　pí《廣韻》符悲切(大字典 1920)

碑　甲. [廣韻]符悲切 péi(中文 10－731)

符(貧)悲切爲並母脂韻開口,唇音脂韻開口韻母或變爲 i,或變爲 ei,因此引發 pí-péi 歧異。

4. 古禾切的 gē-guō 歧異

A.《漢語大字典》的 gē-guō 歧異

媧　gē《集韻》古禾切(1489)

芆　guō《集韻》古禾切(1324)

B.《中文大辭典》的 gē-guō 歧異

楇　乙. [廣韻]古禾切 gē(5－356)

扞　[搜真玉鏡]古禾切 guō(4－1025)

C.《中文大辭典》與《漢語大字典》的 gē-guō 歧異

鷝　[集韻]古禾切 gē(中文 10－830)

鷝　guō《集韻》古禾切(大字典 1937)

D.《中文大辭典》與《漢語大詞典》的 gē-guō 歧異

瘑　乙. [集韻]古禾切 gē(中文 6－784)

瘑　[guō《廣韻》古禾切](大詞典 8－332)

古禾切爲見母戈韻合口一等,其韻母後來或變爲 e,或變爲 uo,gē-guō 歧異由此而產生。

5. 五果切的 ě-wǒ 歧異

A.《漢語大字典》的 ě-wǒ 歧異

砨　ě《集韻》五果切①(1012)

䃓　wǒ《龍龕手鑑》五果反(34)

---

① 該被注字,傳統字形作"砨",《漢語大字典》把右偏旁改成了"厄"。

B.《中文大辭典》的 ě-wǒ 歧異

厄　甲.［集韻］五果切 ě(2－328)

抳　乙.［集韻］五果切 wǒ(4－571)

五果切爲疑母果韻合口一等,喉牙音戈、果、過韻合口一等韻母後來或變爲 e,或變爲 uo,因此引發 ě-wǒ 歧異。

6. 於教切的 ào-yào 歧異

A.《漢語大字典》的 ào-yào 歧異

靿　（二）ào《廣韻》於教切(1469)

詏　yào《集韻》於教切(1648)

B.《中文大辭典》的 ào-yào 歧異

砬　［集韻］於教切 ào(6－1289)

呦　丙.［集韻］於教切 yào(2－678)

C.《中文大辭典》與《漢語大字典》的 ào-yào 歧異

惝　戊.［集韻］於教切 ào(中文 4－41)

惝　（二）yào《集韻》於教切(大字典 958)

於教切爲影母效韻,韻母後來或變爲 ao,或變爲 iao,因此引發 ào-yào 歧異。

7. 古項切的 gǎng-jiǎng 歧異

傋　甲.［廣韻］古項切 gǎng(中文 1－1149)

傋　（一）jiǎng《廣韻》古項切(大字典 84)

古項切爲見母講韻,韻母後來或變爲 ang,或變爲 iang,韻母的分化還帶起了聲母的 g-j 分化,因此而引發 gǎng-jiǎng 歧異。

8. 户(何)庚切 héng-xíng 歧異

A.《漢語大字典》與《中文大辭典》的 héng-xíng 歧異

垳　héng《改併四聲篇海》引《龍龕手鑑》户庚切(大字典 921)

烆　[字彙]何庚切 xíng(中文 5-1715)

B.《辭源》修訂本與《中文大辭典》héng-xíng 歧異

胻　héng《集韻》何庚切(辭源 3-2558)

胻　甲.[廣韻]戶庚切 xíng(中文 7-1048)

戶(何)庚切爲匣母庚韻開口二等,韻母後來或變爲 eng,或變爲 ing,韻母分化還引起了聲母的 h-x 分化,以致引發 héng-xíng 歧異。

在歷史音變綫索模糊的基礎上摻雜了其他致誤(致亂)因素,這時候今音混亂的種類往往會隨之而增,以致形成亂上加亂的多重歧異局面。例如:

1. 縛謀(房尤)切的 póu-fóu-fú 歧異

A.《中文大辭典》的 póu-fóu-fú 歧異

棓　丁.[廣韻]縛謀切 póu(5-266)

培　丙.[集韻]房尤切 fóu(2-1201)

諏　丙.[集韻]房尤切 fú(8-1031)

B.《漢語大詞典》與《中文大辭典》的 fóu-fú 歧異

虾₁　[fóu《集韻》房尤切](大詞典 8-866)

虾　[集韻]房尤切 fú(中文 8-347)

C.《中文大辭典》與《漢語大字典》的 fóu-fú 歧異

哸　丁.[廣韻]縛謀切 fóu(中文 2-797)

哸　fú《廣韻》縛謀切(大字典 265)

D.《中文大辭典》與《辭源》修訂本的 fóu-fú 歧異

苿　甲.[廣韻]縛謀切 fóu(中文 7-1358)

苿　fú 縛謀切(辭源 4-2619)

縛謀(房尤)切爲奉母尤韻,fóu、fú 二音,聲母聲調不誤,韻母歧異是脣音聲母尤韻歷史音變的模糊性所致。至於 póu 音,則是誤移所致：該小韻的"掊、捊"等字，另有蒲侯切之讀，因此在縛謀（房尤）切書卷字當中引發誤移音 póu。

2. 平義切的 pī-bì-bèi 歧異

A.《中文大辭典》的 bì-bèi 歧異

皷　丙.［集韻］平義切 bì(7 – 778)

鞁　甲.［廣韻］平義切 bèi(9 – 1643)

B.《中文大辭典》與《辭源》修訂本的 pī-bì 歧異

髲　［廣韻］平義切 pī(中文 10 – 510)

髲　bì 平義切(辭源 4 – 3487)

C.《漢語大字典》與《中文大辭典》的 bì-bèi 歧異

弨　bì《廣韻》平義切(大字典 418)

弨　［廣韻］平義切 bèi(中文 3 – 1422)

　　平義切爲並母寘韻開口，唇音寘韻開口韻母存在或演變爲 i 或演變爲 ei 的模糊性，因而引發 bì-bèi 歧異。至於 pī 音，則是誤移所致：該小韻的"披"字，另有敷羈切之讀，因此在平義切書卷字當中引發誤移音 pī。

3. 許(虛)江切 gāng-hāng-xiāng 歧異

A.《中文大辭典》的 hāng-xiāng 歧異

瓨　［集韻］虛江切 hāng(6 – 765)

啌　甲.［廣韻］許江切 xiāng(2 – 815)

B.《中文大辭典》與《辭源》修訂本的 gāng-xiāng 歧異

舡　甲.［廣韻］許江切 gāng(中文 7 – 1281)

舡　xiāng 許江切(辭源 3 – 2623)

　　許(虛)江切爲曉母江韻，喉音江韻韻母後來或變爲 ang，或變爲 iang，韻母的分化還引起了聲母的分化，上面的 hāng-xiāng 歧異，就是在這種基礎上產生的。至於 gāng 音，則是誤移所致：該小韻的"肛、矼"另有古雙切之讀,因此在許(虛)江切書卷字當中引發誤移音 gāng。

4. 古(骨)外切的 huì-kuài-guài-guì 歧異

A.《辭源》修訂本的 kuài-guài 歧異

獪　kuài 古外切(2－1395)

骱　guài 古外切(4－3477)

B.《漢語大字典》的 kuài-guài-guì 歧異

鬠　(二) kuài《廣韻》古外切(1885)

噲　(二) guài《集韻》古外切(291)

槩　(二) guì《類篇》古外切(528)

C.《漢語大詞典》的 guài-guì 歧異

擓　[guài《廣韻》古外切](6－921)

襘　[guì《廣韻》古外切](7－966)

D.《中文大辭典》的 kuài-guài 歧異

檜　[玉篇]骨外切 kuài(7－879)

膾　[集韻]古外切 guài(10－242)

E.《漢語大詞典》與《中文大辭典》的 kuài-guì 歧異

嬒　kuài《集韻》古外切(大詞典3－870)

嶒　[集韻]古外切　guì(中文3－975)

F.《漢語大字典》與《中文大辭典》的 huì-kuài 歧異

澮　(二) huì《廣韻》古外切(大字典740)

澮　甲.[廣韻]古外切　kuài(中文5－1614)

G.《辭源》修訂本與《中文大辭典》的 kuài-guài 歧異

詹　kuài 古外切(辭源2－1026)

詹　[廣韻]古外切 guài(中文3－1346)

H.《辭源》修訂本與《中文大辭典》的 guì-guài 歧異

獪　guì《集韻》古外切(辭源3－2146)

　　瘔　甲.〔集韻〕古外切 guài（中文 6 - 808）

　　古外切爲見母泰韻合口，歧成了四類今音。guài、guì 二音，聲母聲調不誤，韻母的 uai、uei 歧異是牙音泰韻合口歷史音變的模糊性所致。至於與反切不合的 huì、kuài 二音，則與同小韻之字的特殊情況有關：古（骨）外切小韻之中，"會、繪"另有黃外切-huì 音，"噲、璯"另有苦夬切-kuài 音，"會_{會計}、膾"異變爲 kuài，因此在古外切書卷字當中引發 huì、kuài 兩類誤音。

　　5. 五（宜）佳切的 yā-ái-yái-yá 歧異
　　A.《中文大辭典》的 yái-yá 歧異
　　倪　乙.〔集韻〕宜佳切 yái（1 - 1097）
　　雅　甲.〔廣韻〕五佳切 yá（6 - 202）
　　B.《漢語大詞典》與《辭源》修訂本的 ái-yá 歧異
　　喍　〔ái《集韻》宜佳切〕（大詞典 3 - 492）
　　喍　yá《集韻》宜佳切（辭源 1 - 547）
　　C.《中文大辭典》與《漢語大字典》的 yā-yá 歧異
　　齚　乙.〔廣韻〕五佳切 yā（中文 10 - 1124）
　　齚　（一）yá《廣韻》五佳切（大字典 1990）

　　五（宜）佳切爲疑母佳韻開口，喉牙音佳韻開口韻母後來分化爲 ai、iai、ia，該組今音的 ái-yái-yá 歧異，就是這種音變模糊性所致。至於 yā 音則是昧於濁音平聲演變常識而産生的誤注。

三、聲調歷史綫索模糊而引發的今音歧異

　　中古清音聲母入聲在現代漢語普通話中，或爲陰平——"氆、潑、發"之類，或爲陽平——"博、德、福"之類，或爲上聲——"筆、谷、渴"之類，或爲去聲——"壁、魄、腹"之類。這種入派多聲的現象，分化條件不大明朗，歷史音變綫索存在一定的模糊性，古今音折合因之也就存在一定的彈性，因而在有關書卷字當中引發今音

聲調歧異。下面先看一書之内的情況。

1. 安盍切的 é-è 歧異

鰪　（一）é《廣韻》安盍切(大字典1954)

盫　è《廣韻》安盍切(大字典376)

2. 錯合切的 cā-cà 歧異

傪　（四）cā《集韻》錯合切(大字典91)

磣　（二）cà《集韻》錯合切(大字典1026)

3. 德合切的 dā-dá 歧異

匒　［集韻］德合切 dā(中文2－91)

溚　［集韻］德合切 dá(中文5－1447)

4. 苦盍切的 kē-kè 歧異

轄　［kē《廣韻》苦盍切］(大詞典9－1308)

榼　［kè《廣韻》苦盍切］(大詞典9－123)

5. 蘇各切的 suǒ-suò 歧異

鞡　suǒ 蘇各切(辭源4－3370)

溹　suò 蘇各切(辭源3－1859)

6. 烏(一)結切的 yē-yè 歧異

曀　丙.［集韻］一結切 yē(中文4－1411)

糦　［廣韻］烏結切 yè(中文7－206)

安盍切爲影母盍韻,錯合切爲清母合韻,德合切爲端母合韻,苦盍切爲溪母盍韻,蘇各切爲心母鐸韻開口,烏(一)結切爲影母屑韻開口,各例今音之注,聲母韻母都没有錯誤,聲調歧異是清入調類分化綫索的模糊性所致。

書内歧異之外還有書與書之間的歧異,而且這種外亂和内亂往往是交織在一起的。例如:

1. 側洽切的 zhǎ-zhá 歧異

喥　［集韻］側洽切 zhǎ(中文2－672)

呰　zhá《集韻》側洽切（大字典 249）

側洽切爲莊母洽韻，zhǎ、zhá 二音聲母韻母不誤，上聲和陽平的歧異是清入分化綫索的模糊性所致。

2. 許激切的 xī-xì 歧異

赦　xī《廣韻》許激切（大字典 1461）

赦　甲．［廣韻］許激切 xì（中文 8‑1452）

許激切爲曉母錫韻開口，xī、xì 二音，聲母韻母不誤，陰平和去聲的歧異是清入分化綫索的模糊性所致。

3. 北角切的 bō-bó 歧異

A.《漢語大字典》的 bō-bó 歧異

礴　（三）bō《集韻》北角切（1109）

膊　bó《廣韻》北角切（890）

B.《中文大辭典》與《漢語大字典》的 bō-bó 歧異

曝　甲．［廣韻］北角切 bō（中文 2‑956）

曝　（一）bó《廣韻》北角切（大字典 294）

北角切爲幫母覺韻，bō、bó 二音聲母韻母不誤，陰平和陽平的歧異是清入分化綫索的模糊性所致。

4. 楚（測）洽切的 chā-chá 歧異

A.《中文大辭典》的 chā-chá 歧異

捷　乙．［集韻］測洽切 chā（4‑621）

扱　甲．［廣韻］楚洽切 chá（4‑456、457）

B.《漢語大字典》與《中文大辭典》的 chā-chá 歧異

接　（三）chā《集韻》測洽切（大字典 800）

接　乙．［集韻］測洽切 chá（中文 4‑606）

楚（測）洽切爲初母洽韻，chā、chá 二音聲母韻母不誤，陰平和陽平的歧異是清入分化綫索的模糊性所致。

5. 旨熱(之列)切的 zhè-zhé 歧異

A.《漢語大字典》的 zhè-zhé 歧異

聇　zhè《廣韻》旨熱切(870)

斳　zhé《集韻》之列切(441)

B.《中文大辭典》的 zhè-zhé 歧異

斪　丙.［集韻］之列切 zhè(1－1017)

靳　乙.［廣韻］旨熱切 zhé(9－1649)

C.《中文大辭典》與《漢語大字典》的 zhè-zhé 歧異

茡　［集韻］之列切 zhè(中文 7－1542)

茡　zhé《集韻》之列切(大字典 1339)

旨熱(之列)切爲章母薛韻開口,zhè、zhé 二音聲母韻母不誤,聲調歧異是清音入聲調類演變的模糊性所致。

從歧異的層次上看,以上説的還只是單重的情況,此外還有多重的歧異格局。例如:

1. 并(必)列切的 biē-bié-biè 歧異

A.《辭源》修訂本的 biē-bié 歧異

鷩　bì　biē 必袂切　并列切①(4－3547)

鷩　bié 並列切②(4－3539)

B.《漢語大字典》與《中文大辭典》的 biē-bié 歧異

瘪　biē《集韻》必列切(大字典 1119)

瘪　［集韻］必列切 bié(中文 6－777)

C.《漢語大字典》與《中文大辭典》的 biē-biè 歧異

墼　biē《廣韻》并列切(大字典 205)

---

① biē 音來自并列切。

② 切上字實爲"并",在引證中被誤成了"並"。

　　墼　［廣韻］并列切 biè(中文 2－1288)

　　并(必)列切爲幫母薛韻開口, biē、bié、biè 三音, 聲母韻母不誤, 聲調歧異是清入調類演變綫索的模糊性所致。

　　2. 思積切的 xī-xí-xì 歧異

　　A.《漢語大字典》的 xī-xì 歧異

　　碏　(二) xī《集韻》思積切(1018)

　　潟　xì《廣韻》思積切(732)

　　B.《中文大辭典》的 xí-xì 歧異

　　猲　乙.［集韻］思積切 xí(6－231)

　　磶　［廣韻］思積切 xì(6－1364)

　　C.《漢語大字典》與《中文大辭典》的 xī-xí 歧異

　　焟　xī《廣韻》思積切(大字典924)

　　焟　［集韻］思積切 xí(中文 5－1751)

　　D.《中文大辭典》與《漢語大字典》的 xí-xì 歧異

　　槢　［集韻］思積切 xí(中文 5－481)

　　槢　xì《集韻》思積切(大字典544)

　　E.《漢語大字典》與《中文大辭典》的 xī-xì 歧異

　　鷋　xī《廣韻》思積切(大字典1918)

　　鷋　［廣韻］思積切 xì(中文 10－724)

　　思積切爲心母昔韻開口, 各例今音聲母韻母不誤, 三類聲調的歧異是清入分化綫索的模糊性所致。

　　3. 之翼(質力)切的 zhī-zhì-zhí 歧異

　　A.《漢語大字典》的 zhī-zhí 歧異

　　戠　(一) zhī《廣韻》之翼切(592)

　　蟙　zhí《廣韻》之翼切(1207)

　　B.《漢語大字典》與《中文大辭典》的 zhī-zhí 歧異

職　zhī《廣韻》之翼切（大字典1389）

職　［集韻］質力切 zhí（中文8-267）

C.《漢語大字典》與《中文大辭典》的 zhì-zhí 歧異

昵　（三）zhì《集韻》質力切（大字典632）

昵　丁.［集韻］質力切 zhí（中文4-1273）

之翼（質力）切爲章母職韻開口，zhī、zhì、zhí 三音，聲母韻母不誤，聲調歧異是清入演變綫索的模糊性所致。

4. 他（託）協切的 tiē-tiē-tié-tiè 歧異

A.《漢語大字典》的 tiē-tiè 歧異

詀　（五）tiē《集韻》託協切（1645）

甛　tiè《集韻》託協切（1977）

B.《中文大辭典》的 tiē-tiē-tiè 歧異

摩　乙.［集韻］託協切 tiē（4-823）

踥　乙.［集韻］託協切 tiē（8-1602）

聾　甲.［集韻］他協切 tiè①（10-1072）

C.《辭源》修訂本的 tiē-tiè 歧異

跕　1. tiē 他協切（4-2994）

鮎　tiè《集韻》託協切（4-3373）

D.《漢語大詞典》的 tiē-tiè 歧異

怗₁　［tiē《廣韻》他協切］（7-474）

黏₂　［tiè《集韻》託協切］（12-1023）

E.《中文大辭典》與《漢語大字典》的 tiē-tiē 歧異

蝶　甲.［廣韻］他協切 tiē（中文8-421、422）

蝶　（二）tiē《廣韻》他協切（大字典1196）

F.《中文大辭典》與《漢語大字典》的 tiē-tiè 歧異

---

① 切上字本爲"託"，在引證中被換成了地位相同的"他"字。

碟　乙．［廣韻］他協切 tiē(中文 7－1268)

碟　（二）tiè《廣韻》他協切（大字典 1228)

G.《中文大辭典》與《漢語大字典》的 tiē-tiè 歧異

狧　［集韻］託協切 tiè(中文 6－169)

狧　tiè《集韻》託協切（大字典 563)

H.《中文大辭典》與《辭源》修訂本的 tiē-tiè 歧異

呫　甲．［廣韻］他協切 tiē(中文 2－670)

呫　1.tiè 他協切（辭源 1－499)

I.《漢語大詞典》與《中文大辭典》的 tié-tiè 歧異

鮎₁　［tié《廣韻》他協切]（大詞典 12－190)

鮎　甲．［廣韻］他協切 tiē(中文 9－1642)

　　他(託)協切爲透母帖韻,各例今音聲母韻母不誤,四類聲調的歧異是清入分化線索的模糊性所致。

5. 資昔切的 jī-jǐ-jì-jí 歧異

A.《漢語大字典》的 jī-jǐ-jì-jí 歧異

呰　（三）jī《集韻》資昔切(258)

嵴　jǐ《集韻》資昔切(333)

襀　jì《廣韻》資昔切(1296)

葊　jí《集韻》資昔切(1361)

B.《中文大辭典》的 jī-jí 歧異

遺　乙．［集韻］資昔切 jī(9－208)

蹐　［廣韻］資昔切 jí(8－1610)

C.《中文大辭典》與《辭源》修訂本的 jī-jí 歧異

蹟　乙．［廣韻］資昔切 jī(中文 8－452)

蹟　jí 資昔切（辭源 4－2781)

D.《中文大辭典》與《漢語大字典》的 jī-jí 歧異

楮　［集韻］資昔切 jī(中文 5－383)

楮 jí《集韻》資昔切（大字典 533）

資昔切爲精母昔韻開口，各例今音，聲母韻母不誤，四類聲調的歧異是清入分化綫索的模糊性所致。

有些清入口語字詞存在今音異讀——源於同一個清入音節的聲調異讀，海峽兩岸都對這類異讀作過精簡，但在取捨方面存在分歧。這種分歧與清入調類演變的模糊性現象相互交織，由此引發的今音歧異往往帶有明顯的地域性分野。例如：

1. 倉（麤）括切的 cuō-cuò 歧異
A.《辭源》修訂本與《中文大辭典》的 cuō-cuò 歧異
襊 2. cuō 倉括切（辭源 4－2837）
襊 乙.［廣韻］倉括切 cuò（中文 8－714）
B.《漢語大字典》與《中文大辭典》的 cuō-cuò 歧異
鼈 cuō《集韻》麤括切（大字典 1974）
鼈 ［集韻］麤括切 cuò（中文 10－1040）

倉（麤）括切爲清母末韻，cuō、cuò 二音，聲母韻母不誤，聲調則存在陰平和去聲的歧異。查該小韻書卷字，《漢語大字典》等大陸三書都是一律注爲陰平；《中文大辭典》則是一律注爲去聲，海峽兩岸存在陰平與去聲的分野。關於這種歧異格局的形成，客觀上的清入缺乏演變規律只是問題的一個方面，除此之外，還有徑依同小韻之字類推的問題。依同小韻之字而類推的作法，一般是抓住口語字詞而行事。該小韻的口語詞“撮”，今音曾有陰平和去聲二讀，《國音常用字彙》選取去聲爲規範音①。1949 年以後，大陸方面改定陰平爲規範音，同時淘汰了去聲之讀②，而臺灣方面則有

① 參看《國音標準彙編·常用字彙》，上海開明書店，1947 年，第 57 頁。
② 參看徐世榮《普通話異讀詞審音表釋例》，語文出版社，1997 年，第 36 頁。

些不同,在一些有影響性和代表性的字詞典中,或沿襲舊章以去聲爲規範音,或以異讀關係並存 cuō、cuò 二音①。給該小韻書卷字確定今音時,以"撮"的今音爲參照系,《漢語大字典》等大陸三部辭書依其陰平之讀類推,《中文大辭典》依其去聲之讀類推,海峽兩岸陰平與去聲的兩大分野由此而形成。口語字詞的今音混亂現象是引發兩岸分野的一個重要基礎。

2. 職悦(朱劣)切的 zhuō-zhuó 歧異

A.《漢語大字典》的 zhuō-zhuó 歧異

蝃　　(二) zhuō《廣韻》職悦切(1196)

酻　　zhuó《集韻》朱劣切(1494)

B.《漢語大字典》與《中文大辭典》的 zhuō-zhuó 歧異

蚰　　(二) zhuō《廣韻》職悦切(大字典 1187)

蚰　　丙.[廣韻]職悦切 zhuó(中文 8－364、365)

C.《漢語大詞典》與《中文大辭典》的 zhuō-zhuó 歧異

烵　　[zhuō《廣韻》職悦切](大詞典 7－57)

烵　　甲.[廣韻]職悦切 zhuó(中文 5－1709)

D.《辭源》修訂本與《中文大辭典》的 zhuō-zhuó 歧異

掇　　2. zhuō《集韻》朱劣切(辭源 2－1273)

掇　　丙.[集韻]朱劣切 zhuó(中文 4－618)

職悦(朱劣)切爲章母薛韻合口,zhuō、zhuó 二音,聲母韻母不誤,聲調則歧成了兩類。該小韻書卷字,大陸三部辭書或大都注作陰平,或全作陰平:《漢語大字典》zhuō 音 11 例、zhuó 音 2 例,《漢語大詞典》zhuō 音 7 例,《辭源》修訂本 zhuō 音 4 例、zhuó 音 1 例,至於《中文大辭典》,則是全作陽平,海峽兩岸存在陰平和陽平

---

① 《中文大辭典》和《國民常用標準字典》等取 cuò 音之讀,《重編國語辭典》和《重編國語辭典修訂本》(網路版)等則以異讀關係並存 cuō、cuò 二音。

的分歧。關於這種歧異格局的形成,除了清入缺乏演變規律這個客觀因素之外,還有徑依同小韻之字而類推的主觀原因。該小韻的口語詞"拙",《國音常用字彙》以陽平爲規範音①,1949 年以後,大陸方面改定陰平爲規範音②,而臺灣方面則一直遵循舊標準,以陽平爲規範音③。給該小韻書卷字確定今音時,以"拙"的今音爲比照標本,《漢語大字典》等大陸三書多依其陰平之讀類推,《中文大辭典》全依其陽平之讀類推,兩岸注音或以陰平爲主體、或全爲陽平的兩大分野由此而形成。口語字詞的今音混亂現象,這種尚待規範的歷史遺留問題是導致兩岸書卷字今音分野的重要原因之一。

　　當清入現象與其他的致誤(致亂)因素相交織時,往往引發亂上加亂的多重歧異格局。例如:

1. 初八(戞)切的 chài-chá-chà 歧異
A.《漢語大字典》的 chá-chà 歧異
槎　(一) chá《廣韻》初八切(539)
縒　chà《玉篇》初八切(1973)
B.《中文大辭典》與《漢語大字典》的 chài-chà 歧異
鹺　[廣韻]初八切　[集韻]初戞切 chài(中文 10－1131)
鹺　chà《集韻》初戞切(大字典 1992)

　　初八(戞)切爲初母黠韻開口,chá、chà 二音聲母韻母不誤,聲調歧異是清入調類演變的模糊性所致。至於 chài 音,則是不明歷史音變常識所致。

---

① 參看《國音標準彙編·常用字彙》,上海開明書店,1947 年,第 44 頁。
② 參看徐世榮《普通話異讀詞審音表釋例》,語文出版社,1997 年,第 265 頁。
③ 《中文大辭典》、《國民常用標準字典》、《重編國語辭典》、《重編國語辭典修訂本》(網路版)等,都注作 zhuó 音。

2. 於決(乙穴、一決、伊決)切的 jué-yuě-yuè 歧異

A.《漢語大字典》的 yuě-yuè 歧異

揻 　yuě《龍龕手鑑》伊決反(804)

突 　yuè《廣韻》於決切(1138)

B.《中文大辭典》的 jué-yuè 歧異

鈌 　甲.[廣韻]乙穴切 jué(9−646、647)

決 　甲.[廣韻]於決切 yuè(3−73)

C.《中文大辭典》與《漢語大字典》的 jué-yuè 歧異

敏 　[集韻]一決切 jué(中文7−1198)

敏 　yuè《集韻》一決切(大字典1270)

　　於決(乙穴、一決、伊決)切爲影母屑韻合口,yuě、yuè 二音,聲母韻母不誤,聲調歧異是清入調類演變綫索的模糊性所致。與反切不合的 jué 音是誤移所致:該小韻的"抉、決"等字,另有古穴切一音,因此在於決(乙穴、一決)切書卷字當中引發誤移音 jué。

3. 於(乙)業切的 yān-yé-yè 歧異

A.《中文大辭典》yān-yè 歧異

浥 　乙.[集韻]又業切 yān①(5−1197)

掩 　丁.[集韻]乙業切 yè(4−633)

B.《漢語大字典》與《中文大辭典》的 yé-yè 歧異

悒 　(一)yé《廣韻》於業切(大字典313)

悒 　甲.[廣韻]於業切 yè(中文3−1144)

　　於(乙)業切爲影母業韻,yé、yè 二音,聲母韻母不誤,聲調歧異是清入調類演變的模糊性所致。與反切不合的 yān 音是誤移所

---

　　① "又業切"的切上字應爲"乙",作"又"是沿襲《集韻》誤本之誤,參看邱榮鐥《集韻研究》,臺北卓少蘭印行,1974年,第1175頁。注中今音的折合失誤與切上字之誤無關。

致：該小韻的"淹、腌"等字，另有衣廉切之讀，因此在於(乙)業切書卷字當中引發誤移音 yān。

4. 阻力(札色)切的 cè-zè-zé 歧異

A. 《中文大辭典》的 zè-zé 歧異

捌　甲. [廣韻]阻力切 zè(4－683)

萴　甲. [廣韻]阻力切 zé(7－1680)

B. 《中文大辭典》與《漢語大字典》的 cè-zè 歧異

鶒　[集韻]札色切 cè(中文 10－724)

鶒　(一) zè《集韻》札色切(大字典 1918)

　阻力(札色)切爲莊母職韻開口，zè、zé 二音，聲母韻母不誤，聲調歧異是清入調類演變的模糊性所致。至於 cè 音，則是另一原因所致：該小韻的"側"字今音異變爲 cè，因此在同小韻書卷字當中引發誤音 cè。

　上述多重歧異，還只是清入模糊性外加一類其他致誤(致亂)因素而形成的情況，下面再看外加多類致誤(致亂)因素而致亂上加亂的格局。

1. 許(黑、呼)角切的 huò-xiāo-xuē-xuè 歧異

A. 《漢語大字典》的 huò-xiāo-xuē-xuè 歧異

邀　huò《龍龕手鑑》呼角反(1621)

捇　xiāo《龍龕手鑑·手部》："捇，呼角反。"(788)

哮　(二) xuē《集韻》黑角切(263)

吒　(一) xuè《廣韻》許角切(248)

B. 《中文大辭典》與《漢語大字典》的 xiāo-xuè 歧異

滈　乙. [廣韻]許角切 xiāo(中文 5－1425)

滈　(二) xuè《廣韻》許角切(大字典 716)

　許(黑、呼)角切爲曉母覺韻，xuē、xuè 二音聲母韻母不誤，聲

調歧異是清入調類演變綫索的模糊性所致。與反切不相合的 huò 音則是其他原因所致：覺韻後來發生了分化，喉牙音字變爲 üe，舌齒音字才變爲 uo，不明這種音變條件，誤依甲類聲韻條件下的規律折合乙類聲韻結構的今音，誤音 huò 也就這樣形成了。至於 xiāo 音，則是誤移所致：該小韻的"嗃、謞、哮"等字，另有虛交切之讀，因此在許(黑、呼)角切書卷字當中引發誤移音 xiāo。

2. 憂(鬱、烏)縛切的 huò-wò-yuē-yuè 歧異

A.《漢語大字典》的 yuē-yuè 歧異

玃　yuē《集韻》鬱縛切(1081)

玃　yuè《廣韻》憂縛切(456)

B.《漢語大字典》的 huò-yuè 歧異

臒　(一) huò《玉篇》烏縛切(1279)

臒　(二) yuè《廣韻》憂縛切(889)

C.《中文大辭典》與《漢語大字典》的 huò-wò——yuè 歧異

曤　[集韻]鬱縛切 huò　wò(中文4－1422)

曤　yuè《集韻》鬱縛切(大字典647)

憂(鬱、烏)縛切爲影母藥韻合口，yuē、yuè 二音，聲母韻母不誤，聲調歧異是清入調類演變的模糊性所致。與反切不相合的 huò、wò 二音則是誤移所致：該小韻的"蒦、彠"和"蠖、曤"，前者另有胡陌切之讀，後者另有屋虢切之讀，因此在憂(鬱、烏)縛切書卷字當中引發誤移音 huò、wò。

3. 古活切的 guā-kuò-guō-guò-guó 歧異

A.《漢語大字典》的 guā-guō 歧異

睯　(二) guā《集韻》古活切(1039)

湉　guō《廣韻》古活切(729)

B.《辭源》修訂本的 guō-guó 歧異

活　2. guō 古活切(3－1782)

蘜　　guó 古活切(4－2709)

C.《中文大辭典》與《漢語大字典》的 guā-kuò 歧異

頢　　甲.［廣韻］古活切 guā(中文 10－24)

頢　　kuò《廣韻》古活切(大字典 1817)

D.《中文大辭典》與《漢語大字典》的 guā-guó 歧異

趏　　乙.［集韻］古活切 guā(中文 6－541)

趏　　(二) guó《集韻》古活切(大字典 1110)

E.《漢語大字典》與《中文大辭典》的 kuò-guò 歧異

銛　　(一) kuò《集韻》古活切(大字典 1989)

銛　　甲.［廣韻］古活切 guò(中文 10－1121)

　　古活切爲見母末韻,guō、guó、guò 三音,聲母韻母是對的,聲調歧異是清入調類演變的模糊性所致。與反切不相合的 guā、kuò 二音則是誤移所致：該小韻當中,"銛"字另有古刹切之讀,"括、蛞、佸"等另有苦活切之讀,因此在古活切書卷字當中引發誤移音 guā、kuò。

　　4. 恰(丘)八切的 jié-qiè-qiā-qiá-qià 歧異

A.《漢語大字典》的 qiā-qià 歧異

擖　　(一) qiā《廣韻》恰八切(820)

蘜　　qià《廣韻》恰八切(1364)

B.《中文大辭典》的 jié-qiá-qià 歧異

䕸　　［廣韻］恰八切 jié(6－1200)

劼　　甲.［廣韻］恰八切 qiá(2－26)

鍻　　［集韻］丘八切 qià(10－648)

C.《中文大辭典》與《漢語大詞典》的 jié-qià 歧異

刮　　甲.［廣韻］恰八切 jié(中文 1－1692)

刮　　[qià《廣韻》恰八切](大詞典 2－649)

D.《中文大辭典》與《漢語大字典》的 qiè-qià 歧異

結　丁.［集韻］丘八切 qiè(中文 10－636)

鮚　(二) qià《集韻》丘八切(大字典 1946)

恪(丘)八切爲溪母黠韻開口，qiā、qiá、qià 三音，聲母韻母不誤，聲調歧異是清入調類演變的模糊性所致；與反切不相合的 jié、qiè 二音則是誤移所致：該小韻的"鮚、絜"和"挈"，前者另有吉屑切之讀，後者另有詰結切之讀，因此在恪(丘)八切書卷字當中引發誤移音 jié、qiè。

5. 許訖切的 qì-yì-xī-xí-xì 歧異

A.《漢語大字典》的 qì-xī-xì 歧異

肐　(一) qì《玉篇》許訖切(857)

肟　xī《玉篇》許訖切(859)

鈢　(一) xì《五音集韻》許訖切(1847)

B.《中文大辭典》的 qì-yì-xī-xì 歧異

忔　甲.［廣韻］許訖切 qì(3－1717)

仡　甲.［廣韻］許訖切 yì(1－810)

餏　［集韻］許訖切 xī(10－204)

鈢　甲.［廣韻］許訖切 xì(9－644)

C.《辭源》修訂本與《中文大辭典》的 qì-xì 歧異

扢　2. qì《集韻》許訖切(辭源 2－1213)

扢　戊.［集韻］許訖切 xì(中文 4－424)

D.《漢語大字典》與《中文大辭典》的 xī-xì 歧異

諰　(一) xī《廣韻》許訖切(大字典 1655)

諰　甲.［廣韻］許訖切 xì(中文 8－998)

E.《漢語大字典》與《中文大辭典》的 xí-xì 歧異

茴　(二) xí《廣韻》許訖切①(大字典 1341)

---

① 該字頭許訖切的今音 xí，《漢語大字典》第二版已更改爲 xǐ。

茵　乙.［廣韻］許訖切 xì(中文 7－1553)

許訖切爲曉母迄韻，xī、xí、xì 三音，聲母韻母不誤，聲調歧異是清入調類演變綫索的模糊性所致。與反切不相合的 qì、yì 二音則是其他原因所致：該小韻之字，"氣"另有欺訖切-qì 音，"汽"另有丘既切-qì 音，"迄"異變爲 qì，"忥、忔、仡"幾字另有魚乙切-yì 音，因此在許訖切書卷字當中引發 qì、yì 兩類誤音。

第十一節　因改讀而引發的今音歧異

四部辭書裏，"同某"、"通某"、"與某同"、"與某通"、"後作某"之類注釋形式，意謂被注字與某一個字在意義(用法)上存在相同、相通的關係。有一些互"同"("通")之字，它們在語音方面並不是全同的關係，四部辭書給這類"關係字"確定今音時，存在改變本讀以求同音的作法。例如：

1A. 蚕　(二) tiǎn《廣韻》他典切　［蜸蚕］蚯蚓。(大字典 1183)

1B. 蚕　tiǎn《改併四聲篇海》引《川篇》徒典切　［蜸蚕］也作"蜸蚕"。蚯蚓。(大字典 1183)

2A. 詛　丙.［集韻］壯所切 zǔ　① 呪也。(中文 8－937)

2B. 禮　［集韻］莊助切 zǔ　④ 與詛同。(中文 6－1482)

3A. 撤　chè《廣韻》丑列切　① 除去；去掉。(大字典 824)

3B. 池　(三) chè《洪武正韻》直列切　通"撤"。除去。(大字典 653)

4A. 讞　yàn《廣韻》魚蹇切　又魚列切　《集韻》魚戰切　① 審判定罪。(大字典 1679)

4B. 瀛　(三) yàn《廣韻》魚列切　議罪。後作"讞"。(大字典 755)

5A. 蘊　（一）yùn《廣韻》於問切　① 積聚。（大字典1385）

5B. 菀　（三）yùn《集韻》委隕切　通"蘊"。積聚；鬱結。
　　　（大字典1350）

5C. 苑　（四）yùn《經典釋文》于粉反　通"蘊"。積聚；鬱
　　　結。（大字典1331）

　　1A 的今音 tiǎn 來自他典切——其他各組當中的 A 例，情況亦
然，都是來自各注所示之反切；1B 的 tiǎn 音與徒典切不合，該被注
字沒有與 tiǎn 相應的古音——其他各組當中的 B（C）例，情況亦
然。考察各組內部相互間的情況可以看出，B（C）例的今音，都不
是反切折合失誤所致，而是改讀的結果——由於"相同（相通）"的
緣故，改變本讀而依就 A 例的今音。互同（互通）之字，既有一對
一之類，也有一對多之類，通過就一方、改一方（或幾方）的變通處
置，各方的今音達成了一致。

　　從字義方面看，"蚿"與他典切的"蚕"，是全同的關係；其他各
組，則不是全同關係。即以"禠-詛"組來說，"禠"僅有一個義項跟
"詛"相同，其餘義項則不存在相同關係——其他幾組非全同關係
之字情況亦然。總的來說，字義全同和不全同的"關係字"，都存
在改讀的現象。

　　以上論列的改讀處置，都在義項表述裏明確交代了"同（通）"
之類改讀條件，此外還有一些改讀則是在不曾提及"同（通）"之類
條件的情況下進行的。例如：

6A. 邰　（一）hé《廣韻》侯閤切　2. 水名。清段玉裁《說文
　　　解字注·邑部》："邰，今《詩》邰作洽。《水經注》引
　　　亦作邰。"（大字典1568）

6B. 洽　（二）hé《集韻》葛合切　古水名。源出陝西省邰陽
　　　縣北部，東南流入黃河。（大字典677）

　　"邰、洽"實屬通假關係，6A 有侯閤切-hé 音，6B 則無。後者

的今音 hé，顯然是改讀的結果——義項表述當中，雖未交代"相通"情況，但在今音之注當中按"相通"條件實施了改讀處置。

上述改讀處置，都發生在古音不相同的情況下，此外還有一些改讀處置，則是在古音相同的情況下進行的。例如：

7A.　帆　（一）fān《廣韻》符芝切（大字典 307）

7B.　颿　fān《廣韻》符芝切　②同"帆"。（大字典 1866）

符芝切爲奉母凡韻，比照歷史音變規律來看，今音本應爲 fán，但該小韻的"帆"字却已異變爲 fān①。A 例注的就是這種與反切不相合的既成讀音，B 例則是因"同'帆'"的緣故而改從 fān 音。語音異變使"帆"字產生了偏離反切的讀法，中古同音的"關係字""颿"，要讓它的今音與這個 fān 音保持一致，自然要通過改讀來實現。

改讀以求同音的處置，在四部辭書中雖有存在，但並沒有做到一以貫之，各書都存在一些具備了"同（通）"條件而沒有改讀的情況。例如：

1A.　𰽌　nàn《集韻》奴紺切　揉皮革。（大字典 1150）

1B.　𦨖　bèi《改併四聲篇海》引《搜真玉鏡》被美切　同"𰽌"。揉皮革。（大字典 1150）

2A.　晅　xuān《集韻》許元切　①日氣。（大字典 633）

2B.　晅　xuǎn《集韻》火遠切　同"晅"。日氣。（大字典 643）

前一組，"𦨖"雖然"同'𰽌'"，但並沒有改讀以就奴紺切- nàn 音，而是依用本身的被美切-bèi 音。後一組，"晅"雖然"同'晅'"，但並沒有改讀以就許元切-xuān 音，而是依用本身的火遠切-

---

①　關於語音異變與今音歧異問題，參看本書上篇第八節。

xuǎn 音。

甚至在一字與多字相對應的字群中,還有此字改讀而彼字却不改讀的情況。例如:

3A.　玭　pín《廣韻》步真切　① 珍珠。② 蚌名。(大字典 464)

3B.　琕　(一)pín《廣韻》部田切　同"玭"。珠名。(大字典 472)

3C.　瓓　(二)pián《集韻》蒲眠切　同"玭"。珠名。(大字典 481)

"琕、瓓"二字都"同'玭'",前一字改變本讀而依從"玭"字之音,後一字則不曾改讀,而是依本身的反切折合今音。同樣的被注對象,其今音處置却有或改讀或不改讀之別。

"朒-䏶"組是字義全同而不改讀的情況;"玭-琕-瓓"組,則是非全同字義關係或改讀或不改讀之類。

條件相同的被注對象缺乏同一性的處置體例,這種或改讀或不改讀的情況,往往造成四部辭書之間的注音參差——同一個被注字甲書注改讀音而乙書注本有音,因書而異的今音歧異局面就這樣形成了。相對來說,改讀和不改讀這兩種情況,前者多見於大陸三部辭書,後者則多見於臺灣的《中文大辭典》,由改讀而引發的今音歧異在較大程度上反映的是海峽兩岸的注音分歧。下面論列幾組例子。

1. "蒩"字的 jí-jiè 歧異

1A.　蒩　(三)jí《集韻》慈夜切　同"藉"。雜亂;盛多。(大字典 1360)

1B.　蒩　己.[集韻]慈夜切 jiè　祭藉也。與藉同。(中文 7 - 1754)

“藉”有秦昔切-jí 音，“菹”則無之，前一例因“同‘藉’”的緣故，改本讀而從“藉”音；後一例雖然也認爲“與藉同”，但並没有改讀，仍是依用慈夜切之音。或改讀或不改讀，由此而引發 jí-jiè 歧異。

2. “沏”字的 shè-kū 歧異

2A. 沏　2. shè　②通“涉”。（辭源 3 - 1766）

2B. 沏　乙.［廣韻］苦骨切 kū　②與涉同。（中文 5 - 1081）

“涉”有時攝切-shè 音，“沏”則無之，前一例因“通‘涉’”的緣故，改本讀而從“涉”音；後一例雖然也認爲“與涉同”，但没有改讀，仍是依用苦骨切之音。或改讀或不改讀，由此而引發 shè-kū 歧異。

3. “睍”字的 xiàn-niàn 歧異

3A. 睍　xiàn《廣韻》奴甸切　①同“晛”。（大字典 646）

3B. 睍　niàn 奴甸切　日光。同“晛”。（辭源 2 - 1452）

“晛”有胡典切-xiàn 音，“睍”則無之，前一例因“同‘晛’”而改從其音；後一例雖也認爲“同‘晛’”，但仍依用本有之音。或改讀或不改讀，由此而形成 xiàn-niàn 歧異。

4. “怞”字的 chōu-chóu 歧異

4A. 怞　1. chōu 直由切　①擾動，不平静。《説文》“怞”引《詩》：“憂心且怞。”今《詩·小雅·鼓鐘》作“妯”。（辭源 2 - 1108）

4B. 怞　(一) chóu《廣韻》直由切　傷悼；憂恐。朱駿聲通訓定聲：“《毛詩·鼓鐘》作‘憂心且妯’。傳：‘動也。’是三家詩借怞爲妯。”（大字典 956）

“妯”有丑鳩切-chōu 音，“怞”則無之，前一例因“今《詩》作‘妯’”的緣故而改從“妯”音；後一例雖然認同“借怞爲妯”之説，但没有改讀，仍是依用本身的直由切之音。或改讀或不改讀，由此而引發 chōu-chóu 歧異。

　　這幾組的共同點是,歧異的雙方都具備了改讀條件,這種情況下出現的改讀與否問題,純然是隨意性所致。另外還有一些改讀與否的分歧,其中不改讀的一方則是事出有因的。例如:

　　1.“偰”字的　xiè-xī 歧異

　　1A.　偰　xiè《集韻》息七切　〔偰偲〕也作“偲偰”。搖動。
　　　　（大字典 353）

　　1B.　偰　〔集韻〕息七切 xī　① 偰偲搖也。② 與偲同。（中
　　　　文 3－1675）

　　1A 是改變本讀而就“偰”音;1B 未依“偰”音改讀,而是依用本身的息七切之音。現將“偰”字的注音開列如下,以便進一步考察:

　　1C.　偲　（一）xiè《廣韻》先結切　②〔偲偰〕動。（大字
　　　　典 89）

　　1D.　偲　甲.〔廣韻〕先結切 xiè　⑤ 動也。〔廣韻〕偲、偲偰、
　　　　　　乙.〔廣韻〕息七切 xī　　動也。（中文 1－1185）

　　1C 選取先結切-xiè 一音,顯示的是一個唯一的“標本”,正是源於這一前提,才可發生 1A 依就“偰”字先結切-xiè 音的改讀現象;至於 1D,則是並列先結切-xiè 和息七切-xī 二音,顯示的是一個兩可的二音現象——與之相應的 1B,壓根就沒有改本讀以求同音的問題可言,因之只需依用本身的息七切-xī 音。就各書的既成體例來說,1A、1B 的改讀與不改讀,二者各得其宜,並不是有關隨意性而導致的分歧。

　　2.“頜”字的 hé-hàn 歧異

　　2A.　頜　（一）hé《集韻》戶感切　同“頷”。（大字典 872）

　　2B.　頜　甲.〔集韻〕戶感切 hàn　頤也。與頷同。（中文 7－
　　　　1063）

2A 改變本讀而就"頜"音,2B 則是依用本身的户感切-hàn音。現將"頜"字的注音開列如下,以便進一步考察:

2C. 頜 (一) hé《廣韻》古沓切 又胡感切,《集韻》曷閤切
構成口腔上下部的骨骼和肌肉組織。(大字典
1817)

2D. 頜 甲. [廣韻] 胡感切 hàn ① 頤也。顎也。耳下骨
也。② 或作𩒣、頷。(中文 10-23)

"頜"既有曷閤切又有胡感切,2C 取前者,2D 取後者。這種情況下的 2A 和 2B,前者具有改其本讀以求同音的事由和可行性;後者及其相應之字本身已是同音關係,用不着改讀求同。改讀與不改讀,就各書既成的注音現狀來説,二者各得其宜,並不是隨意性而導致的分歧。

3. "噴"字的 pēn-pén 歧異

3A. 噴 (一) pēn《集韻》步奔切 同"噴"。吐。(大字典
277)

3B. 噴 甲. [集韻]步奔切 pén 吐也。(中文 2-884)

前一例以"同噴"爲説,後一例則不取"同噴"之説。查有關歷史文獻而知,步奔切的"噴"字,它的"吐"義,是各家一致的解釋;同"噴"則不是各家一致的認同。取或不取"同噴"説各有其理,都可以成立。前者存在改讀求同的事由和可行性,後者則不存在改讀以求同音的問題。顯然,或改從"噴"字-pēn音,或依用本身的步奔切-pén音,這種改讀與不改讀,就各書既成的注釋現狀來説,屬於各得其宜的處置。

4. "邑"字的 yì-è 歧異

4A. 邑 乙. [集韻]遏合切 yì ① 嗚唈、短氣也。與唈同。
② 阿邑、諂諛迎合貌。③ 與意通。[説文通訓定

聲]邑、叚借爲意、漢書酷吏傳贊、阿邑人主、……
邑、意雙聲。（中文 9－263）

4B.　邑　（二）è《集韻》遏合切　[阿邑]迎合；曲從。《漢
　　　　書·酷吏傳贊》：“張湯以知阿邑人主，與俱上下。”
　　　　王念孫雜志：“邑當音烏合反，阿邑人主，謂曲從人主
　　　　之意也。阿邑雙聲，字或作阿匼。”（大字典 1562）

　　前一例的 yì 音不是來自遏合切，而是依就“唈、意”而改讀的
結果；後一例的 è 音來自遏合切。進一步考察，前一例義項①的
“短氣”和“與‘唈’同”之說實爲定論，但後一例未收，不存在改讀
的基礎；前一例的義項②③實爲一體，與後一例的“[阿邑]迎合、
曲從”義項相同，前者取朱駿聲通“意”說，後者則依王念孫說，取
其烏（遏）合切這一本讀——二說並通，後一例又失去了一個改讀
的事由。至此而知，上述或注改讀音或注本有音的分歧，從一定程
度上講，屬於各得其宜的處置。

　　還有一些被注字，與之相同（相通）的字不止一個，字詞典或
依此相應字改讀；或依彼相應字改讀；或不改其讀，而是並存多個
同義的本讀。例如：

1.　“啁”字的 tiáo-cháo——zhāo-diào 歧異

1A.　啁　（四）tiáo《集韻》徒弔切　戲謔，調笑。（大字典
　　　271）

1B.　啁　2. cháo　② 調笑，詼諧。同“嘲”。（辭源 1－527、
　　　528）

1C.　啁　甲.［廣韻]陟交切 zhāo　② 戲嘑也。嘲笑也。與
　　　　　　　　　　　　　　　　　嘲謿通。
　　　　戊.［集韻]徒弔切 diào　嘑也。與調通。（中文
　　　　　　　　　　　　　　　　　2-826）

　　關於“啁”的“戲謔、調笑、嘲笑”意義，故訓有通“調”、通“嘲”

（謿）"二説①,1A、1B 的 tiáo、cháo 二音,前者是依"調"字改讀的
結果,後者則是依"嘲（謿）"字今音改讀的結果;至於 1C,則是兩
個本讀的並存。三家之注各行其是,以致形成多重歧異。

或改讀,或不改讀,外加反切今音折合失誤,這種情況下所形
成的便是改讀之音與誤音的歧異。例如:

2. "腨"字的 zhuǎn-shàn 歧異

2A.　腨　（一）zhuǎn《集韻》豎兗切　① 同"膊"。切成塊的
肉。② 脛腸。（大字典 874）

2B.　腨　［龍龕手鑑］時兗切 shàn　　脛腸也。（中文 7 –
1079）

"豎兗、時兗"二切,字異而音韻地位實同,屬於禪母獮韻合
口,今音應爲 shuàn。A 例的今音 zhuǎn 不是本乎豎兗切而產生
的誤音,而是依"膊"字改讀的結果。B 例未取同"膊"之説,自然
不會改從"膊"音,而是本乎時兗切置立今音——切下字"兗",韻
母已由獮韻合口異變爲 ian,不明這一情況,按切上下字今音類推
被注字今音,以致誤成 shàn 音②。

或改讀,或不改讀,與此同時還存在取音失誤,這種情況下所
形成的自然也是種種正誤歧異。

其一,改讀音與本有音,前者存在音義搭配失誤,因此形成誤
音與本有音的歧異。例如:

1. "僸"字的 jìn-yǐn 歧異

1A.　僸　（三）jìn《集韻》牛錦切　同"傑"。仰;仰頭。（大
字典 456）

1B.　僸　2. yǐn《集韻》牛錦切　② 仰望。通"傑"。（辭源

---

① 前説見《集韻‧嘯韻》,後説見《漢書‧東方朔傳》顏師古注。
② 反切用字語音異變問題,參看本書上篇第四節。

.1－770)

1A 的 jìn 音是依"傑"字居蔭切改讀的結果,1B 的 yǐn 音來自本身的牛錦切。查《廣韻》、《集韻》而知,"傑"字居蔭切-jìn 音只與"北夷樂名"意義相配,它的牛錦切-yǐn 音才跟"仰頭"意義相配。可見"嬐"與"傑"是音相同義相同(通)的關係,1A 改從居蔭切-jìn 音實爲不妥,1B 配以牛錦切-yǐn 音才是正確的選擇。

其二,改讀音與本有音,後者存在音義搭配失誤,因此形成改讀音與誤音的歧異。例如:

2. "溉"字的 xiè-gài 歧異

2A. 溉₂　[xiè《集韻》戶代切]　同"瀣"。(大詞典 5－1526)

2B. 溉　甲.[廣韻]古代切 gài　⑤ 與瀣同。(中文 5－1534)

"溉、瀣"二字,相同的是"露氣"一義——前一字配戶代切,不配古代切;後一字配胡介切、戶代切、胡對切①。2A 改從"瀣"字胡介切-xiè 音是對的,2B 取本讀則應取戶代切-hài 音,取古代切-gài 音則存在音義搭配錯亂的問題。

3. "獦"字的 xiē-gé 歧異

3A. 獦　(二) xiē《集韻》許葛切　同"猲"。短嘴狗。(大字典 576)

3B. 獦　甲.[廣韻]古達切 gé　2. 短喙犬也。與歇同。(中文 6－233)

3A 的今音 xiē 不合於許葛切,是依"獦"字許竭切改讀的結

---

① 參看《廣韻》、《集韻》、《漢書·司馬相如傳》顏師古注、《史記·司馬相如列傳》張守節《正義》。

果;3B 的今音 gé 來自本身的古達切。"獦"字多音多義,據《廣韻》《集韻》而知,與"獦(歇)"相同,用於"短嘴狗(短喙犬)"意義時,只跟許葛切或許竭切相配,而不跟古達切相配。3A 改從許竭切-xié 音可取,3B 選取古達切-gé 音,則存在音義搭配錯亂問題。

其三,改讀音、本有音、音義搭配失誤之音的歧異。例如:

4."頷"字的 hàn-ǎn-qīn 歧異

4A.　頷　　1. hàn 五感切　①低頭。《説文》:"頷,低頭也。從頁,金聲。《春秋傳》曰:'迎於門,頷之而已。'"今本《左傳·襄二十六年》作"領"。(辭源4-3395)

4B.　頷　　甲.[廣韻]五感切 ǎn　低頭也。與頷通。或作頷。（中文10-39)

4C.　頷　　qīn《廣韻》五感切　又去金切　①點頭;搖頭。《説文·頁部》:"頷,低頭也。《春秋傳》曰:'迎於門,頷之而已。'"按:《左傳·襄公二十六年》作"領"。(大字典1821)

4A 依"領"字改讀爲 hàn 自有道理,後兩例則是各取其音。據《廣韻》《集韻》,及段玉裁《説文解字注》而知,"頷"字"低頭"("點頭、搖頭")意義,與五感切相配而不與去金切相配。4B 取五感切-ǎn 音是對的,4C 取去金切-qīn 音,則存在音義搭配錯亂問題。幾個方面交匯於一體,以致形成多重歧異。

第十二節　古音異讀所引發的今音歧異

書卷字大都存在古音異讀,字詞典注音時,各取其讀而設立今音的情況比較多見。關於各取其音現象的考察,特別要注意撇開一些似是而非的情況。例如：

1A.　壖　［廣韻］五銜切 yán　　穴也。（中文 2－1314）
1B.　壖　yán《集韻》丘嚴切　巖洞。（辭源 1－639）

　　從字面上看，古音方面涉及"五銜、丘嚴"二切，屬於各取其音之列，後一例的 yán 音是丘嚴切的折合失誤所致。丘嚴切是一個較爲平易的反切，即使産生折合失誤，一般也不至於誤成 yán 音。從這個方面看，"折合失誤所致"的可能性不大。據考察，這種今古對不上號的情況，在四部辭書裏不乏其例。例如：

2.　颸　sī 楚持切　（辭源 3－3412）
3.　炮　dí《廣韻》他歷切（大字典 923）

　　sī、dí 不合於楚持切、他歷切，這種今古不對應的現象，必有其特殊成因。查"颸、炮"二字，前者在《集韻》裏另有新茲切一讀，後者在《集韻》裏另有丁歷切一讀，都是同義的異讀，而且分別與 sī、dí 二音相應。這些情況表明，sī、dí 二音不是來自注中所示之反切，而是依新茲切、丁歷切折合的結果①。由此推之，1B 的 yán 音，應該不是來自注中所示的丘嚴切，它與 1A 一樣，也是來自五銜切，只是沒有標注這一反切而已。表面看來屬於各取其音的情況，實際上則是同取一音之類。

　　審注今音不依所示之反切而是另依不曾"亮相"的反切，根據這種注音事實，還可以發掘出一些"似非而是"的各取其音現象。例如：

4A.　躩　qué 丘縛切　行貌。（辭源 2－1093）
4B.　躩　jué《廣韻》丘縛切　①往。②行貌。（大字典 358）
5A.　毸　（一）suī《廣韻》素回切　"毸毸"。見"毰"（大字典

---

① 關於今音方面的辨證問題，參看本書"緒論"部分。

840）

5B. 毸　sāi 素回切　見"毰毸"。

【毰毸】① 羽毛張開的樣子。（辭源 2－1701）

　　從字面上看,前一組同取丘縛切,因 4B 的反切折合失誤而致今音歧異;後一組同取素回切,因 5B 的反切折合失誤而致今音歧異。進一步考察:"覆、毸"二字,前者在《集韻》裏另有厥縛切一讀,後者在《集韻》裏另有桑才切一讀,都是同義的異讀,而且正分別與 jué、sāi 二音相應。這些情況表明,jué、sāi 二音不是來自注中所示之反切,而是另依厥縛切、桑才切折合的結果。表面看來屬於一古音歧成二今音的情況,實則是各取其音而致歧異。

　　各取不同的古音,也有沒引起今音歧異的時候。例如:

6A. 芘　（二）bì《集韻》必至切　通"庇"。蔭蔽;庇護。（大字典 1324）

6B. 芘　2. bì 毗至切　② 遮蔽。通"庇"。（辭源 4－2620）

　　"必至、毗至"二切,古音地位不同,今音却是同為 bì——由異音變成了同音。

7A. 籑　（三）zhuàn《集韻》鶵免切　② 同"饌"。供設食物。（大字典 1254）

7B. 籑　2. zhuàn《集韻》雛綰切　③ 具餐。通"饌"。（辭源 3－2372）

　　"鶵免、雛綰"二切,古音地位不同,今音却是同為 zhuàn——也是由異音變成了同音。

8A. 儳　2. chàn 楚鑒切　攙雜。（辭源 1－267）

8B. 儳　乙.［廣韻］士陷切［集韻］士懺切 chàn　攙雜也。（中文 1－1257）

　　前一例,chàn 與楚鑒切相合,今音審注不誤。後一例,士陷切或士懺切的今音都應爲 zhàn,聯繫《中文大辭典》的注音特點來看,這個 chàn 音不是暗用楚鑒切的結果,而是本乎士陷(懺)切因折合失誤所致——這一誤音恰巧跟楚鑒切的今音相同。

　　或因歷時發展由異音而變爲同音,或因審注失誤異音而"變爲"同音,未引起今音歧異的各取其音現象大致屬於以上兩種類型。不過,這樣的巧合實不多見,在多數情況下,各取其音所造成的是因書而異的今音局面。例如:

1. "辨"字的　bēi-bǎi 歧異

1A.　辨　bēi《廣韻》甫委切　又《集韻》班縻切　別;裂。(大字典 282)

1B.　辨　甲.[集韻]補買切 bǎi　別也、裂也。(中文 2－900)

或取班縻切,或取補買切,因此形成 bēi-bǎi 歧異。

2. "擖"字的 jiá-qiā 歧異

2A.　擖　1. jiá 古鎋切　恪八切　① 刮。(辭源 2－1317)

2B.　擖　(一) qiā《廣韻》恪八切　① 刮。(大字典 820)

或取古鎋切,或恪八切,因此形成 jiá-qiā 歧異。

3. "鞊"字的 xuè-xiè 歧異

3A.　鞊　[五音集韻]呼決切 xuè　急繫也。(中文 9－1648)

3B.　鞊　xiè《玉篇》火結切　急繫。(大字典 1804)

或取呼決切,或取火結切,因此形成 xuè-xiè 歧異。

4. "閧"字的 xuán-wēng 歧異

4A.　閧　[集韻]胡涓切 xuán　試力士錘也。(中文 10－530)

4B.　閧　[wēng《廣韻》烏宏切]　錘子。(大詞典 12－720)

或取胡涓切，或取烏宏切，因此形成 xuán-wēng 歧異。

5. "蠊"字的 lián-xián 歧異

5A. 蠊 ［lián《集韻》離鹽切］ 動物名。蛤屬。（大詞典8－948）

5B. 蠊 2. xián《集韻》胡讒切 蛤類。（辭源4－2779）

或取離鹽切，或取胡讒切，因此形成 lián-xián 歧異。

6. "麇"字的 jùn-qūn 歧異

6A. 麇 ［jùn《廣韻》子峻切］ 狡兔。（大詞典2－851）

6B. 麇 qūn 七倫切 子峻切 狡兔名。（辭源1－447）

或取子峻切，或取七倫切，因此形成 jùn-qūn 歧異。

7. "僬"字的 qiáo-jiāo 歧異

7A. 僬 甲.［廣韻］昨焦切 qiáo ② 古短人國名。見僬僥條。（中文1－1218）

7B. 僬 1. jiāo 即消切 ① 見"僬僥"。
【僬僥】古代傳説中的矮人國名。（辭源1－259）

或取昨焦切，或取即消切，因此形成 qiáo-jiāo 歧異。

以上論列的都是各取一古音而導致今音歧異的有關情況，此外，還有一方獨取一個古音、另一方並立多個古音異讀的現象，以致形成一音對多音的今音歧異格局。這種一對多的局面當中，多音的一方往往是《中文大辭典》，其次則是《辭源》修訂本，《漢語大字典》和《漢語大詞典》一般不並立多個今音異讀。下面擇要論列幾組例子。

1. "壝"字的 wěi——wéi-wěi 歧異

1A. 壝 wěi ㊀《廣韻》以水切 又以追切 ① 古代圍繞祭壇或行宮的矮牆。（大字典209）

1B. 壝　wéi　wěi　以追切　以水切　圍繞祭壇四周的矮土
　　　牆。(辭源 1 - 637、638)

或取以水切一音,或取"以追、以水"二切,因此形成一今音對
二今音的歧異。

2. "摛"字的 chǐ——chǐ-yǐ 歧異

2A. 摛　(二) chǐ《廣韻》丑豸切　① 析。② 拽。(大字典
　　　811、812)

2B. 摛　甲. [廣韻] 丑豸切 chǐ　① 析也。② 拽也。(中文
　　　乙. [集韻] 演爾切 yǐ　　4 - 727)

或取丑豸切一音,或取"丑豸、演爾"二切之音,因此形成一今
音對二今音的歧異。

3. "疽"字的 jū——cì-jū-jǔ 歧異

3A. 疽　jū《廣韻》七賜切　又《集韻》子余切　人相依。(大
　　　字典 368)

3B. 疽　甲. [廣韻] 七賜切 cì
　　　乙. [集韻] 子余切 jū　　人相依疽也。
　　　丙. [集韻] 子與切 jǔ　　(中文 3 - 1248)

或取子余切一音,或取"七賜、子余、子與"三切之音,因此形
成一今音對三今音的歧異。

4. "楈"字的 xū——xū-shān-xǔ-xù 歧異

4A. 楈　xū《廣韻》相居切　① [楈枒] 木名,即椰子樹。
　　　② 犁。(大字典 528)

4B. 楈　甲. [廣韻] 相居切 xū
　　　乙. [集韻] 師銜切 shān　① 木名。② 犂也。
　　　丙. [廣韻] 私呂切 xǔ　　(中文 5 - 304)
　　　丁. [集韻] 息據切 xù

或取相居切一音，或取"相居"等四切之音，因此形成一今音對四今音的歧異。

5. "跫"字的 qióng——qióng-qiāng-kǒng-xiōng-qiōng 歧異

5A. 跫　qióng《集韻》丘恭切　見下。

　　　【跫然】脚步聲。一說喜貌。（辭源 4－2995）

5B. 跫　甲. [集韻]渠容切 qióng

　　　乙. [廣韻]苦江切 qiāng

　　　丙. [集韻]丘勇切 kǒng　足躎聲也。行人之聲

　　　丁. [集韻]許容切 xiōng　也。（中文 8－1582）

　　　戊. [集韻]丘恭切 qiōng

《辭源》修訂本的 qióng 音，不是丘恭切的折合失誤所致，而是另依渠容切而折合的結果。以上兩組或取渠容切一音，或取"渠容"等五切之音，因此形成一今音對五今音的歧異。

上述一音對多音現象，雙方都有一個共同的音項，二者是 A 與 ABC……的關係，除此以外，還有雙方無一音相同的 A 與 BCD……之類局面。例如：

1. "𡥉"字的 chǐ——shì-chì-zhì 歧異

1A. 𡥉　chǐ《廣韻》充豉切，又施智切，《集韻》敞尒切　度量大。（大字典 133）

1B. 𡥉　甲. [廣韻]施智切 shì　① 有大慶也。[說文]𡥉、有

　　　　　　　　　　　　　大慶也。[段注]慶、各本

　　　乙. [廣韻]充豉切 chì　作度。今依[廣韻]正。

　　　　　　　　　　　　　② 有大度也。（中文 2－

　　　丙. [集韻]支義切 zhì　320）

或取敞尒切一音，或取"施智、充豉、支義"三切之音，因此形成此一音與彼三音的歧異格局。

有些一音對多音之類，在選取古音方面雙方本有共同點，但因古今音折合歧異而改變了原有的格局。例如：

2. “擗”字的 pì——zhī-pī 歧異

2A. 擗 pì《廣韻》之石切又《集韻》匹歷切 仄。（大字典34）

2B. 擗 甲. [廣韻]之石切 zhī
乙. [集韻]匹歷切 pī 仄也、陋也。（中文 2－355）

或取匹歷切一音，或取“之石、匹歷”二切之音，雙方都有匹歷切，問題出在今音折合上：匹歷切爲清音入聲，其聲調演變缺乏明顯條理，以致引起去聲與陰平的歧異。雙方的今音，雖然並無正誤之分，但失去了共有的基礎，變成了此一音與另外兩音的相異關係。

一字多音現象，有的是同義的異讀，發生在這個範圍之内的各取其音現象，在没有古今音折合錯誤的情況下，不存在正誤之分，從一定程度上來説，屬於對等的關係，上面論列的便是這類情況。當然，在古今音折合有誤的情況下，就不再是對等的性質了，其中較爲多見的情況是正誤對立的關係。例如：

1. “垺”字的 fóu-póu 歧異

1A. 垺 （二）fóu《集韻》方鳩切 盛大。（大字典188）

1B. 垺 乙. [集韻]俟蒲切① póu 大也。盛也。（中文 2－1197、1198）

1A 取方鳩切，1B 取蒲侯〈俟蒲〉切。1A 注作方鳩切-fóu，今音存在誤陰平爲陽平的問題：方鳩切小韻的“呼、𧉕”等字，另有房尤切一音，因而使方鳩切之字誤移爲 fóu 音②，對等性歧異因此而

---

① “俟蒲切”是“蒲侯切”之誤——今音折合未受影響。

② 關於誤移現象，參看本書上篇第七節。

成爲正誤歧異。

2. "倔"字的 jù-jué 歧異

2A. 倔　乙.〔集韻〕竭戟切 jù　①疲極也。勞也。②大笑也。(中文 1 – 1141)

2B. 倔　jué 其虐切　①勞累。②笑。(辭源 1 – 244)

或取竭戟切,或取其虐切,前者爲群母陌韻開口三等,後者爲群母藥韻開口三等。由此而引發的今音歧異本應是 jí-jué 二音,但是 2A 產生了今音失誤:竭戟切小韻的"劇"字異變爲 jù 音,因而使同小韻的"倔"字誤爲 jù 音①,對等性歧異因此而變爲正誤歧異。

3. "忥"字的 qì-xī 歧異

3A. 忥　(一) qì《廣韻》許訖切　喜悦貌。(大字典 952)

3B. 忥　〔廣韻〕喜夷切 xī　①喜貌。(中文 4 – 7)

或取許訖切,或取喜夷切,前者爲曉母迄韻,後者爲曉母脂韻開口。由此而引發的今音歧異本應是 xì-xī 二音,但是前者產生了今音失誤:該小韻當中,"芞"字另有欺訖切-qì 音,"迄"字異變爲 qì,審音之時,按"芞(迄)"的今音類推"忥"字今音,以致把許訖切之字誤爲 qì,對等性歧異由此而變爲正誤歧異。

有些古音異讀的今音本已"殊途同歸",但因一方的折合失誤而歧成了正誤二音。例如:

1. "芣"字的 pèi-bèi 歧異

1A. 芣　(二) pèi《集韻》蒲蓋切　白色的凌霄花。(大字典 1328)

---

① 同小韻之字語音異變及其引發今音誤注的有關情況,參看本書上篇第八節。

1B. 芨　乙.［集韻］博蓋切 bèi　①草根。②苩白華也。
　　（中文 7－1441、1442）

或取蒲蓋切，或取博蓋切，前者爲並母泰韻開口，後者爲幫母泰韻開口，古音地位不同，今音則已合流爲 bèi。但是 1A 產生了今音失誤：蒲蓋切小韻的“旆”字異變爲 pèi，審音之時，按“旆”字今音類推“芨”字今音，以致把蒲蓋切的字誤爲 pèi 音。該組今音就這樣由同音而歧成了正誤二音。

2. “唶”字的 zuò-zé 歧異

2A. 唶　甲.［集韻］助伯切 zuò　①大聲也。與諎同。（中
　　　　　　文 2－821）

2B. 唶　（一）zé《廣韻》側伯切　①同“諎”。大聲呼叫。
　　　　　　（大字典 268）

或取助伯切，或取側伯切，前者爲崇母陌韻開口二等，後者爲莊母陌韻開口二等，古音地位不同，今音則已合流爲 zé。但是，2A 產生了今音失誤：助伯切小韻的“柞”字，另有即各切-zuò 音，審音之時，按“柞”字今音類推“唶”字今音，以致把助伯切之字誤移爲 zuò 音。該組今音就這樣由同音而歧成了正誤二音。

今音失誤同樣也可以使一音對多音之類改變原有的格局，由對等性質變爲正誤關係。例如：

1. “靫”字的 chá——chāi-chā 歧異

1A. 靫　chá 初牙切　楚佳切　盛箭器。（辭源 4－3365）

1B. 靫　甲.［廣韻］楚佳切 chāi
　　　乙.［廣韻］初牙切 chā ①箭室也。（中文 9－1635）

或取初牙切，或取“楚佳、初牙”二切，雙方都選取了初牙切一音，本有共同之點，更重要的是，歧異雙方本無正誤之分。但是，

1A 産生了今音失誤：初牙切爲清音平聲，今音應爲 chā，作 chá 不合乎平聲分化之理。雙方的今音因此而失去共同之點，對等關係因此而變爲正誤關係。

2. "捼"字的 zhuài-chuài-zuì 歧異

2A. 捼　（二）zhuài《集韻》仕壞切　拉。（大字典 827）

2B. 捼　乙.［集韻］仕壞切 chuài

　　　　丙.［集韻］粗賄切 zuì　　　　　　拉也。（中文 4 - 805）

或取仕壞切，或取"仕壞、粗賄"二切，雙方都有仕壞切一音，但是 2B 存在仕壞切的今音誤注問題：仕壞切爲崇母怪韻合口，今音應爲 zhuài，作 chuài 不合乎崇母清化規律。雙方的今音因此而失去共同之點，對等關係隨之而變爲正誤關係。

3. "歋"字的 shì——qiáo-chì-cháo 歧異

3A. 歋　shì《廣韻》施智切　又渠遙切　几。（大字典 846）

3B. 歋　甲.［廣韻］渠遙切 qiáo

　　　　乙.［廣韻］施智切 chì　　　　　几也。（中文 6 - 69）

　　　　丙.［集韻］馳姚切 cháo

或取施智切一古音，或取施智切等三古音，雙方都有施智切一音，但是 3B 存在施智切的今音誤注問題：施智切爲書母寘韻開口，今音應爲 shì，作 chì 不合乎書母演變規律。雙方的今音因此而失去共同點，對等關係隨之而變爲正誤關係。

　　一字多音現象，有的是異義的異讀，發生在這個範圍之内的各取其音現象，不再是對等的性質，即使古今音折合方面不存在錯誤，往往也是因書而異的正誤對立局面①。例如：

————————

① 音義搭配方面的有關問題，參看本書下篇第二節。

1. "焯"字的 zhuó-chuò 歧異

1A. 焯　甲. [廣韻]之若切 zhuó　⑦ 人名。或省作卓。通
作綽。（中文 5 – 1751、1752）

1B. 焯　（三）chuò《集韻》尺約切　人名用字。（大字典
925）

一取之若切，一取尺約切，是對等關係還是正誤關係？試看有
關文獻的記載：

> 《廣韻·藥韻》：焯，之若切，火氣。
> 《集韻·藥韻》：焯，職略切，《説文》：明也。一説熱也。
> 　　　　　　　　焯、卓，尺約切，闕，人名，魯有孟公焯。
> 　　　　　　　　或省，通作"綽"。
> 《經典釋文·春秋左氏音義》：（孟公）綽，昌若反。

至此而知：之若（職略）切只跟"明也、熱也"之類意義相配；
尺約（昌若）切才跟"人名"意義相配，1A 用之若切配"人名"實爲
不妥；1B 取用尺約切才是正確的選擇。本乎之若切、尺約切而定
出的 zhuó、chuò 二音，雖然都不存在古今折合上的失誤，但前者
存在音義誤配問題，這兩個今音自然屬於正誤對立的性質。

2. "桼"字的 qín-shēn 歧異

2A. 桼　[類篇]慈鄰切 qín　② 國名。與嫀 同。（中文 3 –
194）

2B. 桼　（二）shēn《集韻》疏臻切　同"嫀"。國名。（大字
典 450）

一取慈鄰切，一取疏臻切，這種分歧究竟屬於什麼性質？試看
有關文獻的記載：

《類篇·女部》：嫀，慈鄰切，女字。

嫀，疏臻切，有嫀，國名。

《集韻·真韻》：嫀，慈鄰切，女字。

《集韻·臻韻》：嫀、嫀，疏臻切，有嫀，國名。或作"嫀"。

由上可知，"嫀"字慈鄰切和疏臻切，前者只跟"女字"意義相配，後者才跟"國名"意義相配。2A 和 2B 的"國名"義項，前者配以慈鄰切不妥；後者配以疏臻切才是正確的選擇，由此而引發正誤對立的今音歧異。

3．"惓"字的 quán-juàn 歧異

3A．惓　甲．［集韻］逵員切 quán　①劇也。［淮南子·人間訓］病者已惓。［注］惓、劇也。（中文 4－118）

3B．惓　2．juàn《集韻》逵眷切　②危急。《淮南子·人間》："患至而後憂之，是憂病者已惓，而索良醫也。"（辭源 2－1130）

查《集韻》而知，"惓"的"劇（危急）"意義，實與逵眷切相配，該字的其他意義才與逵員切相配。3A 誤以逵員切搭配"劇（危急）"義，以致引發正誤對立的今音歧異。

4．"婭"字的 yǎ-yà 歧異

4A．婭　［廣韻］衣嫁切 yà　④婭姹、妖嬈之態。（中文 3－171）

4B．婭　（三）yǎ《集韻》倚下切　［婭姹］1．妖嬈之態。2．明媚。（大字典 443）

查《集韻》而知，"婭"的"婭姹（妊）"用法及其意義，實與倚下切相配，該字的其他意義才與衣嫁（駕）切相配。4A 誤取衣嫁（駕）切搭配"婭姹"意義，以致引發正誤對立的今音歧異。

上述正誤歧異中,錯誤的一方並無古今音折合上的失誤,問題出在誤取古音方面。此外也還有古音今音並誤的情況存在。例如:

1. "雟"字的 xī-suǐ 歧異

1A. 雟　(二) xī《廣韻》息委切　1. [越雟]也作"越嶲"。古郡名。(大字典 338)

1B. 嶲　[集韻]選委切 suǐ　郡名。或作雟。(中文 3-983)

前一例,字面上標示的古音是息委切,實際上今音 xī 不是本乎息委切而是來自戶圭切。

1A 取戶圭切,1B 取選委切,這種分歧究竟屬於什麼性質? 試看有關文獻的記載:

> 《廣韻·齊韻》:鑴,戶圭切,子鑴,鳥,出蜀中。雟,上同。
> 《集韻·齊韻》:雟,玄圭切,鳥名。
> 《廣韻·紙韻》:雟,息委切,越雟,郡。
> 《集韻·紙韻》:嶲,選委切,越嶲,郡名。

上述記載表明:"雟"字戶(玄)圭切和息(選)委切,前者與"鳥名"相配,後者才跟"古郡名"相配。1A 用戶(玄)圭切配"古郡名"實爲不妥,1B 配以息(選)委切才是正確的選擇。與此同時,1A 還有今音失誤的問題:戶(玄)圭切爲匣母齊韻合口,今音本應爲 huí,作 xī 則是同小韻的"畦"字語音異變而引發的失誤。至此而知,xī 音既有音義失配的印記又有古今折合問題,xī、suǐ 這一對單重的今音歧異形式包含有多重的正誤對立因素。

還有一些歧異組,在一方取音不當的同時,還存在另一方的反切折合失誤問題,以致形成誤音與誤音的歧異。例如:

2. "螕"字的 bī-pī 歧異

2A. 螕　[廣韻]邊兮切 bī　② 與蚍通。(中文 8-442)

2B. 蠯　（二）pí《集韻》頻脂切　［蠯蜉］也作"蚍蜉"。大螞蟻。（大字典 1201）

查《廣韻》、《集韻》而知，"蠯蜉"的"蠯（蚍）"，實與頻脂切相配，該字的其他意義才與邊兮切相配。2A 取邊兮切置立今音實爲不妥；2B 取頻脂切是對的，但古今折合存在誤 pí 爲 pī 的問題。可見 bī、pī 各有其誤，二者屬於誤音與誤音相對立的性質。

3. "能"字的 tái-nái 歧異

3A. 能　（二）tái《集韻》湯來切　①通"台"。星名。（大字典 869、870）

3B. 能　乙.［廣韻］奴來切 nái　②星名、與台通。（中文7－1050）

查《廣韻》、《集韻》、《經典釋文》等文獻而知，"能"的"星名"之義實與湯來切相配，而不與奴來切相配。3A 取湯來切是對的，但是今音方面存在誤 tāi 爲 tái 的問題，3B 的奴來切-nái 音則存在取音失誤。可見 tái、nái 各有其誤，二者屬於誤音與誤音相對立的性質。

下篇　書卷字今音歧異整理研究

第一節　書卷字今音歧異整理的求同原則

書卷字今音歧異現象的整理,需要實施求同原則。其内核之一是存大同去小異,具體運作方面,我們不妨從有關實例説起:

所(疏)臻切的 xīn-shēn 歧異

A.《中文大辭典》的 xīn-shēn 歧異

㻌　[廣韻]所臻切 xīn(7－789)

崟　[集韻]疏臻切 shēn(3－894)

B.《中文大辭典》與《辭源》修訂本的 xīn-shēn 歧異

甡　[廣韻]所臻切 xīn(中文 1－1343)

甡　shēn 所臻切(辭源 1－284)

C.《中文大辭典》與《漢語大字典》的 xīn-shēn 歧異

鮏　[廣韻]所臻切 xīn(中文 10－668)

鮏　shēn《廣韻》所臻切(大字典 1956)

D.《中文大辭典》與《漢語大詞典》的 xīn-shēn 歧異

姺　甲.[廣韻]所臻切 xīn(中文 3－141)

姺₁　shēn《廣韻》所臻切(大詞典 4－343)

所(疏)臻切爲山母臻韻,shēn 音合於反切,與反切不相合的

xīn 音是誤移所致①：該小韻的"莘"字,另有斯人切一音,因此在所(疏)臻切書卷字當中引發誤移音 xīn。

查該小韻書卷字,《漢語大字典》等大陸三部辭書都折合爲 shēn,《中文大辭典》則是大多數作 shēn、少數作 xīn(17 與 4 之比)②。兩岸的總體情況是 shēn 音占絕大多數 xīn 音占極少數,整理這樣的歧異局面,宜於存其大同去其小異——保留 shēn 音而糾正 xīn 音。

所存的"大同"是合於歷史音變規律的"正音"③,所去的"小異"是不合規律的誤音,此外還有需要保留誤音而更改正音的情況。例如:

胥里(想止)切的 xǐ-sǐ 歧異

A.《漢語大字典》的 xǐ-sǐ 歧異

屓　xǐ《廣韻》胥里切(34)

偲　(三) sǐ《集韻》想止切(81)

B.《中文大辭典》的 xǐ-sǐ 歧異

鄳　[集韻]想止切 xǐ(9－363)

偲　[廣韻]胥里切 sǐ(6－210)

C.《中文大辭典》與《漢語大字典》的 xǐ-sǐ 歧異

偲　丙. [集韻]想止切 xǐ(中文 4－167、168)

偲　(三) sǐ《集韻》想止切(大字典 974)

胥里(想止)切爲心母止韻,sǐ 音合於反切,與反切不相合的 xǐ

---

① 關於誤移與今音歧異問題,參看本書上篇第七節。
② "查該小韻書卷字,《漢語大字典》等大陸三部辭書都折合爲 shēn,……",這是就四部辭書所收之字這個實際範圍交代數據,這個"實際範圍"可能是某小韻全部的書卷字,也可能只是其中的一部分。後面交代今音分布狀況時,也都用這類表述,不再另行説明。
③ 後面出現的"正音"一詞,也都是特指這種與反切相合的今音。

音是語音異變所引發：該小韻的“葸”字異變爲 xǐ 音，依此字此音而推及同小韻之字，以致形成今音誤注。

該小韻書卷字，《辭源》修訂本 xǐ 音 1 例，《漢語大詞典》xǐ 音 4 例，《漢語大字典》xǐ 音 9 例、sǐ 音 2 例，《中文大辭典》xǐ 音 8 例、sǐ 音 2 例。不合於反切的誤音占絶大多數，合於反切的今音占極少數，按照存大同去小異的求同原則，應該去正而就誤——改 sǐ 爲 xǐ，由此而消除今音歧異。

求同處置中的就誤現象，另一種較爲常見的情況是誤中取誤。試看兩組例子：

1．五根切的 hén-yín 歧異

垠　丙．［廣韻］五根切 hén（中文 2－1182）

鞎　丙．［類篇］五根切 yín（中文 9－1644）

五根切爲疑母痕韻，從理論上講，今音應折合爲 én，與反切不合的 hén、yín 二音都是誤移所致：該小韻之中，“痕”另有户恩切一音，“圻”另有魚斤切一音，因此在五根切書卷字當中引發 hén、yín 兩個誤移音。

該小韻共有“垠、圻、垽、泿、痕、鞎”6 個書卷字，大陸三部辭書雖然收有這些字，但並未選取五根切爲音源，而是選取的其他異讀①。臺灣的《中文大辭典》六個字全收，其中的三個字選取了五根切之音，出現的就是這種没有正音 én，只有誤音 hén、yín 相對立的特殊格局。

既然 hén、yín 都不是正音，這種歧異類型的整理，自然不必返本求其正，而應依就現狀存大同去小異。查《中文大辭典》，hén 音 1 例，yín 音 2 例，前者是孤例，後者是多數。這種數據表明，宜於

① 四部辭書裏，這種不取此古音而取彼古音的情況較爲多見，下文再出現的時候，一般只以“某字（詞）典未收其音”之類簡單表述予以説明。

保留 yín 音而更動 hén 音。

　　2. 陀骨(陁没、徒骨)切的 mò-tū-tú 歧異

　　A.《中文大辭典》的 tú-mò 歧異

錖　[集韻]陁没切 tú(9－779)

湥　乙.[集韻]陁没切 mò(5－1350)

　　B.《漢語大字典》的 tū-tú 歧異

痐　tū《改併四聲篇海》引《奚韻》徒骨切(1122)

狨　tú《集韻》陁没切(572)

　　C.《漢語大字典》與《漢語大詞典》的 tū-tú 歧異

骰　tū《廣韻》陀骨切(大字典1982)

骰　[tú《廣韻》陀骨切](大詞典12－1414)

　　D.《辭源》修訂本與《中文大辭典》的 tū-tú 歧異

祾　tū《集韻》陁没切(辭源4－2831)

祾　[集韻]陁没切 tú(中文8－681)

　　E.《漢語大字典》與《中文大辭典》的 tū-tú 歧異

骹　tū《廣韻》陀骨切(大字典1277)

骹　[廣韻]陀骨切 tú(中文7－1296)

　　陀骨(陁没、徒骨)切爲定母没韻,從理論上講今音本應折合爲 dú,而實際所注的 mò、tū、tú 三音,都與反切不合,屬於誤音與誤音的歧異。mò 音是疏忽於音變規律常識所致。tū、tú 二音的產生則與同小韻之字的特殊情況有關:該小韻之中,"凸"字異變爲 tú,"突"字另有他骨切-tū 音,以致在陀骨(陁没、徒骨)切書卷字中引發誤音 tū、tú。

　　整理這種誤音與誤音的歧異,自然不必返本求其正,而應依就現狀存大同去小異。查該小韻書卷字,《辭源》修訂本 tū 音 2 例、tú 音 1 例,《漢語大詞典》tú 音 5 例,《漢語大字典》tū 音 4 例、tú 音 20 例,《中文大辭典》mò 音 1 例、tú 音 20 例。mò 音,既屬誤注

又是孤例,宜於作爲更改的首選對象。剩下的 tū-tú 歧異,前者極少數,後者絕大多數,顯然宜於保留 tú 音而更改 tū 音。

"糾誤就正"、"去正就誤"和"誤中取誤",前者通過修正誤音而消除歧異,既實現了歧異整理的目標,又不至於背離歷史音變規律,可行性是不會有什麼爭議的。至於後兩類處置,不盡如意之處是:在今音方面不但沒能依律而"正本清源",相反還在一定程度上助長了"負面"效應,以致在歧異整理之後,一些不合律的今音反而在一定程度上擴大了陣營。問題的實質是,依就了不合律的今音,存在今古不對應的問題。

今古不對應固然不太好,但畢竟已成既定事實,且已產生廣遠的影響。常識告訴我們,對這種既定的今音之注,改動的幅度不宜過大,否則便會在一定程度上給有關專業的學習、研究、教學和有關文化的交流等方面帶來一些新的混亂。書卷字今音歧異的整理,其主旨是提高語文效用,是促進語文工作,如果整理之後給語言文字的職能活動造成了一定的不便,這樣的整理也就得不償失了。

要之,歧異整理應該在一定程度上維護書面語讀書音的既成影響,以保持其穩定性爲重。這就要求我們,對原有注音的更動一定要審慎,不能見"誤"輒改,而應在因其固然的基礎上進行調整,在求大同的原則下量情行事:宜於取正則取正,宜於取誤則取誤,不要囿於正音、誤音方面的"成見",執其一端而論事。

語言職能的基本屬性和語言應用體系的基本要求,決定了歧異整理應該注重實用,不必過於拘泥今古對應與否。下面再從語音歷時演變本身着眼,就上述議題的可行性程度作一個簡要考察。試看例子:

佩,《廣韻》蒲眜切,今音本應爲 bèi,但實際讀法却爲 pèi。

壻,《廣韻》蘇計切,今音本應爲 xì,但實際讀法却爲 xù。

或,《廣韻》胡國切,今音本應爲 huó,但實際讀法却爲 huò。

筍,《廣韻》思尹切,今音本應爲 xǔn,但實際讀法却爲 sǔn。

特,《廣韻》徒得切,今音本應爲 dé,但實際讀法却爲 tè。

碩,《廣韻》常隻切,今音本應爲 shí,但實際讀法却爲 shuò。

礦,《廣韻》古猛切,今音本應爲 gǒng,但實際讀法却爲 kuàng。

比照中古音來看,這些今音都産生了不合歷史音變規律的異變:問題或在聲母,或在韻母,或在聲調,或在聲母、韻母,或在聲母、聲調,或在韻母、聲調,或是聲、韻、調都不合律。種種“今古不合”現象,共有 320 多例,涉及 280 多個小韻——約占《廣韻》全部小韻的百分之七①。顯然,不合律的既成讀法不是偶見現象,而是較爲多見的情況。

不合律的今音現象,不單多見於業已完成的歷史音變,而且也多見於書卷字注音當中。下面略舉數例,以見一端。

《廣韻》(《集韻》)秦醉切,屬於從母至韻合口,今音本應爲 zuì,但在四部辭書裏,這一音源的書卷字(“椊、樬、踤、誶、焠、猝、穟”等),却是一律注作 cuì 音。

《廣韻》(《集韻》)營隻切,屬於余母昔韻合口,今音本應爲 yù,但在四部辭書裏,這一音源的書卷字(“坄、焲、霚、蚿、苂、楧、鵅、𦏷、鮽、鈠、杸、瞁、焱”等),却是一律注作 yì 音。

《廣韻》房密切(《集韻》薄宓切),屬於並母質韻開口,今音本應爲 bí,但在四部辭書裏,這一音源的書卷字(“佛、佖、咈、奙、怭、柫、肺、秘、鴄”等),却是一律注作 bì 音。

《廣韻》將倫切(《集韻》蹤倫切),屬於精母諄韻,今音本應爲 jūn,但在四部辭書裏,這一音源的書卷字(“詮、蹲、僎、嶟、鷷、憪、恮”等),却是一律注作 zūn 音。

---

① 關於語音異變及其引發今音歧異的問題,參看本書上篇第八節。

秦醉切而作 cuì 音,聲母不合歷史音變規律;營隻切而作 yì 音,韻母不合律;房密(薄宓)切而作 bì 音,聲調不合律;將倫(蹤倫)切而作 zūn 音,聲母韻母都不合律。

這類"不合律"現象,並不是只發生在個別字"身上"的孤例,而是整個小韻的"集體搬家",是一種以類相從的陣勢。雖然不屬口語行爲,而是注音現象,帶有一定的人爲因素,但不是一家之言,而是一致性的認同——不單是這四部辭書,海峽兩岸其他字詞典及注音書,也都是以這種"不合律"的今音爲注①。代表性辭書的注音使之具有權威性和"合法性",衆口一致的認同使之具有廣泛影響,要之,它們作爲書面語讀書音,已在現代漢語普通話系統中生了根,具有不可逆轉的"積非成是"之勢。

這些事實表明,求同原則的"就誤"處置,這當中的"今古不對應"問題不足爲怪。由此進而可知,歧異整理中存大同去小異的求同原則,不但有其必要性,而且還有其合理性和可行性。求同原則旨在維護書面語讀書音的既成影響,旨在保持書面語讀書音的穩定性,基於這種理據來看,一些處於"多數派"地位的"不合律"今音,與其視作誤注予以糾正,不如將錯就錯,讓它們"積非成是"。

上面以正誤歧異之類爲切入點,討論了求同原則的有關情況。書卷字的今音歧異,正誤對立之類以外,還有非正誤對立之類,正誤歧異之類尚且能夠在一定條件下糾誤、就誤、存誤而求得大同,由此而推之,非正誤對立性質的歧異,采用求同原則進行整理,其可操作性自然更是不言而喻。下面就此論列兩組例子。

1. 側鳩(甾尤)切的 zhōu-zōu 歧異

A.《漢語大字典》的 zhōu-zōu 歧異

① 參看范新幹《論形聲書卷字今音之注中的一類混亂現象》,《古漢語研究》2003年第 2 期。

慦　（二）zhōu《集韻》甾尤切(95)

籈　zōu《廣韻》側鳩切(1242)

B.《漢語大詞典》的 zhōu-zōu 歧異

皺₂　［zhōu《集韻》甾尤切］(8－525)

齱₁　［zōu《廣韻》側鳩切］(12－1455)

C.《中文大辭典》的 zhōu-zōu 歧異

揪　己.［集韻］甾尤切 zhōu(4－627)

齺　甲.［廣韻］側鳩切 zōu(10－1129)

D.《漢語大字典》與《中文大辭典》的 zhōu-zōu 歧異

觮　zhōu［廣韻］側鳩切(大字典 1277)

觮　甲.［廣韻］側鳩切 zōu(中文 7－1299)

側鳩(甾尤)切爲莊母尤韻,zhōu、zōu 二音,韻母聲調不誤,聲母則存在 zh-z 歧異。其成因出在歷史音變方面:中古的莊母,後來或演變爲 zh("皺詐櫛"之類),或演變爲 z("鄒棷淄"之類),歷史音變綫索存在一定的模糊性,zhōu、zōu 歧異由此而引發①——聲母作 zh 也好,作 z 也好,沒有正誤之分,雙方屬於對等的性質。四部辭書裏,該小韻書卷字的今音情況如下:《漢語大字典》zhōu音 4 例、zōu 音 15 例,《中文大辭典》zhōu 音 3 例、zōu 音 24 例,《漢語大詞典》zhōu 音 1 例、zōu 音 6 例,《辭源》修訂本 zhōu 音闕如、zōu 音 6 例。總體格局是 zōu 音占絕大多數,這種數據表明,宜乎保留 zōu 音而更動 zhōu 音。

2. 他歷切的 tī-tì 歧異

A.《中文大辭典》的 tī-tì 歧異

蓧　乙.［廣韻］他歷切 tī(8－59)

詆　戊.［廣韻］他歷切 tì(8－944)

----

① 關於歷史綫索模糊性與今音歧異問題,參看本書上篇第十節。

B.《漢語大詞典》與《中文大辭典》的 tī-tì 歧異

擿₂　［tī《集韻》他歷切］（大詞典 6 - 940）

擿　丙.［集韻］他歷切 tì（中文 4 - 823）

C.《漢語大詞典》與《漢語大字典》的 tī-tì 歧異

瞝　［tī《廣韻》他歷切］（大詞典 7 - 1243）

瞝　tì《廣韻》他歷切（大字典 1048）

D.《中文大辭典》與《漢語大字典》的 tī-tì 歧異

芴　［集韻］他歷切 tī（中文 3 - 928）

芴　tì《集韻》他歷切（大字典 328）

他歷切爲透母錫韻開口，tī、tì 二音，聲母韻母不誤，聲調歧異是清音入聲調類演變缺乏條理所致。中古透母入聲調類在今音裏存在變陰平或去聲的兩可性傾向①，該組 tī-tì 歧異沒有正誤之分，雙方屬於對等的性質。查該小韻書卷字今音，《漢語大字典》陰平 2 例、去聲 19 例，《中文大辭典》陰平 3 例、去聲 20 例，《漢語大詞典》陰平 2 例、去聲 10 例，《辭源》修訂本陰平 1 例、去聲 8 例。總體格局是去聲占絕大多數，這種數據表明，宜乎保留去聲 tì 而更動陰平 tī。

現在說到對等性歧異的另一種情況。例如：

"顋"字的 sāi——sāi-sài-sī-shāi 歧異

顋　sāi《廣韻》蘇來切　角中骨。（大字典 1635）

顋　甲.［廣韻］蘇來切 sāi

　　乙.［集韻］先代切 sài

　　丙.［集韻］新茲切 sī　　　①角中骨也。（中文 8 - 863）

　　丁.［集韻］所佳切 shāi

"顋"的"角中骨"義項，或取蘇來切一音，或並存蘇來切等四

音,"蘇來、先代、新兹、所佳"是同義的異讀——取一音和並列四音在音義搭配上不存在問題,從反切和今音的折合上看,各條注音也都沒有問題。

只因古音同義異讀的取捨存在分歧,以致在書與書之間形成了 sāi——sāi-sài-sī-shāi 這種一音對多音的對等性歧異。現在進一步考察該被注字在其他兩部辭書中的注音情況:

　　䚡　[sāi《廣韻》蘇來切] 角中骨。(大詞典 10‒1383)
　　䚡　sāi 蘇來切　角中之骨。(辭源 4‒2870)

這兩部辭書都是取的蘇來切-sāi 音。至此而知,"䚡"字注音中的 sāi 和 sài、sī、shāi 三音,前一音遍及四部辭書,至於後三音,則只見於《中文大辭典》。整理這種歧異格局,自然宜於取前者而捨後者——存其大同而去其小異。

從理論上講,書卷字今音歧異的整理,應該完完全全地消除歧異,讓書卷字的今音達到百分之百的統一。但是,書卷字今音歧異以及其他一些相關方面的種種複雜性,決定了整理工作不能走這種絕對化的道路,而應該量情行事。一方面盡量追求完全的統一,與此同時,也要有不強求一律的考慮。對一些不宜於完全統一的歧異現象,則因其勢而特殊處置,允許這種不完全的統一存在於一定的條件之下和一定的範圍之中。所謂"不完全的統一",是説在存大同的同時還要存小異,與"存大同去小異"的作法相比,其特性在於對小異的保留方面。下面就此論列幾組情況。

1. 去(區)倫切的 jūn-qūn 歧異
A. 《漢語大字典》的 jūn-qūn 歧異
　　硱　jūn《集韻》區倫切(1019)
　　箘　(二) qūn《廣韻》去倫切(1244)
B. 《中文大辭典》的 jūn-qūn 歧異

硱　[集韻]區倫切 jūn(6-1314)

輑　乙.[廣韻]去倫切 qūn(8-407)

C.《辭源》修訂本的 jūn-qūn 歧異

硱　jūn《集韻》區倫切(3-2249)

峮　qūn 去倫切(2-931)

D.《漢語大詞典》的 jūn-qūn 歧異

硱　[jūn《集韻》區倫切](7-1056)

輑　[qūn《廣韻》去倫切](9-1282)

　　去(區)倫切爲溪母諄韻,今音應折合爲 qūn,作 jūn 則不合於反切。據調查而知,四部辭書當中,該小韻"硱"以外各書卷字的今音全都折合爲 qūn,而"硱"這一個字却是各書全都折合爲 jūn。qūn 音既合音變規律,又是"大同"現象,應予以保留,這是毫無疑問的。至於 jūn 音,單從誤注和小異這兩個方面看,理應予以糾正。變換一個角度考察,"硱"字今音,四部辭書已是無例外地注作 jūn,不單如此,海峽兩岸其他辭書,也都是注作 jūn 音。這種事實可以説明,"硱"的 jūn 音之注,已經根深蒂固,具有廣泛的影響。常理告訴我們,更動這種已有"積非成是"之勢的 jūn 音,必然會在一定程度上引起新的混亂。至此而知,"硱"字之注,與其改 jūn 爲 qūn 以求一律,不如保留 jūn 音,讓它作爲小異與 qūn 音並存。

　　2. 他(闟)各切的 tuō-tuó-tuò 歧異

　　A.《中文大辭典》的 tuō-tuò 歧異

汑　[集韻]闟各切 tuō(5-924)

襗　甲.[廣韻]他各切 tuò(8-216)

　　B.《漢語大字典》的 tuō-tuò 歧異

魠　tuō《集韻》闟各切(1911)

跅　(一) tuò《集韻》闟各切(1538)

　　C.《辭源》修訂本的 tuō-tuò 歧異

飥　　tuō 他各切（4－3423）

籜　　tuò 他各切（3－2380）

　　D.《漢語大詞典》與《中文大辭典》的 tuō-tuó 歧異

魠　　[tuō《廣韻》他各切]（大詞典 12－1204）

魠　　[廣韻]他各切 tuó（中文 10－609）

　　E.《中文大辭典》與《辭源》修訂本的 tuō-tuò 歧異

沰　　[廣韻]他各切 tuō（中文 5－1062）

沰　　tuò 他各切（辭源 3－1758）

　　F.《中文大辭典》與《漢語大字典》的 tuō-tuò 歧異

蹖　　[廣韻]他各切 tuō（中文 8－1600）

蹖　　tuò《廣韻》他各切（大字典 1550）

　　G.《漢語大詞典》與《中文大辭典》的 tuō-tuò 歧異

袥　　[tuō《廣韻》他各切]（大詞典 9－48）

袥　　[廣韻]他各切 tuò（中文 8－627）

　　他（闥）各切爲透母鐸韻開口，tuō、tuó、tuò 三音，聲母韻母不誤，聲調歧異是清入調類演變缺乏條理所致。

　　關於該小韻書卷字今音，不妨從其中的 tuò 音説起：“籜、撢、跅”三字，四部辭書都注作去聲 tuò，而且，大陸的《現代漢語規範字典》、《現代漢語詞典》、《古代漢語詞典》以及臺灣的《重編國語辭典》、《國民常用標準字典》和《重編國語辭典修訂本》（網路版）等，也都是注作 tuò。這樣的去聲之注，已經根深蒂固，具有廣泛的影響，顯然宜於保留。還有一個“蹖”字，與保留 tuò 音的“跅”字是異體關係，而且，在四部辭書裏，去聲之注多於陰平之注，其他辭書也是大都注作 tuò，這樣的去聲之注，自然也應予以保留。

　　其餘各字的 tuō、tuó、tuò 三音，《漢語大字典》陰平 14 例、陽平 1 例[①]、去聲 1 例,《中文大辭典》陰平 16 例、去聲 2 例、陽平 1 例,《漢語大詞典》陰平 5 例,《辭源》修訂本陰平 3 例、去聲 2 例。陽平之注屬於個别現象,陰平和去聲,前者占絶大多數,後者只占極少數,這樣的數據表明,宜於保留陰平而更動陽平和去聲。

總起來説,該小韻書卷字的今音歧異跟前一組一樣,也宜於分類而治:一方面在大範圍内保留 tuō 音而更動 tuó、tuò 二音;另一方面則是在小範圍内保留差不多一律化的 tuò 音,其結果是既存 tuō 音之大同,也存 tuò 音之小異。

上面兩組例子,歧異音的分布情況還不算複雜,參酌歧異音的比例和"小異"方面的歷史地位,也就徑直貫徹了求大同存小異的原則;遇有格局複雜的歧異情況,則應發掘其他有關因素,通過多方面的綜合辨證來落實求同存異的工作。例如:

莫後切的 mào-mǒu-mǔ 歧異

A.《漢語大字典》的 mǒu-mǔ 歧異

莯　mǒu《集韻》莫後切(1351)

𧲣　mǔ《集韻》莫後切(1504)

B.《中文大辭典》的 mào-mǒu-mǔ 歧異

鍪　乙.[集韻]莫後切 mào(10－906)

罞　[集韻]莫後切 mǒu(7－670)

牳　[集韻]莫後切 mǔ(6－116)

C.《漢語大字典》與《中文大辭典》的 mǒu-mǔ 歧異

罺　(二) mǒu《集韻》莫後切(大字典 1217)

罺　戊.[集韻]莫後切 mǔ(中文 7－660)

《集韻》莫後切(《廣韻》作莫厚切)屬於明母厚韻,mào 音與

① 這例陽平之注見於《漢語大字典》合訂本和八卷本:"詑 tuó《集韻》闥各切。"《漢語大字典》第二版則已改作陰平 tuō。

反切不合,是誤移所致:該小韻的"茂"字另有莫候切之讀,因此在莫後切書卷字當中引發誤移音 mào。既屬誤注又是孤例,宜於作爲更動的首選對象。

至於 mǒu、mǔ 二音,則是歷史音變的特殊性所致。中古唇音侯(厚、候)韻,後來分化爲 ou、u 等,演變的路綫呈多樣性;從莫厚(後)切小韻來看,口語詞"某"、"母",前者今音韻母爲 ou,後者今音韻母爲 u,這種或變爲此、或變爲彼的口語現象,是中古唇音厚韻歷史音變模糊性在具體音節裏的典型性表現。不單是大環境方面有音變綫索模糊問題存在,而且在具體音節中也無傾向性可言。在這種情況下形成的 mǒu、mǔ 二音,這種對等性歧異的整理,從歷史音變綫索方面難以找到理論依據。

繼續考察而發現,在四部辭書裏,該小韻書卷字 mǒu、mǔ 二音的分布方面有一個情況值得注意:以"某"爲聲符的字全爲 mǒu 音,其餘的字才有 mǔ-mǒu 歧異——mǔ 音占大多數①。前一類字的 mǒu 音,既有聲符-全字語音協調一致的語音優勢,又有廣泛的分布基礎,改 mǒu 爲 mǔ 則有所不宜②;其他字的 mǒu-mǔ 歧異,mǔ 音處於"多數派"地位,改 mǔ 爲 mǒu 則有所不宜。考述的結論是,一類字只宜保留 mǒu 音,另一類字則只宜保留 mǔ 音。該組歧異的整理,應該尊重這種具體實際,采用以類相從的辦法求同而存異:從"某"之字,保留其 mǒu 音;其餘的字,則保留 mǔ 音而更動 mǒu 音——首選的舍棄對象 mào 音,自然也應更改爲 mǔ。

至此而知,求同原則的"去異"工作,不是見"異"輒去,而是更動一些彼此之間存在歧異的"少數派"今音;至於"存異",則是從維護書面語讀書音的穩定性出發,根據歧異格局的具體實際所作

---

① 參看范新幹《論形聲書卷字今音之注中的一類混亂現象》,《古漢語研究》2003年第 2 期。

② 關於參酌聲符表音特點整理今音歧異方面,參看本書下篇第二節。

的靈活性處置。此角度上的"異",可以是彼角度上的"同",從這個方面來看,"存異"實際上也是一種求同——在求得這一類"大同"的同時再求另一類"大同",求同原則通過存異的處置得到了進一步的完善。

　　求同處置是書卷字今音歧異整理中的一項基本原則,凡是具備求同條件的今音歧異,都應貫徹這一原則,至於不存在求同條件者,則可借重其他方法進行整理。

第二節　書卷字今音歧異整理的方法

　　從歧異音的分布方面看,書卷字今音歧異的格局多種多樣,歧異諸方一類音極多而另一類(或另幾類)音極少的情況,這種多寡懸殊的分布只是其中一類格局而已,此外還有其他類型的分布格局大量存在。

　　多寡懸殊之類歧異局面可以直接通過求同的程序進行調整①,對於這類歧異的整理來說,求同的程序既是一個基本原則,同時也是一種處置方法。例如:

1. 昨(才)何切的 chuō-cuō-cuó 歧異

A.《中文大辭典》與《漢語大字典》的 chuō-cuó 歧異

齹　甲. [廣韻]昨何切　[集韻]才何切 chuō(中文 10 - 1129)

齹　(二) cuó《廣韻》昨何切(大字典 1991)

B.《中文大辭典》與《漢語大字典》的 cuō-cuó 歧異

莡　甲. [廣韻]昨何切 cuō(中文 7 - 1737)

莡　cuó《廣韻》昨何切(大字典 1362)

---

①　關於求同問題,參看本書下篇第一節。

C.《漢語大詞典》與《中文大辭典》的 cuō-cuó 歧異

醝　［cuō《廣韻》昨何切］（大詞典 9－1436）

醝　甲.［廣韻］昨何切 cuó（中文 9－489）

D.《辭源》修訂本與《中文大辭典》的 cuō-cuó 歧異

篨　2. cuō 昨何切（辭源 2368）

篨　乙.［廣韻］昨何切 cuó（中文 7－83）

昨（才）何切爲從母歌韻開口一等，cuó 音合於反切，不合於反切的 chuō、cuō 二音，前者是昧於歷史音變常識所致；後者則是誤移所致：該小韻的“嵯、䕎”等，另有倉何切之讀，因此在昨（才）何切書卷字當中引發 cuō 音①。查該小韻書卷字，《辭源》修訂本 cuō 音 2 例、cuó 音 5 例，《漢語大詞典》cuō 音 2 例、cuó 音 13 例，《漢語大字典》cuō 音 2 例、cuó 音 17 例，《中文大辭典》chuō 音 1 例、cuō 音 1 例、cuó 音 19 例。

chuō 音與反切相去較遠，而且又屬孤例，宜乎作爲更動的首選對象。cuō、cuó 二音，前者占極少數後者占絕大多數，按照存大同去小異的求同程序，這種多寡懸殊的正多誤少局面，宜乎去誤就正——改 cuō 爲 cuó 以消除今音歧異。

2. 昨回切的 cuī-cuí 歧異

A.《中文大辭典》的 cuī-cuí 歧異

堆　［集韻］昨回切 cuī（2－1274）

橇　乙.［廣韻］昨回切 cuí（5－496）

B.《漢語大字典》與《中文大辭典》的 cuī-cuí 歧異

惟　cuī《廣韻》昨回切（大字典 982）

惟　［廣韻］［集韻］昨回切 cuí（中文 4－226）

昨回切爲從母灰韻，cuí 音合於反切，與反切不相合的 cuī 音

是下列情況所引發：該小韻的"摧"和"催、崔、讙"，前者異變爲
cuī①，後者另有倉回切-cuī 音，二者都可在昨回切書卷字當中引發
cuī 這一誤注。

　　該小韻書卷字，《辭源》修訂本 cuī 音 1 例，《漢語大詞典》cuī
音 2 例，《漢語大字典》cuī 音 7 例，《中文大辭典》cuī 音 5 例、cuí
音 2 例，合律的今音占極少數，不合律的今音占絕大多數。按照存
大同去小異的求同程序，應該去正而就誤——改 cuí 爲 cuī，以消
除今音歧異。

　　至於"多寡懸殊之類"以外的今音歧異局面，這種不具備求同
條件的整理對象，則需要融匯其他理據，通過綜合辨證而確定取
舍。下面擇要論列幾種情況。

　　其一，聯繫歷史音變情況而辨證。例如：

1. 狂（葵）兖切的 yuǎn-juàn 歧異

鞙　乙.［集韻］葵兖切 yuǎn（中文 9－1649）

蜎　庚.［廣韻］狂兖切 juàn（中文 8－385）

　　該小韻只有"鞙、蜎"二字，《漢語大字典》等大陸三書都未收
選其音，其古今音注僅見於《中文大辭典》。遇到這種情況，就要
聯繫音變規律考察歧異的性質。狂（葵）兖切爲群母獼韻合口三
等，juàn 音合於反切，不合於反切的 yuǎn 音是誤移所致：該小韻
的"蜎"字另有於泫切之讀，因此在葵兖切書卷字當中引發誤音
yuǎn。一對一的今音歧異既然屬於正誤對立的性質，自然也就應
該存其正而糾其誤——改 yuǎn 爲 juàn 以消除歧異。辨證工作隨
着新理據的融入而深化，宜於存正糾誤的道理至此已經顯而易見。

2. 央居（衣虛）切的 yú-yū 歧異

A.《中文大辭典》的 yú-yū 歧異

---

①　關於語音異變及其引發今音歧異的問題，參看本書上篇第八節。

秮 ［字彙］衣虛切 yú(6－1595)

荼 ［廣韻］央居切 yū(7－44)

B.《中文大辭典》與《漢語大字典》的 yú-yū 歧異

璵 ［集韻］衣虛切 yú(中文6－466)

璵 yū《集韻》衣虛切(大字典472)

C.《中文大辭典》與《漢語大詞典》的 yú-yū 歧異

荼 乙.［集韻］衣虛切 yú(中文7－1583)

荼₁ ［yū《集韻》衣虛切］(大詞典9－450)

查該小韻書卷字,《漢語大字典》yú 音 1 例、yū 音 4 例,《中文大辭典》yú 音 3 例、yū 音 2 例,《漢語大詞典》yū 音 2 例,《辭源》修訂本 yū 音 1 例。《漢語大字典》的分布可以涵蓋《漢語大詞典》和《辭源》修訂本的情況——《漢語大字典》與《中文大辭典》的分布可以代表該組書卷字今音歧異的全貌:一方是一陽平四陰平,一方是三陽平二陰平。

總體而言 yú 音略少、yū 音略多,單憑這種"略少"、"略多"而決定取舍,理據顯然還不大充足。下面試從歷史音變綫索入手展開辨證:央居(衣虛)切爲影母魚韻,yū 音合於反切,yú 音則是該小韻的"於"字語音異變所引發。

至此而知,yū 音既有多於 yú 音的基礎,同時還有合於音變規律的優勢,總體條件優勝於 yú。舍 yú 而取 yū 的合理性至此已經趨於明朗。歷史音變角度的觀察結果,在綜合匯證當中起到了重要的參證作用。

遇到歷史音變綫索欠明朗的情況,則應深入考察,以便透過不規則的表象,發掘音變條理用作理論依據①。例如:

---

① 關於音變綫索模糊性的有關問題,參看本書上篇第十節和下篇第六節。

鋤祐(鉏救)切的 zhòu-zòu 歧異

A.《漢語大字典》的 zhòu-zòu 歧異

慦　(一) zhòu《廣韻》鋤祐切(95)

㵧　(一) zòu《集韻》鉏救切(742)

B.《中文大辭典》的 zhòu-zòu 歧異

螑　乙.［集韻］鉏救切 zhòu(3－196、197)

謘　［集韻］鉏救切 zòu(8－1158)

C.《漢語大字典》與《中文大辭典》的 zhòu-zòu 歧異

搝　zhòu《集韻》鉏救切(大字典829)

搝　［集韻］鉏救切 zòu(中文4－818)

　　鋤祐(鉏救)切爲崇母宥韻,zhòu、zòu 二音,韻母聲調不誤,聲母 zh-z 歧異,則與崇母的歷史演變有關——該聲母後來分化爲 zh 和 z,分化的條件不大明確,因而引發 zh-z 歧異。查該小韻書卷字,《漢語大字典》zhòu 音 5 例、zòu 音 1 例,《中文大辭典》zhòu、zòu 各 3 例,《漢語大詞典》zhòu 音 2 例,《辭源》修訂本 zhòu 音 1 例。今音分布較爲凌亂,zhòu、zòu 二音,前者略多於後者,而不是大多數與絕少數之比。要確定取捨問題,除了這種略多和略少的條件之外,還需另找依據。

　　致亂的根源是歷史音變綫索問題,解決問題首選的突破口,自然也應放在這裏——通過再研究發掘條理,用作歧異取捨的依據。查鋤祐(鉏救)切小韻,其中的"驟"爲口語詞,現代既成讀音爲 zhòu①。宥韻當中關係最密切的還有莊、初、山幾母,其中的莊母、山母音節都有口語詞存在:側救切小韻的"皺、縐、甃"三字,現代既成讀音都爲 zhòu;所祐切小韻的"瘦、漱"二字,現代既成讀音都

---

① "驟"的異讀 zòu 來自中古才候切。

爲 shòu①。整個莊組聲母宥韻音節的口語詞,既成讀音都是舌尖後音聲母,沒有例外。至此而知,崇母(及同組其他聲母)的歷史發展,謂之缺乏音變規律,這是從總體情況着眼就其演變的大格局而論事,是一種粗綫條的認識,實際上表現在微觀方面的情況並非盡然,上述"舌尖後音聲母"一律化現象,顯然就不是凌亂性而是傾向性。這種傾向性便是一定具體條件之下的可循之章,融會這一收獲於考察當中,認識問題的視野自然也就隨之走向了開闊:zhòu 既有多於 zòu 的基礎,又與音變傾向相吻合,總體條件占有優勢,取 zhòu 而更動 zòu 的合理性至此已經顯而易見。

歷史音變綫索模糊而致今音歧異的情況,以清音入聲的調類現象最爲突出。例如:

丁(都)括切的 duō-duò-duó 歧異

A.《漢語大字典》的 duò-duó 歧異

鸎　duò《廣韻》丁括切(1929)

嶋　(二) duó《集韻》都括切(1922)

B.《漢語大字典》與《中文大辭典》的 duō-duó 歧異

毲　duō《集韻》都括切(大字典 840)

毲　[集韻]都括切 duó(中文 5-791)

C.《辭源》修訂本與《中文大辭典》的 duō-duó 歧異

裰　duō　丁括切(辭源 2-1350)

裰　甲.[廣韻]丁括切 duó(中文 4-929)

丁(都)括切爲端母末韻,duō、duò、duó 三音,聲母韻母不誤,聲調歧異是清入調類演變的模糊性所致。

查該小韻書卷字,《漢語大字典》duō 音 2 例、duó 音 1 例、duò

音 1 例,《漢語大詞典》duō 音 1 例、duó 音 1 例、duò 音 1 例,《辭
源》修訂本 duō 音 1 例、duò 音 1 例,《中文大辭典》duó 音 5 例、
duò 音 2 例。分布較爲凌亂,duó、duō、duò 三音,前者略多於後兩
者,要確定取舍問題還需另尋理據。查端母入聲口語字詞,今音聲
調多爲陽平。這種情況表明,清入調類的歷史發展,説它缺乏音變
規律,只是就其演變的總體格局着眼而得出的看法,實際上透過這
種粗綫條的表象,則可發現一定的音變傾向性,"端母入聲口語字
詞多讀陽平"便是這種傾向性的具體表現。

　　至此而知,duó、duō、duò 三音,前者既有多於後兩者的基礎,
又合於音變傾向,綜合條件占有優勢。宜於保留 duó 音而更動
duō、duò 二音的道理至此已趨明朗。歧異整理方面的認識程度隨
着綜合匯證的展開而得到深化。

　　其二,參酌聲符表音情況而辨證。形聲現象源遠流長,形聲字
以形旁表意、以聲旁表音的基本内核,已在人們的觀念中形成了一
種定勢。處在這種氛圍之中的形聲結構,聲符、全字二者之音越協
調,也就越順適民族習慣和文化心理,也就越便於識記和運用。參
酌聲符表音情況確定取舍對象,顯然有其積極意義,具有可行性基
礎。下面就此論列兩組例子。

　　1. 彼側(筆力、彼力)切的 bī-bì 歧異
　　A.《漢語大字典》的 bī-bì 歧異
　　騙　bī《廣韻》彼側切(1897)
　　稫　(二) bì《集韻》筆力切(1093)
　　B.《漢語大詞典》的 bī-bì 歧異
　　幅₂　[bī《廣韻》彼側切](3-749)
　　湢　[bì《廣韻》彼側切](5-1450)
　　C.《中文大辭典》的 bī-bì 歧異
　　稫　乙.[集韻]筆力切 bī(10-997)

堛　乙. ［集韻］筆力切 bì(2 - 1235)

D.《漢語大字典》與《中文大辭典》的 bī-bì 歧異

鰏　bī《玉篇》彼力切(大字典 1952)

鰏　［玉篇］彼力切 bì(中文 10 - 657)

E.《辭源》修訂本與《中文大辭典》的 bī-bì 歧異

福　bī 彼側切(辭源 2 - 1600)

福　甲. ［廣韻］彼側切 bì(中文 5 - 302)

彼側(筆力、彼力)切爲幫母職韻開口,據考察而知,幫母入聲聲調的音變傾向是或爲陰平或爲去聲。從這個方面來看,bī、bì 二音屬於對等性質的歧異,不容易確定取舍問題。查該小韻書卷字,《漢語大字典》bī 音 5 例、bì 音 4 例,《漢語大詞典》bī 音 4 例、bì 音 2 例,《辭源》修訂本 bī、bì 各 2 例,《中文大辭典》bī 音 9 例、bì 音 5 例。歧異分布的總體情況是 bī 音略多於 bì 音,據此而確定取 bī 舍 bì,理據還不大充分。下面試從聲符方面切入發掘有關條理:該小韻絕大多數都是"畐"聲符之字,其中的口語常用字詞"逼、偪"("畐"也就是"逼、偪"的古字①),它們的現代既成讀音爲陰平。據此而知,bī 既有多於 bì 的分布基礎,又有聲符表音方面的支持,綜合條件占有優勢,宜於保留陰平而更動去聲。取舍方面的認識程度隨着綜合匯證的展開而趨於深化。

2. "㪻"字的 qù——qù-kè-gé 歧異

㪻　(一) qù《廣韻》丘倨切　又古沓切　口荅切　① 關閉。
　　　(大字典 947)

㪻　甲. ［廣韻］丘倨切 qù

　　乙. ［廣韻］口荅切 kè　① 閉也。(中文 4 - 396)

　　丙. ［廣韻］古沓切 gé

---

① 　參看段玉裁《說文解字注·畐部》"畐"字條。

或取一音,或並存幾個同義的古讀和今音。這種對等關係的今音歧異,沒有孰正孰誤的高下之分,不大容易確定歧異音的取舍問題。變換一個角度,聯繫被注字聲符"去"的今音來看,qù 音除了在歧異諸方占有一席之地以外,還有與被注字聲符同音的優勢,一音而能兼顧兩個方面,總體條件優勝於另外兩音,宜於取 qù 而更動 kè、gé 的道理,至此已經顯而易見。

其三,參酌音節情況而辨證。有一些古音音節,依歷史音變規律而折合,其結果則是現代漢語普通話音節系統中所不存在的"今音"。

現代辭書在注音中是怎樣對待這種情況的?試看《〈漢語大字典〉編寫細則》①的一段叙述:

> 按反切推出來的今音,不要突破北京音系的音節表可能允許的範圍。如果推出來的音與北京音系的聲韻配合規律不符,可通過多種途徑,盡量選用既有依據又不突破北京音系的讀音。

關於這個問題,《漢語大字典》常務副主編趙振鐸先生還有更爲明確的論述:

> 語音要受社會制約。按照音變規律類推出來的音,一定要服從普通話語音結構規律的支配,編纂字典,爲字注音,不能够因爲類推而出現普通話裏不存在的音節。如果遇到這種情況,就要考慮標注一個另外的音。②

---

① 這個《細則》(油印本)爲《漢語大字典》編纂處所撰寫,1982 年。
② 參看趙振鐸《字典論稿·音項及有關問題》,《辭書研究》1990 年第 5 期。

以上兩説都是主張變通處置,以避免出現普通話裏不存在的音節。這是一種頗有代表性的注音意識,四部辭書都曾采用相應舉措規避"無音節"現象。不過,這種處置體例並未做到一以貫之,因此還有不少本屬"不存在"之列的"今音"見於注音當中。語音現實中闕如的音節,這種"不曾聽到的一個音"①,用作語言的物質外殻,必然會影響語言的交際、交流效果,整理歧異時,觀照這方面的情況來確定取舍問題,是具有一定積極意義的。下面就此論列幾組例子。

1. 徂侯切的 zóu-zōu 歧異

剿　丙.﹝集韻﹞徂侯切 zóu(中文 1－1815)
漕　乙.﹝集韻﹞徂侯切 zōu(中文 5－1490)

徂侯切爲從母侯韻,從理論上講今音應折合爲 cóu,zóu、zōu 二音都與反切不合。zóu 音是昧於從母清化規律而致誤,zōu 音則是誤移所致:該小韻的"鯫"字,另有將侯切之讀,因此在徂侯切之字當中引發誤音 zōu。

該小韻共有"剿、漕"等 4 個書卷字,大陸三部辭書未收其音,《中文大辭典》則有兩字選取徂侯切之音,出現的就是上面這種誤音與誤音相對立的特殊格局。

這種歧異局面的整理,不存在分布數據的考察环節,可以直接量情處置。zóu 既屬誤音,同時也是今音系統中闕如的音節,宜乎作爲更動的首選對象。接着要考慮的是,zōu 音是取還是舍的問題。舍棄 zōu 音則要另取 cóu 音。前者是現成的,用它來統一今音,只需更動一個 zóu 音即可,而且又不存在音節闕如問題,不如意之處只是與反切不相合;cóu 音雖合於反切,但是存在音節闕如問題——從《國音常用字彙》到兩岸的現代漢語字詞典,都未讓

①　參看周祖謨《〈廣韻〉四聲韻字今音表·敘例》,中華書局,1980 年。

cóu 這個"聲音"進入今音系統,而且,用它來統一今音,需要更動的是 zóu、zōu 二音。兩相比較,與其改 zōu 音不如就 zōu 音。就 zōu 音而更動 zóu 音的合理性,至此已經明朗化,音節條件在綜合匯證當中起到了重要的參證作用。

2. 初(劦)刮切的 chuà-chuā 歧異

䩍　(三) chuà《類篇》劦刮切(大字典 1371)

劀　(一) chuā《廣韻》初刮切(大字典 152)

初(劦)刮切爲初母鎋(鎋)韻合口,chuà、chuā 二音,聲母韻母不誤,聲調歧異是清入演變的模糊性所致。據考察而知,初母入聲的演變傾向爲去聲,據此則宜於取 chuà 而更動 chuā。查該小韻書卷字,《漢語大字典》共收選 3 字——chuà 音 1 例,chuā 音 2 例,其他三部辭書,則未收其音。從這種分布情況來看,則宜於取 chuā 音而更動 chuà 音。兩種取舍,各有道理。要定其高下,還需另找理據。查 chuà、chuā 二音,前者是今音系統當中不存在的音節——從《國音常用字彙》到兩岸現代漢語字典一直没讓 chuà 這個"聲音"進入今音系統,後者則不存在這種缺陷。

要之,chuà 音只有合乎音變傾向這一個優勢,chuā 音則在分布數值和音節條件這兩個方面都占有優勢。宜於取 chuā 而更動 chuà 的道理至此已趨明朗,音節角度的觀察結果在這裏起到了重要的參證作用。

3. "閜"字的 xiǎ-yà 歧異

閜　(二) xiǎ《集韻》魚駕切　同"閜"。大開;大裂。《字彙補·門部》:"閜,與閜同。"(大字典 1784)

閜　乙.[集韻]魚駕切 yà　開裂也。[集韻]閜、開裂也。
　　(中文 9 - 960)

"閜"有許下切-xiǎ 音,"閜"則無之。前一例因爲"同'閜'"而改從"閭"音,後一例則是依本有之切折合今音,今音歧異由此而產生。改讀和不改讀,二者各有一定道理,不存在是非正誤之別。查 xiǎ、yà 二音,前者是今音系統當中不存在的音節,後者則不存在這種缺陷。融入音節條件而匯證,yà 音顯出了優勢,取 yà 而舍 xiǎ 的合理性,至此已經明朗化。

4. "獳"字的 nòu——nòu-nóu 歧異

獳　（一）nòu《廣韻》奴鉤切①又《集韻》乃豆切　① 犬怒
　　　貌。② 姓。（大字典578）

獳　甲. [集韻] 乃豆切 nòu
　　乙. [廣韻] 奴鉤切 nóu ① 犬怒貌。（中文6-245）

或取乃豆切-nòu 一音,或取乃豆切-nòu 和奴鉤切-nóu 二音,"獳"的"乃豆、奴鉤"二切是同義的異讀,取一音和並列二音在音義搭配上不存在問題;反切與今音的折合方面,各條注音也都沒有問題。只因同義異讀的取舍存在分歧,以致形成一音對多音的歧異——《漢語大詞典》和《辭源》修訂本,也都取的是乃豆切-nòu 一音。進一步考察,nóu 音是今音中闕如的音節,nòu 音則不存在這個缺陷。這些情況表明,nòu、nóu 二音,前者處於多數派地位,而且還有音節上的優勢;後者則是孤例,又屬於現代闕如之音。就 nòu 音而舍棄 nóu 音的合理性,至此已經明朗化,音節條件在綜合匯證中起到了重要的參證作用。

在綜合匯證的過程中,聲符和音節這兩類因素有時還可以兼而用之。例如:

烏（倚）朗切的 àng-yǎng-ǎng 歧異

A.《漢語大字典》的 yǎng-ǎng 歧異

块　yǎng《廣韻》烏朗切(181)

---

① 切下字《廣韻》作"鉤",引例中換成了異體字"鉤"。

笑 （一）ǎng《廣韻》烏朗切（1232）

B.《中文大辭典》的 àng-yǎng-ǎng 歧異

駚 乙. [廣韻]烏朗切 àng（10－343）

胦 丙. [集韻]倚朗切 yǎng（7－997）

軮 甲. [廣韻]烏朗切 ǎng（8－1695）

C.《辭源》修訂本與《中文大辭典》的 yǎng-ǎng 歧異

泱 2. yǎng 烏朗切（辭源 3－1765）

泱 乙. [廣韻]烏朗切 ǎng（中文 5－1076、1077）

D.《漢語大詞典》與《中文大辭典》的 yǎng-ǎng 歧異

眏 ［yǎng《廣韻》烏朗切］（大詞典 3－261）

眏 丙. [廣韻]烏朗切 ǎng（中文 2－670）

E.《漢語大字典》與《中文大辭典》的 yǎng-ǎng 歧異

映 （二）yǎng《廣韻》烏朗切（大字典 631）

映 乙. [廣韻]烏朗切 ǎng（中文 4－1288）

烏朗切爲影母蕩韻開口，ǎng 音合於反切，àng、yǎng 都是誤移所致：該小韻的"醠、盎"和"怏、姎、眏"，前者另有於浪切之讀，後者另有倚兩切之讀，因此在烏（倚）朗切書卷字當中引發誤音 àng、yǎng。

查該小韻書卷字今音，《漢語大字典》yǎng 音 6 例、ǎng 音 1 例，《漢語大詞典》yǎng 音 4 例，《辭源》修訂本 yǎng 音 3 例，《中文大辭典》yǎng 音 4 例、ǎng 音 8 例、àng 音 1 例。àng 音既不合律而且又屬孤例，宜乎作爲更動的首選對象。至於 yǎng、ǎng 二音，其分布情況則不大平衡：《漢語大字典》等大陸三書以前者爲代表，《中文大辭典》則以後者爲代表，海峽兩岸存在 yǎng-ǎng 歧異。這種分布局面，既不便於"取正"，也不便於"取誤"。易於操作的方案是，大陸三書取 yǎng 改 ǎng，《中文大辭典》取 ǎng 改 yǎng，兩岸分而治之。這種作法，雖然求得了單方面的内部一致，但海峽兩岸的歧異終究不能消除,作爲暫時性的權宜處置似乎無可厚非,從海峽兩岸語言統一的角度來看,終歸是留有缺憾。現在換一個角度進行發掘:其一,該小韻都是"央"聲符之字,"央"字今音聲韻爲 yang,从"央"的常用字,今音聲韻多爲 yang;其二,ǎng 音是現代普通話音節系統中所不存在的"聲音"──從《國音常用字彙》到兩岸現行的代表性字詞典,都沒讓 ǎng 這個"聲音"進入今音系統。yǎng 音既有較高的分布數值,同時還在聲符和音節方面都占有優勢,宜於取 yǎng 而舍 ǎng 的道理,隨着兩個新視角的融入而趨於明朗。

其四,聯繫音義搭配情況而辨證。歷史上一字多音的情況非常多見,有的是同義而有異讀,有的是異義而有異讀,今人作注時各取其音而設立音項,因而往往引發因書而異的今音歧異。同義異讀所引發的今音歧異,往往不存在正誤之分,屬於對等的關係;異義的異讀所引發的今音歧異,則往往是正誤對立的關係。四部辭書裏,兩類性質的今音歧異兼而有之,情況較爲複雜,整理這種因異讀而形成的歧異局面,首先就要從音義搭配方面進行辨證,借以廓清歧異性質,爲對症治理提供可靠的依據。下面擇要論列幾組情況。

1. "苲"字的 zhé-zhǎ 歧異

1A. 苲 2. zhé《集韻》側格切 ②草名。即金魚藻一類水生植物。見《集韻》。(辭源 4 - 2639)

1B. 苲 (一) zhǎ《集韻》側下切 ② 苲草,指金魚藻等水生植物。(大字典 1330)

或取側格切-zhé 音,或取側下切-zhǎ 音,古今音折合不誤,今音歧異純然由各取其音的緣故而引發。查《集韻》、《玉篇》等文獻,它們的注音釋義表明,側格切和側下切都跟"苲草"之義相配。據此而知:該組今音歧異沒有正誤之分,可以劃入對等性歧異的範疇進行整理。

2. “蹅”字的 dá-zhǎ 歧異

2A. 蹅 ［字彙］徒合切 dá ① 跼蹅、行跨貌。（中文 8－1628）

2B. 蹅 （一）zhǎ《集韻》竹下切 ［跼蹅］行跨貌。（大字典 1555）

“跼蹅”的“蹅”，或取徒合切-dá 音，或取竹下切-zhǎ 音。古今音折合不存在問題，現在需要考辨的是音義搭配方面。查《新修絫音引證群籍玉篇・足部》：“蹅，徒合切，𨇽蹅。又竹下切，跼蹅，行跨貌。”這部字書出自宋金對峙時期金朝學者邢準之手，注音、釋義等方面都比較接近原本《玉篇》，可用於印證《字彙》和《集韻》的注音釋義。印證結果表明，“跼蹅”的“蹅”實與竹下切之音相配，至於徒合切，則是“𨇽蹅”的“蹅”所配之音。廓清了音義搭配情況，該組 dá-zhǎ 歧異應該舍前者而取後者的道理也就豁然大明了。

3. “濕”字的 xí-xié 歧異

3A. 濕 （三）xí ㊀《集韻》席入切 同“隰”。低濕的地方。
㊁《集韻》悉協切 同“隰”。古人名用字。
（大字典 743）

3B. 濕 丁．［集韻］悉協切 xié 人名。與隰、燮通。（中文 5－1630）

“濕”的“人名”意義存在今音歧異。查《集韻》（《緝韻》及《帖韻》）：

> 濕，席入切，《説文》：阪下濕也。
> 隰、濕，悉協切，闕人名，《春秋傳》有公子隰，或從水。

上述注音釋義表明，“濕”的“人名”意義，實與悉協切相配，至於席入切,則是其他義位所配之音。3A 中的"人名"意義,雖然搭配了悉協切這一古音,但今音方面却是用的席入切-xí 音,以致與 3B 的悉協切-xié 音形成歧異。弄清了歧異的性質,整理方面的頭緒也就隨之而明確了。

辨證工作需要借重古代的音韻文獻,在這個方面,一定要注重考校,不能拘泥字面而望文生解①。下面擬就這一議題展開簡要考論。

"龐"字的 lóng——lóng-péng 歧異

A. 龐 (二) lóng ㊀《集韻》盧東切 [龐龐]充實;壯實。(大字典 1993)

B. 龐 乙. [集韻]盧東切 lóng 充實也。[集韻]龐、充實也、詩四牡龐龐。

丁. [集韻]蒲蒙切 péng 充牣也。[集韻]龐、充牣也。(中文 3-1347)

"盧東、蒲蒙"二切及其今音,《漢語大字典》作同義異讀對待,從中選取盧東切-lóng 音,配以"充實、壯實"之義;《中文大辭典》則作爲異義的異讀分繫於"充實、充牣"二義。"龐"字異讀的分合歧異就這樣形成了。

查《集韻·東韻》:

龐、𪚱,盧東切,充實也。《詩》:四牡龐龐。或從馬。

龐、𪚱,蒲蒙切,充牣也。或從馬。

"充實"和"充牣",意義無别,只是説法不同而已,這兩條音義

---

① 參看范新幹《濁上變去發端於三國時代考》,《漢語史研究集刊》第二輯,巴蜀書社,2000 年。

的其他區別在於,前者通過引例指明了被注字用的是疊音形式;後者則未交待用例,從字面上看,被注字是單用形式。既有疊音與單用之別,也就可以把它們作爲"異義"現象而處置,按照這種思路來看,《中文大辭典》離析爲二義不無道理。

"龐"字"讀盧東切時用於疊音形式",這是一個可以肯定的命題,現在的問題在於,"讀蒲蒙切時用於單用形式",這一字面情況能否代表真實內蘊。關於這個疑問,還需聯繫《集韻》的表述習慣進一步辨證。試看例子:

　　1."攕"字音義

　　《集韻·咸韻》:攕、摻、掔,師咸切。《説文》:好手皃。
　　　　　　　　　　引《詩》"攕攕女手"。或作摻、掔。

　　《集韻·鹽韻》:攕、摻,師炎切。《説文》:好手皃。或
作摻。

　　2."駗"字音義

　　《集韻·侵韻》:駗、駸,千尋切。《字林》:馬行疾也。或
　　　　　　　　　　從侵。

　　《集韻·侵韻》:駗,初簪切,馬行疾也。

　　在古代文獻中,"好手皃"之"攕(摻、掔)"和"馬行疾"之"駗(駸)",都見於疊音形式,但這一情況,並沒有在音義表述當中得到"如實"交代,前一組是或述及或不述及;後一組則是全不述及。從這裏可以看出,《集韻》在交代疊音方面,體例不大一致,未述及疊音問題的音義注釋,其被注字不見得就一定屬於非疊音形式。

　　《集韻》裏,不單是疊音之類存在這種"或述及或不述及"的問題,其他複音形式的訓釋也存在類似的情況。試以"灄"字音義爲例:

《集韻・紙韻》：灑，敞尒切。沾灑，音不和。
《集韻・至韻》：灑，充至切，音敞不和。

從字面上看，"灑"字上述二音，各自爲義：一是"音不和"之義，見於"沾灑"這一固定的組合形式；一是"音敞不和"之義，見於單用形式。進一步調查考察而知："音不和"與"音敞不和"，二者實際上指的是同一種現象，只是釋義表述方面詳略有所不同而已；"音（敞）不和"這一意義，在古代文獻裏以"沾（惢）灑"或"怗灑"等組合形式出現。至此而知，《集韻》裏雙音連語這類被注對象的解釋，也存在減省而不言及全稱的問題。由此可以進一步印證，《集韻》裏未述及疊音問題的音義注釋，其被注字不見得一定不是疊音形式。

現在回過頭來，聯繫文獻用例等方面，進一步考辨"龐"的音義情況。"龐"的"充實（充牣）"意義，見於《詩經・小雅・車攻》，現將這一用例以及相關古注抄錄如下：

> 《詩經・小雅・車攻》："四牡龐龐。"《毛傳》："龐龐，充實也。"陸德明《經典釋文》："龐龐，鹿同反；徐扶公反。充實也。"

至此不難看出，《經典釋文》是在承用《毛傳》義訓的基礎上形成的音義解釋，《集韻》的注音釋義，則是襲用《經典釋文》音義而成：前一條，"鹿同"換爲"盧東"，只是變換了字面形式而已，其他內容則是照抄舊文；後一條，"扶公"換爲"蒲蒙"，"充實"改爲"充牣"，都只是變換了字面形式而已。

《經典釋文》"龐龐"條的要素在於兩個方面：一是疊音而用的詞形特徵，二是兩音共繫於一義的音義特徵。由此一脈相承而產生的《集韻》"龐"字條，自然也是一樣的內蘊。我們透過《集韻》

音義表述的字面,領會到了它的真詮。

　　"龐"字"盧東、蒲蒙"二切屬於同義異讀的問題既已廓清,其lóng——lóng-péng 歧異如何整理的問題也就不言而喻了。

　　古代韻書的音義注釋,其表述方面的不"精細"現象,不單《集韻》有之,而且也存在於《廣韻》等其他韻書當中,凡此種種,拘於字面辨音,必然會導致誤解。解決問題的辦法只有一個,就是擴大視野,聯繫相關文獻進行考辨,只有這樣,才能透過表象認清真詮,從而正確把握今音歧異的是非正誤等性質。

　　有些考辨對象的音義情況,古代韻書語焉不詳,要解決問題,還需另尋依據。例如:

　　"礰"字的 lüè-luò 歧異

　　A. 礰　lüè 離灼切　③ 堅貌。（辭源 2 - 1325、1326）

　　B. 礰　丁.［集韻］歷各切 luò　① 礰然、石堅固貌。（中文 4 - 833）

　　"礰"的"堅貌(石堅固貌)"之義,前一例取離灼切-lüè 音,後一例取歷各切-luò 音。查"礰"字音義:

> 《廣韻》離灼切(《集韻》力灼切),擊也。
> 《廣韻》郎擊切,捎也;《集韻》狼狄切,擊也。
> 《集韻》歷各切,擊也。《集韻》弋灼切,擊也。

　　《廣韻》、《集韻》各切都沒有"石堅固貌"義,單從這個方面看,字詞典或配以離(力)灼切,或配以歷各切,二者的具體性質,不大容易確定。進一步考察,"礰"的"石堅固貌"義,用例見於《荀子・王霸》,楊倞有"礰讀爲落"之注——"落",中古盧(歷)各切。綜合上述情況來看,"礰"的"石堅固貌"義,配以歷各切-luò 音較勝。

　　上述情況表明,音義關係的辨析,在借重古代韻書的同時,還要聯繫其他相關的音義材料,通過多方面的辨證再下結論。

　　關於音義搭配問題的辨證,有時還要把字詞典注音釋義體例方面的有關情況聯繫起來考察。試看兩組例子:

1.　"袙"字的 zhé——diān-dié 歧異

1A.　袙　（一）zhé《集韻》丁兼切　①衣襟。②同"襴（幗）"。衣領端。（大字典1284）

1B.　袙　乙.［集韻］丁兼切 diān　①綃也。褸也。皆衣袵也。②領端也、與襴同。

　　　　　丙.［集韻］的協切 dié　（中文8-630）

　　1A 徑依"襴（幗）"字改讀爲 zhé;1B 雖也認定了"與襴同"的性質,但沒有改讀,而是並存本身的丁兼切-diān 和的協切-dié。

　　查《集韻》而知,被注字"袙"有"丁兼、的協"二切,都是"衣袵（襟）"義;"襴（幗）"則有"丁兼、的協、陟涉"三切,都是"領端"義。1A 的 zhé 是來自陟涉切的改讀之音,只能管領"袙（幗）"的"領端"義,而不能兼顧"袙"本身的"衣袵（襟）"義,這個 zhé 音對於義項①和義項②來說,存在顧此失彼的問題。至於 1B 所並列的兩個音項,則是既可管領"袙"的"衣袵（襟）"義,又可兼顧"袙（幗）"的"領端"義,符合音義搭配關係。

　　該組今音歧異首先要解決的問題就在於 1A 的音義搭配方面。這類音義注釋,字詞典還有另一種表述體例。例如:

A.　擘　（一）pán《廣韻》薄官切　手不正。

　　　　（二）bān　同"搬"。遷運。（大字典809）

B.　侳　1. zuò 則臥切　①安。

　　　　2. cuò　②羞辱。同"剉"。（辭源1-220）

　　這兩例也都是多義之中有一義"同"於其他字（詞）,但不是用一個經過改造的今音兼賅各義,而是各以其類相從。既實現了改讀目標,又顧及了其他音義的搭配,顯然優勝於籠統性的改讀處置。

比照這樣的處置模式來看,"袛"字組歧異的前一例,宜於設立兩個音項,一是丁兼切-diān 音,二是 zhé 音,前者與"衣襟"義項相配;後者與"同'裋(幝)'"義項相配。這樣在保證音義搭配的前提下落實改讀目標,可算是比現狀進了一大步。當然,這還只是就着原意、因其固然而作的一種調整,至於前後兩例,它們或改讀或不改讀的問題,這種歧異狀況的調整,則需通過宏觀調控的手段來解決①。

2. "吡"字的 bǐ-pǐ 歧異

2A. 吡　(二) bǐ《廣韻》匹婢切　① 同"諀"。詆毀。② 通"比"。比較。(大字典 247)

2B. 吡　pǐ 匹婢切　詆毀。　……清王念孫謂"吡"與"諀"同。(辭源 1-487)

前一例有"同'諀'"和"通'比'"兩個義項,後一例只有"與'諀'同"一個義項。"詆毀"義的"吡、諀",它們的中古音都是匹婢(普弭)切(今音爲 pǐ),可見前一例的今音 bǐ,是根據通"比"這一義項而改讀的結果。後一例未收這個義項,因此不可能有 bǐ 音,自然也就不存在改本讀以求 bǐ 音的問題了。"吡"的通"比"用法,學界早有定論,有關辭書或收此義項或不收之,這不是因字義理解、訓釋方面存在差異而造成的,而是辭書體制不同的緣故:在釋義及義項建立方面,《漢語大字典》是力求其全,《辭源》修訂本則是擇要性的。從這個方面來看,它們在義項建立方面有差異是正常的現象。基於上述情況來看,該組 bǐ-pǐ 歧異,在一定程度上

───────────────

① 　參看本書下篇第三節。

可以算作各得其宜的處置。

　　進而論之,前一例籠統地注以 bǐ 音,以致音義搭配顧此而失彼。宜於跟"擘"字條一樣,各以其類相從:增立匹婢切-pǐ 音一項,管轄"同'諀'"義項——與後一例達成一致;改讀之音 bǐ 自爲一項,管轄"通'比'"義項。這樣一來,既避免了義項①的音義搭配錯亂,又消除了兩例的今音歧異問題。

　　總起來説,表現在音義關係方面的今音歧異,都應從音義搭配方面入手洞徹其性質,爲整理工作奠定一個堅實的基礎。

　　其五,觀照連鎖性關係而辨證。有些歧異現象,其被注字的今音涉及一些相關之字的今音問題,在整理過程中,應考慮到這種連鎖性情況。例如:

　　"韛"字的 pòu-fù 歧異

　　A. 韛　　丙. [廣韻]蒲候切 pòu　革裹車輄也。或作鞴。(中
　　　　　文 9 - 1671)
　　B. 韛　　(二) fù《集韻》蒲候切　同"韛(鞴)"。皮衣車輄。
　　　　　(大字典 1810)

　　前一例取蒲候切,該反切的今音應爲 bù,pòu 音則是古今折合疏失所導致的誤注;後一例的今音 fù,不是來自蒲候切,而是依就"韛(鞴)"改讀的結果。既然涉及改讀問題,因此有必要把相關之字的注音情況聯繫起來考察——《漢語大詞典》和《辭源》修訂本未收其音,下面的考察只需就《漢語大字典》和《中文大辭典》二書展開。

　　1.《漢語大字典》裏的相關之字
　　1A. 鞴　　(四) fù《集韻》扶富切　同"韛"。皮衣車輄。
　　　　　(1808)
　　1B. 韛　　(三) fù《集韻》扶富切　裹皮的車輄。(1874)
　　1C. 䪎　　同"韛"。(1873)

2.《中文大辭典》裏的相關之字

2A.　韛　丙. ［集韻］扶富切 fù　① 革裏車軔也。與韛同。
　　　　　② 與鞴同。（9－1663）

2B.　韛　丙. ［集韻］扶富切 fù　① 圍下身之布也。內裙也。
　　　　　② 皮衣車軔也。與鞴同。（9－1708）

2C.　鞴　 ［集韻］扶富切 fù　① 皮衣也。車軔也。② 或作
　　　　韛、鞴、韛。（9－1707）

　　相關各字在《漢語大字典》和《中文大辭典》裏都是扶富切-
fù 音。關於異體字、通假字、古今字的今音,四部辭書裏存在改
讀以求同音的作法①。基於這種注音體例,從字音規範的高度
看,處在上述語音背景之中的"韛"字 pòu、fù 二音,宜於從改讀
入手進行調整——改 pòu 爲 fù 以達成一致,不必拘泥蒲候切而
取 bù 音。

　　有些因改讀與否而導致的歧異,其今音的取捨問題,不能單憑
改讀一個方面就事論事,而應聯繫全小韻各字的注音狀況進行綜
合匯證。例如:

普本切的 běn-pěn 歧異

A.　栟　 běn《廣韻》普本切（大字典 1393）
B.　栟　 ［廣韻］普本切 pěn（中文 7－780）

　　běn、pěn 二音,前者不合於反切,後者才合於反切;從今音音
系來看,只存在 běn 音節,而不存在 pěn 音節。"普本"是一個地
道的"音和切",běn 音不大可能是反切折合失誤所致,而是改讀的
結果——改從 běn 音以規避 pěn 這個現代闕如的音節。或改其
讀,或依切折合,今音歧異由此而形成。單純從改讀和音節有無方
面看,běn 音之注是順應語音規範的需要而改讀,似乎宜於取 běn

––––––––––––––––––––

① 　參看本書上篇第十一節。

而舍 pěn。進一步調查，普本切各書卷字，今音注作 běn 的，只有上述這一個孤例，不單是《中文大辭典》都依切折合作 pěn，就是《漢語大字典》本身，"栩"以外的字也都是依切折合作 pěn。這些情況表明，普本切音節的改讀問題，並沒有形成統一的體例，不改讀的情況反而占上風。這種情況之下的整理工作，自然不必抱着"改讀"處置作爲唯一的法式，而應以既定的注音現狀爲重，因其固然而治理。查該小韻書卷字，běn 音 1 例，pěn 音 5 例，一少一多，比例差別較大，取 běn 音必須更動多個 pěn 音，取 pěn 音只需改動一處 běn 音。兩相比較，顯然宜於取 pěn 而更動 běn。

歧異整理的種種方法，一般都是各據一端、一理而論事。然而，歧異的形成及其整理，涉及的往往是多重因素。這種矛盾對立表明，整理諸法各有用場，各有長短，都有不完善之處，單個運用難免會有局限性，綜合而用才可駕馭紛繁、適應需要。上面述説整理諸法，雖是分類展開，但在具體的論列中，往往不是單憑某一個方面遽行決斷，而是盡量觀照多個方面通過綜合匯證而論治。分類展開出於述説的便利，綜合論治則是出於實際需要。這種看似矛盾的行文進一步説明，歧異的整理應該注重多種方法的綜合利用，只有這樣，才能使諸法揚長避短、相互補益，從而提高方法體系的使用價值。

第三節　書卷字今音歧異整理的宏觀調控手段

書卷字今音歧異整理需要利用宏觀調控手段。關於這個論題的闡述，還是從有關實例説起。

1. "𥺚"字的 chā-shà 歧異

𥺚　（一）chā《集韻》測洽切　行貌。（大字典 351）

𥺚　［玉篇］山洽切 shà　行貌。（中文 3−1662）

或取測洽切,或取山洽切,以致形成 chā-shà 歧異。被注字屬於僻字、僻詞,這兩部辭書以外的字詞典一般都未收選,不存在"求同"的比照條件;從音義關係方面看,測洽切-chā 音和山洽切-shà 音,屬於同義異讀,雙方是對等的關係。依硬指標而論治,取 chā 舍 shà 和取 shà 舍 chā,二者没有是非優劣之分。

2. "皰"字的 pào-bào 歧異

皰　pào 防教切　面瘡。《説文》作"皰"。(辭源 4–3363)

皰　[bào《廣韻》防教切]　① 同"皰"。(大詞典 12–391)

"皰"有匹兒切-pào 音,"皰"則無之。前一例根據"《説文》作'皰'"的情況,改從"皰"字今音①;後一例雖然也認同"同'皰'"之説,但没有改讀,仍是依本有之切折合,或改讀或不改讀,以致形成 pào-bào 歧異。改讀和不改讀,二者不存在是非正誤之别,屬於對等性歧異,依硬指標而論治,取 pào 舍 bào 或取 bào 舍 pào,二者各有其理,没有高低優劣之分。

3. 古伯切的 gé-guó 歧異

譑　[字彙補]古伯切 gé(中文 8–1164)

譑　guó《龍龕手鑑》古伯反(大字典 1676)

古伯切源於《龍龕手鑑》等中古字書、韻書,《字彙補》裏的古伯切自然屬於襲舊的性質,跟《龍龕手鑑》的古伯切一樣,代表的是中古聲韻地位。

中古反切的唇音切下字既可切開口韻,也可切合口韻——切下字"伯"所切的韻母可以是開口也可以是合口。碰巧,《廣韻》裏見母陌韻開口和合口小韻,用的都是"古伯"這個反切——古伯切在中古音系裏是兼賅開口和合口兩個音節的。在這樣的雙重因素

---

① 關於改讀以求同音之類,參看本書上篇第十一節。

之下,《龍龕手鑑》(《字彙補》)的古伯切,其韻母的開合問題,也就成了一個歷史懸案。現代字詞典或視之爲開或視之爲合,gé-guó歧異由此而産生①。

　　因爲古音信息模糊,以致 gé、guó 二音難以分辨是非正誤,加之,該組歧異屬於孤例,不存在求同的比照條件,從這個方面也難以判定歧異雙方的高低優劣。取 gé 舍 guó 和取 guó 舍 gé,難以判別是非高下。

　　4. 側九切的 zhǒu-zǒu 歧異

　　A.《中文大辭典》與《漢語大詞典》的 zhǒu-zǒu 歧異

　　搊　乙. [廣韻]側九切 zhǒu(中文 4－723)

　　搊₂　[zǒu《廣韻》側九切](大詞典 6－815)

　　B.《中文大辭典》與《漢語大字典》的 zhǒu-zǒu 歧異

　　蚰　[廣韻]側九切 zhǒu(中文 8－404)

　　蚰　zǒu《廣韻》側九切(大字典 1193)

　　查該小韻書卷字,《辭源》修訂本未收其字(其音),《漢語大字典》和《漢語大詞典》全都折合爲 zǒu,《中文大辭典》則全折合爲 zhǒu,zhǒu、zǒu 二音,海峽兩岸各據一端,無法"存大同去小異"。側九切爲莊母有韻,莊母的歷史音變存在 zh-z 不定的問題,該小韻沒有口語字詞,因之也就不能顯示更具體的音變條理。大環境方面存在音變綫索的模糊性,具體音節的聲母演變也無傾向性可言②,這既是引發 zhǒu-zǒu 歧異的主因,同時也是歧異整理中一個大的窒礙:歧異雙方屬於對等關係,取 zǒu 舍 zhǒu 和取 zhǒu 舍 zǒu,二者各有其理,没有高下之分。

---

① 參看本書上篇第九節。
② 關於歷史音變綫索的模糊性和傾向性及其相關問題,參看本書上篇第十節和下篇第六節。

5. 鞋鞋切的 jiē-jiā 歧異

鞋　jiē《玉篇》革鞋切（大字典 1225）

鞋　[玉篇]革鞋切 jiā（中文 7－644）

該組 jiē-jiā 歧異屬於孤例，不存在求同的比照條件。革鞋切與《廣韻》古膎切（《集韻》居膎切）相同，屬於見母佳韻開口，其韻母後來或變爲 ia，或變爲 ie，分化的條件不大明朗；古（居）膎切小韻，正好也只有"佳、街"二字，韻母一爲 ia 一爲 ie，分化的條件也不大明朗。大環境的韻母演變綫索存在模糊性，具體音節的韻母演變也無傾向性可言，jiē、jiā 二音屬於對等關係，取 jiē 舍 jiā 和取 jiā 舍 jiē，二者各有其理，沒有高下之分。

6. 普擊（匹歷）切的 pī-pì 歧異

A.《中文大辭典》的 pī-pì 歧異

㥯　[廣韻]普擊切 pī（4－286）

䴙　丙. [集韻]匹歷切 pì（10－829）

B.《辭源》修訂本的 pī-pì 歧異

鈚　pī《集韻》匹歷切（4－3189）

澼　pì 普擊切（3－1889）

C.《中文大辭典》與《漢語大字典》的 pī-pì 歧異

㽏　乙. [集韻]匹歷切 pī（中文 2－355）

㽏　pì《廣韻》之石切　又《集韻》匹歷切（大字典 34）

普擊（匹歷）切屬於滂母昔韻開口，pī、pì 二音，聲母韻母不誤，聲調歧異是清入調類演變的模糊性所致。

查該小韻書卷字，《辭源》修訂本和《漢語大詞典》都是 pī、pì各 1 例，《漢語大字典》pī 音 1 例、pì 音 3 例，《中文大辭典》pī 音 4例、pì 音 2 例。分布凌亂，無法"求同去異"。滂母入聲聲調的演變傾向是或爲陰平或爲去聲，從這個方面來看，pī、pì 二音屬於對等性質的歧異，取 pī 舍 pì 和取 pì 舍 pī，二者各有其理，沒有高下之分。

　　上述幾組今音歧異,或因各取其音而引發,或因改讀與否而引發,或因古音信息模糊而引發,或因聲韻調演變綫索模糊而引發。它們的共同點是,歧異的諸方屬於對等關係,沒有是非正誤之分,表現在歧異整理上,就是取何音舍何音的問題存在一定的彈性。整理這類帶有彈性問題的歧異,可資利用的客觀性理據比較缺乏,硬指標的依據作用比較有限,從很大的程度上來説,恐怕需要倚重主觀方面的"作用"——在統一籌劃的基礎上通過調控手段進行解決。

　　不單是彈性問題,就是其他種類的"整理難"問題,也同樣需要通過這種調控手段來解決。例如:

1. 匹賓(紕民)切的 bīn-pīn 歧異

A.《中文大辭典》的 bīn-pīn 歧異

翻　[廣韻]匹賓切 bīn(7－829)

礦　[集韻]紕民切 pīn(6－1368)

B.《中文大辭典》與《漢語大字典》的 bīn-pīn 歧異

穦　[集韻]紕民切 bīn(中文 10－275)

穦　pīn《集韻》紕民切(大字典 1840)

C.《中文大辭典》與《辭源》修訂本的 bīn-pīn 歧異

驦　[集韻]紕民切 bīn(中文 10－413)

驦　pīn《集韻》紕民切(辭源 4－3469)

　　匹賓(紕民)切爲滂母真韻,pīn 音合於反切,與反切不相合的 bīn 音是語音異變所致:該小韻的"繽"字異變爲 bīn,因此在同小韻書卷字當中引發今音誤注①。

　　查該小韻書卷字,《辭源》修訂本和《漢語大詞典》都是 pīn 音

––––––––––––––––

①　關於語音異變及其引發今音歧異的問題,參看本書上篇第八節。

1 例,《漢語大字典》pīn 音 7 例,《中文大辭典》bīn 音 8 例、pīn 音 2
例。大陸三書一律爲 pīn,《中文大辭典》則是 bīn 爲主流,bīn、pīn
二音,海峽兩岸各據一端,互爲對峙。這樣的今音歧異格局,盡管
屬於正誤對立的性質,同樣也存在整理難的問題——從硬指標方
面着手不大容易確定取捨標準,需要通過"調控"手段來解決
問題。

　　2. 於避切的 huì-wèi 歧異

　　A.《漢語大字典》的 huì-wèi 歧異

　婎　（一）huì《廣韻》於避切(450)

　喴　wèi《集韻》於避切(279)

　　B.《中文大辭典》與《漢語大字典》的 huì-wèi 歧異

　睟　［集韻］於避切 huì(中文 6－1144)

　睟　wèi《集韻》於避切(大字典 1047)

　　於避切爲影母眞韻合口,wèi 音合於反切,與反切不相合的
huì 音是語音異變所致:該小韻的"恚"字異變爲 huì,因此在同小
韻書卷字當中引發今音誤注。

　　查該小韻書卷字,《辭源》修訂本和《漢語大詞典》都未收其字
(其音),《漢語大字典》huì 音 1 例、wèi 音 3 例,《中文大辭典》huì
音 3 例、wèi 音 1 例。huì、wèi 二音,海峽兩岸各據一端,互爲對
峙,雖然是正誤對立性的歧異,但整理起來並不容易,既不便於"存
正去誤",也不便於其他角度的"求同",總之,從硬指標方面難以
確定取捨標準,需要通過"調控"手段來解決問題。

　　3. 胡(户)決切的 xuè-xué 歧異

　　A.《中文大辭典》的 xuè-xué 歧異

　抙　甲　［集韻]胡決切 xuè(4－478)

　觖　丁　［集韻]胡決切 xué(10－726)

　　B.《中文大辭典》與《漢語大詞典》的 xuè-xué 歧異

蚗　［玉篇］戶決切 xué（中文 8－361）

蚗　［xué《玉篇》戶決切］（大詞典 8－878）

C.《中文大辭典》與《漢語大字典》的 xuè-xué 歧異

絉　甲.［廣韻］胡決切 xuè（中文 7－309）

絉　xué　㊀《廣韻》胡決切①（大字典 1411）

胡（戶）決切爲匣母屑韻合口，xué 音合於反切，xuè 音則不合。xuè-xué 歧異的形成，與該小韻口語詞"穴"的今音狀況相關。"穴"字曾有 xué-xuè 二讀——前者合於音變規律，後者則屬於異變現象，《國音常用字彙》兼收二音②，1957 年以來，大陸方面改定 xué 爲規範音③，而臺灣方面則有些不同，在一些有影響性和代表性的字詞典中，或以去聲爲規範音，或是沿襲舊章，以異讀關係並存 xuè、xué 二音④。給該小韻書卷字確定今音時，或從反切入手，比照歷史音變規律進行折合，或徑依"穴"字今音類推，以致歧成 xué、xuè 二音。大陸辭書注有個別的 xuè 音，這是沒有徹底擺脱"穴"字去聲讀法影響的表現；《中文大辭典》的 xuè-xué 歧異，則是在臺灣語音規範狀況這一背景下，受"穴"字多音現象影響而產生的結果。

查該小韻書卷字，《辭源》修訂本未收其字（其音），《漢語大詞典》xué 音 1 例，《漢語大字典》xuè 音 1 例、xué 音 4 例⑤，《中文大辭典》xuè 音 4 例、xué 音 1 例。xuè、xué 二音，海峽兩岸各據一

---

①　切下字《廣韻》作"決"，《漢語大字典》引證時改成了俗體"决"。

②　參看《國音標準彙編・常用字彙》，上海開明書店，1947 年，第 41 頁。

③　參看徐世榮《普通話異讀詞審音表釋例》，語文出版社，1997 年，第 231 頁。

④　《國民常用標準字典》音 xuè，《中文大辭典》、《重編國語辭典》和《重編國語辭典修訂本》（網路版）都是以異讀關係並存 xuè、xué 二音。

⑤　這個 xuè 1 例、xué 4 例的分布是依《漢語大字典》合訂本和八卷本統計的數據，依九卷本（第二版）則 4 例全爲 xué 音——删除了舊本原有的 1 例胡決切-xuè 音，兩岸各據一端的情況因之顯得更爲突出。

端,互爲對峙,既不便於"存正",也不便於"存誤"。

　　從字形結構方面看,該小韻絶大多數都爲"穴"聲符之字,本可參酌這方面的情況而處置,但是"穴"字今音本身却存在陽平與去聲的混亂性,這種情況下的同聲符之字,其聲調取捨方面,仍然不易確定標準,有待於海峽兩岸統一這一異讀現象的規範標準。

　　要之,該組今音歧異,盡管屬於正誤對立的性質,但這種各據一端的分布格局,根本就没有硬指標可以用作"存正"或"取誤"的依據,這種難題恐怕只有借重"調控"手段才能得以解決。

　　以上說的都還是一些比較凸顯的情況,換一個角度往深處說,則還有注音處置方面的主觀隨意性問題,同樣也需要借重"調控"的作用來轉化。

　　關於注音隨意性現象,從上面論及的有關例子切入即可知其梗概。"徛"字歧異組是各取其音所致,"皰"字歧異組是改讀與否所致,都屬於隨意性導致歧異的典型情況。至於後幾組歧異,乍看起來,似乎與注音的隨意性無關,其實則不然。古音信息和聲韻調演變綫索的模糊性,語音異變以及口語字詞的今音混亂問題,凡此種種,都只不過是書卷字今音歧異所由生的客觀基礎而已。試想,遇到這類情況,若能用一種高度講究統一性的注音機制加以應對,斷然不至於産生這樣的歧異狀況。正因爲與之應對的,不是具有高度統一性的注音機制,而是種種各行其是性質的處置,因此才造成如此嚴重的注音歧異局面。要之,書卷字今音歧異所由生的客觀基礎,只有加上隨意性這一主觀因素,在這樣的情況之下才會産生注音歧異,可見隨意性問題在這裏起到的是一種關鍵性的促成作用。

　　歧異所由生的原因,大都是一個綜合的體系,在這種綜合體系當中,大都存在程度不等的隨意性因素。也就是說,隨意性問題並非偶見現象而是慣習,存在於大多數書卷字注音當中,是一個較具普遍性的"致亂"因素。

　　歧異整理需要的是總體觀念，而隨意性現象則與之格格不入——不只是導致了今音歧異，同時也影響着歧異整理，是歧異整理工作的大忌。歧異的整理工作應從糾正隨意性做起，從理念上廓清其是非正誤，在具體運作方面來一個撥亂反正，打破各自爲政、各行其是的老套路，把整理工作引入正途。建立在這種基礎上的審音機制，其精髓在於講究統一性。其一是統一處置標準，爲同類對象能夠得到同樣的對待而提供實施依據；其二是統一實施環節，做到一以貫之，避免失衡情況發生，確保同類對象都真正得到同樣的對待。

　　隨意性需要"統一性"來克服，而"統一性"則在很大程度上需要借重"調控"的作用來夯實和落實。拿歧異整理的基本程序來說，以小韻爲類聚的歧異局面，什麼樣的情況下可以統一其音，通過取何音、舍何音來統一；什麼樣的情況下可以讓"大同"與"小異"並存，其中哪些字應該更動其音，哪些字則應保留其音；改讀所導致的歧異，什麼樣的情況下取改讀音，什麼樣的情況下取本有音；等等，要確定這些方面的具體標準，要確保這些標準的統一性，即使在具有客觀性理據可資利用的情況下，也不能不結合"調控手段"進行綜合運作；至於"客觀性理據比較缺乏，硬指標的依據作用比較有限"之類，在這種情況下，"調控"自然也就成了所要倚重的主要手段。

　　至此而知，歧異整理工作中的難題，其轉化契機大都在於"調控"；克服"隨意性"——確立"統一性"，這兩項最基本的工作也都需要通過"調控"作用來支撐。解決難題和保證質量都離不開這個方面的作用，"調控"之於歧異整理，是一個不可或缺的重要依憑。不管在怎樣的情況下，只要缺少了調控機制，隨意性就會乘隙而入，我們就會走上注音的老路，以致無法開展整理工作；相反，不管在怎樣的情況下，只要融入了調控手段，就能夠克服"隨意性"、落實"統一性"，從而提高解決難題的"能力"，爲保證整理質量打好重要基礎。

　　"統籌調控"貴在閎通：既要看到外在因素，同時還要考慮潛在因素；既要切中今音歧異這一主體，同時還要綜合音韻、文字、訓詁、辭書音義體例等方面進行通盤考察；既要看到統一書卷字今音的合理性和必要性，同時還要從海峽兩岸和有關華語區文化氛圍的客觀差異和既定音注已有影響等方面考慮其可行性；既要力求處置到位，盡量不留尾巴，又要尊重具體對象的客觀實際，做到量情行事；等等。簡而言之，"統籌調控"需要全方位、多角度、整體性之類"宏觀意識"來"引領"，需要立足於"宏觀空間"，以落實其基本內核。從這些方面來看，"統籌調控"的內蘊，也就是用"宏觀的意識"，站在"宏觀的空間"實施調控。

　　理想的"宏觀調控"，應把海峽兩岸連同海外華語區視爲一體，立足於這一廣闊背景而施行。這當中關鍵的一步是，由政府最高管理機構牽頭，溝通三邊，達成共識，共同運作，統一調控。具備了這樣的基礎，才能站高望遠，總覽全局，以整體性的眼光和深遠的識見實施"調控"；才能建立起"一盤棋"的審音機制，制定出具有統一性、科學性和可行性的歧異整改實施方案。只有這樣，才能避免地域性局限和歷史性偏見，才能徹底擺脫種種隨意性等既往習慣的左右，從而實現審音、定音的一體化，提高歧異整理工作的實效。

第四節　書卷字今音歧異整理分論(上)
——從誤移所引發的今音歧異切入

　　誤移所導致的今音歧異，雖然屬於正誤對立的性質，但整理工作並不能見誤輒改，而要服從求同原則，在因其固然的基礎上量情行事，或存其正或就其誤。下面擇要論列幾類情況。

　　其一，正多誤少之類。例如：

1. 魚巨(偶舉)切的 yù-yǔ 歧異

A.《中文大辭典》的 yù-yǔ 歧異

禦　[廣韻]魚巨切　[集韻]偶舉切 yù(7－144)

鋙　甲.[廣韻]魚巨切　[集韻]偶舉切 yǔ(9－829)

B.《漢語大字典》與《辭源》修訂本的 yù-yǔ 歧異

籞　yù《廣韻》魚巨切(大字典 1258)

籞　yǔ 魚巨切(辭源 3－2376)

　　魚巨(偶舉)切爲疑母語韻,yǔ 音合於反切,與反切不相合的 yù 音是誤移所致:該小韻的"禦"字,另有牛據切之讀,因此在魚巨(偶舉)切書卷字當中引發 yù 音這一誤注。

　　查該小韻書卷字,《漢語大字典》yù 音 2 例、yǔ 音 9 例,《漢語大詞典》yù 音 2 例、yǔ 音 7 例,《辭源》修訂本 yù 音 1 例、yǔ 音 7 例,《中文大辭典》yù 音 1 例、yǔ 音 13 例。

　　總體情況是 yǔ 音占絕大多數,這種分布比例的正多誤少局面,宜於施用求同處置,保留正音 yǔ 而更動誤音 yù。

2. 竹律切的 chù-zhú 歧異

A.《中文大辭典》的 chù-zhú 歧異

妯　甲.[廣韻]竹律切 chù(6－1200)

窀　乙.[廣韻]竹律切 zhú(6－1737)

B.《中文大辭典》與《漢語大字典》的 chù-zhú 歧異

泏　甲.[廣韻]竹律切 chù(中文 5－1081)

泏　(一)zhú《廣韻》竹律切(大字典 671)

　　竹律切爲知母術韻,zhú 音合於反切,與反切不相合的 chù 音是誤移所致:該小韻的"紬、妯、怞"等,另有敕律(丑律)切之讀,因此在竹律切書卷字當中引發誤移爲 chù 的問題。

　　查該小韻書卷字,《漢語大字典》zhú 音 6 例,《漢語大詞典》zhú 音 3 例,《辭源》修訂本 zhú 音 1 例,《中文大辭典》chù、zhú 二音各 2 例。zhú 音占絕大多數,根據求同原則的要求,這種比例關係差別較大的正多誤少局面,應該存正去誤——保留 zhú 音而更動 chù 音。

　　3. 許鑑(鑒)切的 hàn-xiàn 歧異

　　A. 《漢語大字典》的 hàn-xiàn 歧異

傲　hàn《廣韻》許鑑切(91)

諴　(二) xiàn《廣韻》許鑑切(1671)

　　B. 《中文大辭典》的 hàn-xiàn 歧異

獓　己.［集韻］許鑒切 hàn(6 - 228、229)

猷　戊.［集韻］許鑒切 xiàn(5 - 565)

　　C. 《中文大辭典》與《漢語大字典》的 hàn-xiàn 歧異

闞　戊.［廣韻］許鑑切 hàn(中文 9 - 1031、1032)

闞　(三) xiàn《廣韻》許鑑切(大字典 1795)

　　許鑑(鑒)切爲曉母鑑韻,xiàn 音合於反切,不合於反切的 hàn 音是誤移所致:該小韻的“諴、獓”二字,另有下瞰切一音,因此在許鑑(鑒)切書卷字當中引發 hàn 音之注。

　　查該小韻書卷字,《漢語大字典》hàn 音 1 例、xiàn 音 4 例,《中文大辭典》hàn 音 2 例、xiàn 音 4 例,《漢語大詞典》和《辭源》修訂本未收其字(其音)。

　　xiàn 多而 hàn 少,其中的 hàn 音,涉及“傲、闞、獓”三字,前二字 hàn 音之外還有 xiàn 之注,只有後一字才是純粹的 hàn 音之注(只 1 例)。這種比例關係的正多誤少現象,顯然宜於存正去誤——保留 xiàn 音而更動 hàn 音。

　　其二,誤多正少之類。例如:

　　1. 力嘲(交)切的 liáo-láo 歧異

　　A. 《漢語大字典》與《漢語大詞典》的 liáo-láo 歧異

儦　liáo《廣韻》力嘲切(大字典 99)

僗　[láo《廣韻》力嘲切](大詞典 1－1733)

B.《中文大辭典》與《漢語大詞典》的 liáo-láo 歧異

顟　乙.[廣韻]力嘲切　[集韻]力交切 liáo(中文 10－71)

顟　[láo《廣韻》力嘲切](大詞典 12－357)

力嘲(交)切爲來母肴韻,屬於開口二等,láo 音合於反切,與反切不相合的 liáo 音是誤移所致:該小韻的"髎、摎"和"膠、㙩",前者另有離昭切之讀,後者另有憐蕭切之讀,二者都可在力嘲(交)切書卷字當中引發誤移音 liáo。

查該小韻書卷字,《辭源》修訂本 liáo 音 1 例,《漢語大詞典》liáo、láo 二音各 2 例,《漢語大字典》liáo 音 4 例、láo 音 1 例,《中文大辭典》liáo 音 9 例。

誤音 liáo 占絕大多數,宜乎存誤去正——保留 liáo 音而更動 láo 音。

2.烏郎(於郎、於旁)切的 yāng-āng 歧異

A.《漢語大字典》的 yāng-āng 歧異

映　(一)yāng《玉篇》於郎切(1037)

壵　āng《改併四聲篇海·士部》引《龍龕手鑑》:"壵,於旁切。"(210)

B.《中文大辭典》的 yāng-āng 歧異

抰　乙.[集韻]於郎切 yāng(4－515)

鉠　丙.[集韻]於郎切 āng(9－666、667)

C.《漢語大詞典》與《辭源》修訂本的 yāng-āng 歧異

姎　[yāng《廣韻》烏郎切](大詞典 4－321)

姎　āng 烏郎切(辭源 1－746)

烏郎(於郎、於旁)切爲影母唐韻開口,āng 音合於反切,與反切不合的 yāng 音是誤移所致:該小韻的"央、秧、鴦"等,另有於良切之讀,因此在烏(於)郎切書卷字當中引發誤移爲 yāng 的

問題。

　　查該小韻書卷字今音，《漢語大字典》yāng 音 6 例、āng 音 1 例，《辭源》修訂本 yāng、āng 二音各 1 例，《漢語大詞典》yāng 音 2 例，《中文大辭典》yāng 音 9 例、āng 音 3 例。

　　總體格局是 yāng 多而 āng 少，其中的 āng 音涉及“姎、㼜、狭、鉠、㬞”五字，前四字，āng 音之外還有 yāng 音之注，只有後一字才是純粹的 āng 音之注（只《漢語大字典》1 例）。這種比例關係差別較大的誤多正少現象，宜於存誤去正——取 yāng 而更動 āng。

　　3. 許（怳）縛切的 huò-xuè 歧異

　　A.《漢語大字典》的 huò-xuè 歧異

　　矆　huò《廣韻》許縛切（1055）

　　懬　（二）xuè《集韻》怳縛切（989）

　　B.《中文大辭典》與《漢語大字典》的 huò-xuè 歧異

　　謋　［集韻］怳縛切 huò（中文 8－1189）

　　謋　xuè《集韻》怳縛切（大字典 1679）

　　許（怳）縛切爲曉母藥韻合口，xuè 音合於反切，與反切不相合的 huò 音是誤移所致：該小韻的“彉、懬”二字，另外還分別有虛郭切和黄郭切之讀，都可在許（怳）縛切書卷字當中引發誤移音 huò。

　　查該小韻書卷字，《漢語大字典》huò、xuè 各 2 例，《中文大辭典》huò 音 3 例，《漢語大詞典》huò 音 2 例，《辭源》修訂本 huò 音 2 例。

　　huò 多而 xuè 少，其中的 xuè 音，涉及“謋、懬”二字，前一字 xuè 音之外還有 huò 音之注，只有後一字才是純粹的 xuè 音之注（只 1 例）。這種比例關係的誤多正少現象，宜於存誤去正——保留 huò 音而更動 xuè 音。

　　以上説的都還只是一些普通的歧異情況，下面再看看比較特殊的今音歧異格局。

其一,誤音與誤音的歧異。例如:

1. 扶(蒲)歷切的 pì-bì 歧異

A.《漢語大字典》的 pì-bì 歧異

覕　pì《廣韻》扶歷切(602)

夣　bì《龍龕手鑑》扶歷反(587)

B.《中文大辭典》的 pì-bì 歧異

茟　戉.〔集韻〕蒲歷切 pì(7－1633)

筆　戉.〔集韻〕蒲歷切 bì(7－57)

C.《中文大辭典》與《辭源》修訂本的 pì-bì 歧異

椑　戉.〔廣韻〕扶歷切 pì(中文 5－291)

椑　3. bì 扶歷切(辭源 2－1597)

扶(蒲)歷切爲並母錫韻開口,從理論上講,今音應折合爲 bí,然而,全小韻之字沒有一例 bí 音之注,pì、bì 二音屬於誤音與誤音的歧異。致誤的因素都是誤移:該小韻的"僻、癖"和"辟、綼、薜",前者另有匹歷切之讀,後者另有必歷切之讀,因此在扶(蒲)歷切書卷字當中引發 pì、bì 兩類誤注。

整理這類誤音與誤音的歧異,不必返本求正,而應依就現狀存大同去小異。

查該小韻書卷字今音,《漢語大字典》pì 音 5 例、bì 音 1 例,《中文大辭典》pì 音 5 例、bì 音 1 例,《漢語大詞典》pì 音 3 例,《辭源》修訂本 bì 音 1 例。

pì 音占絕大多數,根據求同原則,宜於取 pì 音而更動 bì 音。

2. 九勿切的 jué-qū-jù 歧異

A.《中文大辭典》的 jué-jù 歧異

剧　乙.〔廣韻〕九勿切 jué(1－1733)

趉　〔集韻〕九勿切 jù(8－1473)

B.《中文大辭典》與《漢語大詞典》的 qū-jué 歧異

猴　［集韻]九勿切 qū(中文 6－194)

猴　[jué《集韻》九勿切](大詞典 5－80)

C.《中文大辭典》與《漢語大字典》的 qū-jué 歧異

鷗　［廣韻]九勿切 qū(中文 10－772)

鷗　(一) jué《廣韻》九勿切(大字典 1929)

九勿切爲見母物韻①,jué、qū 二音與反切不合,都是誤移所致:該小韻的"厥、劂"和"屈、鷗",前者另有居月切之讀,後者另有曲勿切之讀,因此在九勿切書卷字當中引發誤移爲 jué、qū 的問題。至於 jù 音,聲母韻母是對的,聲調則不應爲去聲而應爲陽平。清音入聲調類的演變綫索在模糊性當中也有一定的傾向性——見母臻攝合口三等入聲,其今音就有明顯的歸派陽平的傾向性,可見九勿切的今音不應爲去聲 jù②。

整理這種誤音與誤音相對立的歧異局面,自應本乎既成的分布情況,從誤音當中擇善而存。

該小韻書卷字,《辭源》修訂本 jué 音 1 例,《漢語大詞典》jué 音 6 例,《漢語大字典》jué 音 9 例,《中文大辭典》jué 音 3 例、qū 音 2 例、jù 音 1 例。

jué 音占絕大多數,宜乎保留 jué 音而更動 qū、jù 二音。

其二,一正對多誤之類。例如:

1. 居(姑)衛切的 juě-jué-guì 歧異

A.《中文大辭典》的 juě-guì 歧異

劂　乙.［廣韻]居衛切 juě(1－1761)

撅　乙.［集韻]姑衛切 guì(4－770)

B.《中文大辭典》與《漢語大字典》的 jué-guì 歧異

---

① 九勿切小韻,《廣韻》入物韻,《集韻》入迄韻——黃侃《集韻聲類表》列於迄韻合口。既然是迄韻合口,其地位也就可以視同物韻。

② 關於音變綫索模糊性的有關問題,參看本書上篇第十節和下篇第六節。

騤　乙.［集韻］姑衛切 jué（中文 10‑404）

騤　（二）guì《集韻》姑衛切（大字典 1903）

居（姑）衛切爲見母祭韻合口，guì 音合於反切，與反切不相合的 juě、jué 都是誤移所致：該小韻的"蹶"和"橜"，前者另有紀劣切之讀——今音爲 juě①，後者另有居月切之讀——今音爲 jué，因此在居（姑）衛切書卷字當中引發兩類誤移音。

查該小韻書卷字，《漢語大字典》guì 音 9 例，《漢語大詞典》和《辭源》修訂本都是 guì 音 3 例，《中文大辭典》juě、jué 各 1 例，guì 音 7 例。

guì 音占絕大多數——同時又有合於反切的優勢，顯然宜於更動 juě、jué 以就 guì 音。

2. 古（訖）點切的 xiè‑jiē‑jié‑jiá 歧異

A.《漢語大字典》的 jié‑jiá 歧異

契　（四）jié《集韻》訖點切（226）

挈　（三）jiá《集韻》訖點切（782）

B.《中文大辭典》與《漢語大字典》的 xiè‑jiá 歧異

㤿　丙.［集韻］訖點切 xiè（中文 4‑25）

㤿　（二）jiá《集韻》訖點切（大字典 951）

C.《辭源》修訂本與《漢語大字典》的 jiē‑jiá 歧異

鵠　jiē 古點切（辭源 4‑3535）

鵠　jiá《廣韻》古點切（大字典 1922）

古（訖）點切爲見母點韻開口，jiá 音合於反切，與反切不相合的 xiè、jiē、jié 都是誤移所致：該小韻的"揳、楔、契"和"拮、袺、鵼"，前者另有私列切之讀，後者另有吉屑切之讀，因此在古（訖）點切書卷字當中引發誤移爲 xiè 和 jiē、jié 的問題。

---

① 參看丁聲樹《古今字音對照手册》，中華書局，1981 年。

查該小韻書卷字,《漢語大字典》jiá 音 18 例、jié 音 1 例,《中文大辭典》jiá 音 14 例、xiè 音 1 例、jié 音 2 例,《漢語大詞典》jiá 音 8 例,《辭源》修訂本 jiá 音 7 例、jiē 音 1 例。

jiá 音占絕大多數——同時又有合於反切的優勢,xiè、jiē、jié 都只是極少數——同時又屬誤音之列,顯然宜於取 jiá 音而更動 xiè、jiē、jié 三音。

3. 直葉(涉)切的 dié-chè-zhé 歧異

A.《漢語大字典》的 dié-zhé 歧異

喋　dié《廣韻》直葉切(585)

眣　zhé《廣韻》直葉切(878)

B.《中文大辭典》與《漢語大字典》的 dié-zhé 歧異

眣　乙.［集韻］直涉切 dié(中文 6－1136)

眣　(二)zhé《集韻》直涉切(大字典 1045)

C.《中文大辭典》與《漢語大字典》的 chè-zhé 歧異

喢　［集韻］直涉切 chè(中文 8－1223)

喢　zhé《集韻》直涉切(大字典 1487)

直葉(涉)切爲澄母葉韻,zhé 音合於反切,與反切不相合的 dié、chè 二音都是誤移所致:該小韻的"眣"和"僷",前者另有徒協切之讀,後者另有勅涉切之讀,因此在直葉(涉)切書卷字當中分別引發誤音 dié、chè。

查該小韻書卷字,《漢語大字典》dié 音 1 例、zhé 音 5 例,《中文大辭典》dié 音 1 例、chè 音 1 例、zhé 音 2 例,《漢語大詞典》dié 音 1 例、zhé 音 2 例,《辭源》修訂本 dié、zhé 二音各 1 例。

zhé 音占大多數——同時又有合於反切的優勢,dié、chè 或是少數或是孤例,同時又屬誤音之列,這種歧異格局的整理,宜於存正去誤——取 zhé 音而更動 dié、chè 二音。

上列一正對多誤之類,歧異格局中不合規律之音和合規律之

音,前者爲少數後者占多數。這類歧異的整理,存大同去小異的處
置結果也就是按音變規律辨證處置的結果,二者並无抵牾。除此
之外,還有二者存在抵牾的情況,這種時候,整理工作自然也要以
"求同"爲重。下面擇要論列幾組情況。

1. 而(日)涉切的 zhé-shè-niè-yè-rè 歧異

A.《漢語大字典》的 yè-niè 歧異

隬　(一) yè《改併四聲篇海》引《龍龕手鑑》:"隬,而涉反。"
　　　(1730)

蚏　niè《集韻》日涉切(1190)

B.《中文大辭典》的 niè-zhé-shè-rè 歧異

牵　乙.［集韻］日涉切 niè(2－1660)

臄　甲.［廣韻］而涉切 zhé(7－1149)

耴　乙.［集韻］日涉切 shè(7－898)

泹　乙.［集韻］日涉切 rè(5－1186)

C.《漢語大字典》與《中文大辭典》的 niè-zhé 歧異

韄　niè《集韻》日涉切(大字典843)

韄　［集韻］日涉切 zhé(中文5－802)

　　而(日)涉切爲日母葉韻,rè 音合於反切,與反切不相合的
zhé、shè、niè、yè 幾音,都是誤移所致:該小韻的"讘、灄、牵、聶"
幾字,另外還分別有質涉切、失涉切、尼輒切、弋涉切之讀,因此在
而(日)涉切書卷字當中引發誤移音 zhé、shè、niè、yè。

　　查該小韻書卷字,《漢語大字典》rè、yè 二音各1例,niè 音4
例;《中文大辭典》zhé、shè、niè、rè 四音各1例;《漢語大詞典》niè
音1例;《辭源》修訂本未收其字(其音)。

　　zhé、shè、yè 三音既屬孤例又與反切相去甚遠,宜乎作爲更動
的首選對象;剩下的 niè、rè 二音則是六與二之比,這種比例關係
差別較大的誤多正少現象,不必返本求正,而應依就現狀實施求同

處置——取 niè 音而更改 rè 音。

2. 莫(母)亥切的 měi-mèi-mǎi 歧異

A.《中文大辭典》的 měi-mǎi 歧異

莓　甲.［集韻］母亥切 měi(7－1622)

穤　甲.［廣韻］莫亥切 mǎi(6－1698)

B.《中文大辭典》與《漢語大字典》的 mèi-měi 歧異

挴　［廣韻］莫亥切 mèi(中文 4－630)

挴　měi《廣韻》莫亥切(大字典 794)

　　莫(母)亥切屬於明母海韻,mǎi 音合於反切,與反切不相合的 měi、mèi 都是誤移所致:該小韻的"穤"和"莓",前者另有母罪切之讀,後者另有莫佩切之讀,因此在莫亥切書卷字當中引發誤音 měi、mèi。

　　查該小韻書卷字,《漢語大字典》měi 音 2 例,《中文大辭典》měi、mèi、mǎi 各 1 例,《漢語大詞典》和《辭源》修訂本未收其字(其音)。

　　mèi 音既屬孤例又與反切相去較遠,宜乎作爲更動的首選對象。剩下的 měi、mǎi 二音是三與一之比,誤多而正少,根據求同原則,宜於保留 měi 音而更動 mǎi 音。

3. 蒲沃切的 bó-pǎo-pū-pú-pù-bú 歧異

A.《中文大辭典》的 bó-pú-pù 歧異

暴　丁.［集韻］蒲沃切 bó(4－1399)

鞄　乙.［集韻］蒲沃切 pú(9－1642、1643)

蔢　丁.［廣韻］蒲沃切 pù(8－473)

B.《中文大辭典》與《漢語大字典》的 pǎo-pú 歧異

鵮　甲.［廣韻］蒲沃切 pǎo(中文 10－822)

鵮　(一) pú《廣韻》蒲沃切(大字典 1936)

C.《辭源》修訂本與《中文大辭典》的 pū-pú 歧異

　　鏷　　pū 蒲沃切(辭源 4 – 3213)

　　鏷　　[廣韻]蒲沃切 pú(中文 9 –840)

D.《中文大辭典》與《漢語大字典》的 pú-bú 歧異

　　轐　　乙.[廣韻]蒲沃切 pú(中文 8 –1769)

　　轐　　bú《廣韻》蒲沃切(大字典 1481)

　　蒲沃切爲並母沃韻,從理論上講今音應折合爲 bú,其餘
五音則與反切不合,都是誤移所致:該小韻當中,"雹"另有
弼角切之讀——今音爲 bó,"跑"另有薄交切之讀——今音異
變爲 pǎo①,"瀑"另有蒲木切之讀——今音異變爲 pù②,"鞄鵓"
另外分別有匹沃切、普木切之讀——今音爲 pū、pú 或 pù,因此在
蒲沃切書卷字當中引發 bó、pǎo、pū、pú、pù 幾注。

　　查該小韻書卷字,《漢語大字典》pù、pú、bú 三音各 1 例;《中
文大辭典》bó、pǎo、pù 三音各 1 例,pú 音 7 例;《漢語大詞典》pù、
bú 二音各 1 例;《辭源》修訂本 pū 音 1 例。

　　bó、pǎo 既屬孤例又與反切相去較遠,宜於作爲更動的首選對
象。剩下的 pū、pú、pù、bú,總體情況是誤音占多數——其中的 pú
音占絕大多數,與反切相合的 bú 音才有二例——而且見於同一個
被注字"轐",該字的蒲沃切之音,除了 bú 音之注以外還有 pú 音
之注。整理這種誤多正少現象自然不必拘泥於反切折合行事,而
應依就現狀求大同去小異,取誤音中處於"多數派"地位的 pú 音,
更動其他幾音。

　　以上説的都是"多寡懸殊之類"歧異局面的整理問題,這類整
理也就是一個求同的過程。此外還有種種不具備求同條件的歧異
局面存在,這種情況下則應融匯其他理據,通過綜合辨證而確定取

---

①　參看丁聲樹《古今字音對照手册》,中華書局,1981 年。

②　參看本書上編第八節。

舍①。下面擇要論列幾組情況。

其一,聯繫歷史音變綫索而辨證。例如:

1. 式亮切的 xiǎng-xiàng-shàng 歧異

A.《中文大辭典》的 xiǎng-xiàng-shàng 歧異

煬　乙.［集韻］式亮切 xiǎng(5－1816)

恦　［集韻］式亮切 xiàng(4－76)

惕　甲.［廣韻］式亮切 shàng(4－229)

B.《中文大辭典》與《辭源》修訂本的 xiǎng-xiàng 歧異

饟　甲.［廣韻］式亮切 xiǎng(中文 10－246)

饟　1. xiàng 式亮切(辭源 4－3436)

C.《中文大辭典》與《漢語大字典》的 xiàng-shàng 歧異

疬　甲.［廣韻］式亮切 xiàng(中文 6－765)

疬　(一) shàng《廣韻》式亮切(大字典 1116)

查該小韻書卷字,《漢語大字典》shàng 音 4 例,《中文大辭典》xiǎng 音 4 例、xiàng 音 2 例、shàng 音 6 例,《漢語大詞典》shàng 音 1 例,《辭源》修訂本 xiàng 音 1 例。

總體情況是,xiǎng、xiàng 二音略少,shàng 音略多,歧異諸方並不是大多數與極少數之比。這種"略少"和"略多"的數據,用於說明歧異整理的取捨問題,其"支撐"力度顯然不足。要擺脫這種困惑,顯然還需另找理據。

下面試從歷史音變綫索方面切入進行考索:式亮切爲書母漾韻開口,shàng 音合於反切,與反切不相合的 xiǎng、xiàng 二音都是誤移所致:該小韻當中,"向、曏"另有許兩切之讀,"婞、珦"另有許亮切之讀,因此在式亮切書卷字當中引發誤音 xiǎng、xiàng。

至此而知,shàng 音不單有多於 xiǎng、xiàng 二音的分布基

① 參看本書下篇第二節。

礎,而且還有與音變規律相合的優勢,總體條件優勝於 xiǎng、xiàng。辨證工作隨着新理據的融入而深化,宜乎取 shàng 而更動 xiǎng、xiàng 的道理,至此已趨明朗。

2. 烏(屋)郭切的 huò-wō-wò 歧異

A.《中文大辭典》的 huò-wò 歧異

駂　丁.[集韻]屋郭切 huò(10-332)

鋈　乙.[集韻]屋郭切 wò(9-732)

B.《中文大辭典》與《漢語大字典》的 wō-wò 歧異

饇　甲.[廣韻]烏郭切 wō(中文 10-245)

饇　wò《廣韻》烏郭切(大字典 1861)

C.《辭源》修訂本與《漢語大詞典》的 huò-wò 歧異

腛　huò 烏郭切(辭源 4-3318)

腛₁　[wò《廣韻》烏郭切](大詞典 6-1383)

　　查該小韻書卷字,《漢語大字典》wò 音 5 例,《中文大辭典》wō 音 1 例、wò 音 2 例、huò 音 3 例,《漢語大詞典》wò 音 3 例,《辭源》修訂本 huò 音 1 例。

　　分布較爲凌亂,不便施用求同處置。要解決這種困難,還需另找理據。

　　下面試從歷史綫索方面切入展開辨證:烏(屋)郭切爲影母鐸韻合口,wō、wò 二音,聲母韻母不誤,聲調歧異是清入調類演變的模糊性所致——影母入聲調類的演變實有變去聲的傾向性。至於 huò 音,則與反切不合,是誤移所致:該小韻的"攫、嚄"和"濩、雘",前者另有黃郭切一音,後者另有胡陌切一音,二者都可以導致誤移音 huò 的產生。

　　至此而知:wō 音既屬孤例,而且在聲調方面又跟影母入聲變去聲的傾向性不吻合,宜於作爲更動的首選對象。剩下來的 huò、wò 二音,前者既有少於後者的分布數量問題,同時還有聲韻與反切相去較遠的缺點;後者既有多於前者的分布優勢,而且還有聲母韻母合於反切、聲調合於演變傾向的優勢。

宜乎取 wò 而更動 huò 的道理隨着綜合匯證的深入而趨於明朗,歷史音變角度的觀察結果在其中起到了重要的參證作用。

其二,參酌聲符表音情況而辨證。例如:

1. 烏外切的 huài-huì-wèi-wài 歧異

A. 《漢語大字典》的 huì-wèi 歧異

瞺　huì《廣韻》烏外切(1053)

霼　(二) wèi《集韻》烏外切(1697)

B. 《中文大辭典》的 huài-huì-wèi 歧異

鱠　乙.[廣韻]烏外切 huài(10 - 1092)

濊　乙.[廣韻]烏外切 huì(5 - 1600)

繪　甲.[集韻]烏外切 wèi(3 - 219)

C. 《中文大辭典》與《漢語大詞典》的 wài-wèi 歧異

憒　甲.[廣韻]烏外切 wài(中文 4 - 277)

憒　[wèi《廣韻》烏外切](大詞典 7 - 763)

D. 《漢語大字典》與《中文大辭典》的 huì-wèi 歧異

獪　huì《集韻》烏外切(大字典 355)

獪　[集韻]烏外切 wèi(中文 3 - 1693)

烏外切爲影母泰韻合口,wài、wèi 二音可以説都合於反切,二者的歧異是喉音泰韻合口韻母演變綫索的模糊性所致。

至於 huài、huì 二音則都與反切不合。該小韻當中,"鱠、黵"另有火夬切-huài 音,"鱠、濊"另有呼外切-huì 音,"霼"字另有黃外切-huì 音,"薈"字異變爲 huì,因此在烏外切書卷字當中引發 huài、huì 兩類誤注。

該小韻書卷字,huài、wài 二音都只有 1 例,宜乎作爲更動的首選對象。huì、wèi 二音是該組歧異的主流:《中文大辭典》huì 音 4

例、wèi 音 3 例,《漢語大字典》huì、wèi 二音各 3 例①,《漢語大詞典》huì、wèi二音各 1 例,《辭源》修訂本未收其字(其音)。

總體情況是 huì 略多於 wèi,單從這種分布格局來看,既不便於"存正",也不便於"存誤",整理工作遇到了困惑。下面試從聲符表音方面切入進一步展開匯證:該小韻都是形聲字,絕大多數爲"會"聲符,再就是"歲"聲符。"會"字今之常音爲 huì,"會、歲"聲符常用字的今音也多爲 huì。

至此而知,huì 既有多於 wèi 的分布基礎,而且又與聲符表音情況相合,綜合條件優勝於 wèi 音。辨證工作隨着聲符表音這一因素的融入而深化,宜於保留 huì 而更動 wèi 的道理,至此已經趨於明朗。

其三,參酌音節情況而辨證。例如:

武彪(亡幽)切的 liú-móu-miáo-miú 歧異

繆 乙.[廣韻]武彪切 liú(中文 7 – 525)

鶜 丁.[廣韻]武彪切 móu(中文 10 – 814)

繆 甲.[廣韻]武彪切 miáo(中文 7 – 555)

樛 乙.[集韻]亡幽切 miú(中文 5 – 414)

武彪(亡幽)切爲明母幽韻,從理論上講,miú 音與反切相合,其餘幾音都與反切不合。liú、móu 都是誤移所致:該小韻的"鶜、繆"二字,前者另有力求切之讀,後者另有莫浮切之讀,因此在武彪(亡幽)切書卷字當中引發誤音 liú、móu。至於 miáo 音則是切下字語音異變所致:切下字"彪",韻母由幽韻而異變爲 iao,給武彪切折合今音時,徑依切下字今音類推,因此誤爲 miáo 音②。

---

① 這個 huì、wèi 各3 例的分布是依《漢語大字典》合訂本和八卷本而統計的數據,若依第二版則是"huì 3、wèi 2、hèi 1"的局面——原有的 1 例烏外切-wèi 音已被改成烏外切-hèi,在這種新的總體分布格局當中 huì 音更有其優勢。

② 參看本書上篇第四節。

該小韻共有5字,《漢語大字典》等大陸三書或未收其字,或收其字而未收其音;《中文大辭典》收有5個字,歧成了四類今音：liú音1字,miáo音1字,miú音2字,móu音1字。

歧異音分布凌亂,孤立地看這種局面,既不便於"取正",也不便於"取誤"。現在融匯其他方面進行辨證：四音當中的 liú、miáo 兩個誤音,既是孤例又與反切相隔較遠,明屬更動之列,宜乎從 miú、móu 當中考慮保留音。miú 和 móu,前者屬於現代闕如的音節——從《國音常用字彙》到兩岸的現代漢語字詞典,都未讓 miú 這個"聲音"進入今音系統。

辨證工作隨着新理據的融入而深化,宜於取 móu 而舍 miú 的道理至此已經趨於明朗,音節角度的考察結果在綜合匯證中起到了重要的參證作用。

當然,上述種種方法也存在一定的局限性,因此在整理今音歧異時,難免會遇到一些不大容易處置的問題。例如：

蒲(薄)口切的 póu-pǒu-bù 歧異

A.《中文大辭典》的 pǒu-bù 歧異

培　乙.[廣韻]蒲口切 pǒu(2-1201)

腤　甲.[廣韻]蒲口切 bù(7-1077)

B.《辭源》修訂本的 pǒu-bù 歧異

部　2. pǒu 蒲口切(4-3106)

䴗　bù 蒲口切(4-3563)

C.《漢語大字典》的 pǒu-bù 歧異

培　(二) pǒu《改併四聲篇海》引《搜真玉鏡》蒲口切(196)

婄　(三) bù《集韻》薄口切(446)

D.《漢語大詞典》的 pǒu-bù 歧異

附₂　[pǒu《集韻》薄口切](11-948)

餢　[bù《集韻》薄口切](12-564)

E.《漢語大字典》與《中文大辭典》的 póu-bù 歧異

垺　（四）póu《集韻》薄口切（大字典 188）

垺　丁.［集韻］薄口切 bù（中文 2－1197）

蒲（薄）口切爲並母厚韻，bù、pǒu、póu 三音，前者與反切相合，後兩音則是誤移所致：該小韻的"婄、蔀"和"腤、棓"，前者另有普後切之讀，後者另有蒲侯切之讀，因此在蒲（薄）口切書卷字中引發誤移爲 pǒu、póu 的問題。

蒲（薄）口切而誤移爲普後切、蒲侯切之讀，按常理來説，只會產生聲母聲調不相同的今音，而不至於連韻母也有區別。這裏的韻母之別，是因爲唇音侯（厚、候）韻演變發展的模糊性所致，可見該組 pǒu-póu-bù 歧異，是誤移以及歷史綫索模糊性兩方面相交織的結果。

查該小韻書卷字，《漢語大字典》póu 音 1 例、pǒu 音 4 例、bù 音 8 例，《中文大辭典》póu 音 7 例、bù 音 5 例，《漢語大詞典》póu 音 3 例、bù 音 2 例，《辭源》修訂本 pǒu 音 3 例、bù 音 2 例。

póu 音屬於孤例，應該作爲更動的首選對象。至於 pǒu、bù 二音，分布則較爲凌亂，海峽兩岸各執一端，具有兩相對峙的態勢；聲符等方面也顯示不出條理。種種方法都不易於整理。

這種不易於整理的歧異局面，需要借重宏觀調控的手段協調解決①。

第五節　書卷字今音歧異整理分論（中）
——從語音異變所引發的今音歧異切入

異變音是一種不規則的音變形式，只存在於一些既成讀法之

---

① 參看本書下篇第三節。

中,並不能帶動昔時同音的字也產生異變的讀法。比如《廣韻》蘇計切音節,正變音爲 xì,異變音爲 xù,異變現象只見於"壻(婿)"字之讀,不可能帶動其他的蘇計切之字變爲 xù 音。總起來說,同一小韻的異變音之字和非異變音之字,它們只是昔時同音,後來則產生了分化。由此而形成的分立局面之中,異變音處於封閉性地位,不產生擴散和帶動作用,其昔時同音的書卷字,它們的今音應該依歷史音變規律進行折合,而不能依異變讀法類推,由異變讀法類推出來的今音屬於誤音的範疇。

因語音異變而引發的今音歧異,雖屬正誤對立的性質,但整理的時候並不能見誤輕改,而要根據求同原則和其他方面的具體實際來決定取捨。下面先論列兩類比較普通的歧異情況。

其一,正多誤少之類。例如:

1. 普故切/音怖的 bù-pù 歧異

A.《漢語大字典》的 bù-pù 歧異

姉　bù《集韻》普故切(435)

誧　pù《集韻》普故切(1645)

B.《漢語大字典》與《中文大辭典》的 bù-pù 歧異

怖　bù《玉篇》音怖(大字典 308)

怖　[五音集韻]普故切 pù(中文 3－1099)

普故切(音怖)屬於滂母暮韻,pù 音合於反切,與反切不合的 bù 音是語音異變所致:該小韻的"怖"字異變爲 bù,因此在同小韻書卷字當中引發 bù 音之注。

查該小韻書卷字,《漢語大字典》bù 音 2 例、pù 音 3 例,《中文大辭典》pù 音 8 例,《漢語大詞典》pù 音 1 例,《辭源》修訂本未收其字(其音)。

pù 音占大多數,這種正多誤少的歧異局面,可以施用存大同去小異的求同處置,保留 pù 音而更動 bù 音。

2. 去劫切的 què-qiè 歧異

A.《中文大辭典》的 què-qiè 歧異

厒　［廣韻］去劫切 què(2-331)

疨　甲.［廣韻］去劫切 qiè(6-751)

B.《中文大辭典》與《漢語大字典》的 què-qiè 歧異

級　乙.［廣韻］去劫切 què(中文 10-612)

級　(二) qiè《廣韻》去劫切(大字典 1942)

去劫切爲溪母業韻，qiè 音合於反切，與反切不合的 què 音是語音異變所致：該小韻的"怯"字，其又音異變爲 què，因此在同小韻書卷字當中引發 què 音之注。

查該小韻書卷字，《漢語大字典》qiè 音 6 例，《中文大辭典》què 音 2 例、qiè 音 6 例，《漢語大詞典》qiè 音 1 例，《辭源》修訂本 qiè 音 1 例。

qiè 音占絕大多數，宜於施用存大同去小異的求同處置，保留 qiè 音而更動 què 音。

其二，正少誤多之類。例如：

1. 以(俞)芮切的 ruì-wèi 歧異

A.《中文大辭典》的 ruì-wèi 歧異

梲　丁.［集韻］俞芮切 ruì(5-222)

捝　丁.［集韻］俞芮切 wèi(4-575)

B.《中文大辭典》與《漢語大字典》的 ruì-wèi 歧異

蜹　丙.［廣韻］以芮切 ruì(中文 8-407)

蜹　(二) wèi《廣韻》以芮切(大字典 1190)

以(俞)芮切爲余母祭韻合口，wèi 音合於反切，與反切不合的 ruì 音是語音異變所致：該小韻的"銳"字異變爲 ruì，因此在同小韻書卷字當中引發今音誤注。

查該小韻書卷字，《漢語大字典》ruì 音 7 例、wèi 音 1 例，《中文大辭典》ruì 音 16 例、wèi 音 1 例，《漢語大詞典》ruì 音 6 例，《辭源》修訂本 ruì 音 6 例。

　　總體格局是 ruì 多而 wèi 少，其中 wèi 音涉及的"蜹、挩"二字，wèi 音之外還有 ruì 音之注。根據求同原則的要求，這種比例關係差別較大的誤多正少現象，不應拘泥於反切折合論是非，而應以"求同"爲重，更動 wèi 音以就 ruì 音——實施去正而就誤的處置。

　　2. 徒得（敵德）切的 tè-dé 歧異

　　A.《漢語大字典》的 tè-dé 歧異

　　職　（二）tè《集韻》敵德切（1168）

　　棏　（一）dé《廣韻》徒得切（518）

　　B.《中文大辭典》與《漢語大字典》的 tè-dé 歧異

　　蟄　甲.［集韻］敵德切 tè（中文 8－368）

　　蟄　（二）dé《集韻》敵德切（大字典 1186）

　　徒得（敵德）切爲定母德韻，dé 音合於反切，與反切不合的 tè 音是語音異變所致：該小韻的"特"字異變爲 tè，因此在同小韻書卷字當中引發今音誤注。

　　查該小韻書卷字，《漢語大字典》tè 音 4 例、dé 音 2 例，《中文大辭典》tè 音 12 例，《漢語大詞典》tè 音 3 例，《辭源》修訂本未收其字（其音）。

　　總體格局是 tè 多而 dé 少，其中的 dé 音只涉及"蟄、棏"二字，而且，前一字在 dé 音之外還有 tè 音之注，純粹的 dé 音之注，只見於"棏"字一例。這種比例關係差別較大的誤多正少現象，宜於去正而就誤——更動 dé 音而保留 tè 音。

　　3. 相（須）倫切的 xūn-xún 歧異

　　A.《漢語大字典》的 xūn-xún 歧異

　　姰　（二）xūn《廣韻》相倫切（440）

敒　xún《廣韻》相倫切(896)
B.《中文大辭典》的 xūn-xún 歧異
眴　戊.［廣韻］相倫切 xūn(6－1106)
皵　［集韻］須倫切 xún(6－967)
C.《漢語大字典》與《中文大辭典》的 xūn-xún 歧異
駒　(一) xūn《玉篇》相倫切(大字典1892)
駒　甲.［玉篇］相倫切 xún(中文10－354)

　　相(須)倫切爲心母諄韻，xūn 音合於反切，與反切不相合的 xún 音是語音異變所致：該小韻的"詢、荀"等字異變爲 xún，因此在同小韻書卷字當中引發今音誤注。

　　查該小韻書卷字，《漢語大字典》xūn 音 2 例、xún 音 12 例，《中文大辭典》xūn 音 5 例、xún 音 15 例，《漢語大詞典》xún 音 3 例，《辭源》修訂本 xún 音 5 例。

　　xún 音占絕大多數，這種比例關係差別較大的誤多正少現象，宜於去正而就誤——更動 xūn 音以就 xún 音。

　　就整理方面而言，語音異變所引發的今音歧異，較複雜的情況是一正對多誤的多重歧異局面。下面就此論列幾組例子。

1. 於蓋切的 ǎi-yè-ài 歧異
A.《漢語大字典》與《中文大辭典》的 ǎi-ài 歧異
薆　(一) ǎi《集韻》於蓋切(大字典742)
薆　甲.［集韻］於蓋切 ài(中文5－1633)
B.《中文大辭典》與《辭源》修訂本的 ǎi-ài 歧異
馤　甲.［廣韻］於蓋切 ǎi(中文10－273)
馤　ài 於蓋切(辭源4－3443)
C.《中文大辭典》與《漢語大字典》的 yè-ài 歧異
鯣　甲.［廣韻］於蓋切 yè(中文10－1084)
鯣　ài《廣韻》於蓋切(大字典1982)

於蓋切爲影母泰韻開口，ài 音合於反切，ǎi、yè 二音則不合。ǎi 音是該小韻的"藹"字語音異變所引發。yè 音則是誤移所致：該小韻的"偈、嗢"二字，另外還分別有魚列切和乙界切之讀，因此在於蓋切書卷字當中引發 yè 音之注①。

查該小韻書卷字，《漢語大字典》ǎi 音 1 例、ài 音 10 例，《中文大辭典》ǎi 音 2 例、yè 音 1 例、ài 音 9 例，《漢語大詞典》ǎi 音 1 例、ài 音 6 例，《辭源》修訂本 ǎi 音 1 例、ài 音 3 例。

ài 音占大多數，同時又有與反切相合的優勢；ǎi、yè 既屬"少數派"，同時又屬誤注之列，根據存大同去小異的求同原則，這種正多誤少的歧異局面，宜於存正去誤——取 ài 音而更動 ǎi、yè 二音。

2. 昨没切的 zuó-cuò-zú 歧異

A.《中文大辭典》的 zuó-zú 歧異

梓　甲. [廣韻]昨没切 zuó(5－267)

觯　[廣韻]昨没切 zú(8－861)

B.《中文大辭典》與《漢語大字典》的 cuò-zú 歧異

觶　甲. [廣韻]昨没切 cuò(中文 10－1124、1125)

觶　zú《廣韻》昨没切(大字典 1990)

昨没切爲從母没韻，zú 音合於反切，zuó、cuò 二音則不合。zuó 音是語音異變所致：該小韻的"捽"字異變爲 zuó，因此在同小韻書卷字當中引發今音誤注。至於 cuò 音則是疏於歷史音變常識所致。

查該小韻書卷字，《漢語大字典》zuó 音 1 例、zú 音 5 例，《中文大辭典》zuó 音 1 例、cuò 音 1 例、zú 音 5 例，《漢語大詞典》和《辭源》修訂本未收其字(其音)。

zú 音占大多數，同時又有與反切相合的優勢；zuó、cuò 既屬

---

① 關於誤移導致今音誤注引發今音歧異的問題，參看本書上篇第七節。

"少數派",同時又屬誤注之列,這種正多誤少的歧異格局,宜於存正去誤——取 zú 音而更動 zuó、cuò 二音。

關於一正對多誤之類,以上説的都還是比較單純的情況,歧異局面中不合規律之音和合規律之音,前者爲少數後者占多數,這類歧異的整理,存大同去小異的處置結果也就是按音變規律辨證處置的結果,二者並无抵牾。下面試看二者有抵牾的複雜情況。

1. 所追(雙佳)切的 suī-shuāi-shuī 歧異

A.《中文大辭典》的 shuāi-shuī 歧異

毸　［集韻］雙佳切 shuāi(5－795)

綏　乙.［集韻］雙佳切 shuī(7－438)

B.《中文大辭典》與《辭源》修訂本的 suī-shuāi 歧異

瘻　乙.［集韻］雙佳切 suī(中文 6－787)

瘻　shuāi 所追切(辭源 3－2143)

所追(雙佳)切爲山母脂韻合口,shuī 音合於反切,shuāi、suī 二音則不合。shuāi 音是該小韻的"衰"字語音異變所致。suī 音則是誤移所致:該小韻之中,"綏"字另有息遺切一音,"綏、鞲"二字另有蘇回切之讀,二者都可在所追(雙佳)切書卷字當中引發誤音 suī。

查該小韻書卷字,《漢語大字典》shuāi 音 5 例,《中文大辭典》shuī 音 1 例、suī 音 1 例、shuāi 音 5 例,《漢語大詞典》shuāi 音 2 例,《辭源》修訂本 shuāi 音 1 例。

誤音 shuāi 占絶大多數,shuī、suī 二音都只是孤例,整理這種分布比例的歧異局面,自然不必拘泥反切求取其正,而應依就現狀實施求同處置——取誤音中的 shuāi 音而更動其餘二音。

2. 符鄙(部鄙、皮鄙、被美)切的 pǐ-pī-bì-bèi 歧異

A.《漢語大字典》的 pǐ-bì-bèi 歧異

嶏　(二) pǐ《玉篇》皮鄙切(335)

荢　(二) bì《集韻》部鄙切(1335)

朏　bèi《改併四聲篇海》引《搜真玉鏡》被美切(1150)

B.《中文大辭典》的 pǐ-pī 歧異

貏　乙．[集韻]部鄙切 pǐ(8－1272)

騞　乙．[集韻]部鄙切 pī(10－359)

C.《中文大辭典》與《漢語大字典》的 pǐ-bì 歧異

豾　丙．[廣韻]符鄙切 pǐ(中文5－700)

豾　(二) bì《廣韻》符鄙切(大字典583)

符鄙(部鄙、皮鄙、被美)切爲並母旨韻開口,pǐ、pī 二音與反切不合。pǐ 音是該小韻的"痞"字語音異變所引發。pī 音則是誤移所致:該小韻的"伾、坏"二字另有攀悲切之讀,因此在符(部)鄙切書卷字當中引發誤移音 pī。

至於 bì、bèi 二音,聲母聲調不誤,韻母歧異則是語音演變綫索的模糊性所致:唇音脂(旨至)韻開口,今音韻母或變爲 i、或變爲 ei,分化的條件不大明朗,以致在該小韻書卷字當中引發 bì-bèi 歧異①。

查該小韻書卷字,《漢語大字典》pǐ 音 3 例、bèi 音 1 例、bì 音 2 例,《中文大辭典》pǐ 音 7 例、pī 音 1 例,《漢語大詞典》pǐ 音 1 例,《辭源》修訂本 pǐ 音 2 例。

誤音 pǐ 占絕大多數,這種比例關係差別較大的誤多正少現象,不必求取其正,而應依就現狀實施求同處置——取誤音中的 pǐ 音,更動其餘三音。

3. 力輟切的 lè-liè-lüè 歧異

A.《漢語大字典》的 liè-lüè 歧異

跞　liè《廣韻》力輟切(1543)

---

① 關於音變綫索模糊性的有關問題,參看本書上篇第十節和下篇第六節。

　　鋝　lüè《廣韻》力輟切(1752)

B.《中文大辭典》的 lè-liè 歧異

　　呼　［廣韻］力輟切 lè(2－797)

　　将　甲.［廣韻］力輟切 liè(6－125)

C.《中文大辭典》與《漢語大字典》的 lè-liè 歧異

　　埒　［廣韻］力輟切 lè(中文 2－1197)

　　埒　liè《廣韻》力輟切(大字典 187)

　　力輟切爲來母薛韻合口,從理論上講今音應折合爲 lüè,與反切不合的 lè、liè 都是語音異變所致:該小韻的"劣"和"捋",分別異變爲 liè、lè①,因此在力輟切書卷字當中引發兩類今音誤注。

　　查該小韻書卷字,《漢語大字典》lüè 音 1 例、liè 音 14 例,《中文大辭典》lüè 音 1 例、liè 音 11 例、lè 音 2 例,《漢語大詞典》lüè 音 1 例、liè 音 3 例,《辭源》修訂本 lüè 音 1 例、liè 音 1 例。

　　liè 音占絕大多數,根據求同原則,顯然應取 liè 音。

　　lüè 音比例雖小但情況特殊:都見於"鋝"字之注,該被注字在四部辭書中都以 lüè 音爲注,還有大陸的《現代漢語規範字典》、《現代漢語詞典》以及臺灣的《重編國語辭典》和《重編國語辭典修訂本》(網路版)等,也都是注作 lüè 音。這種在海峽兩岸已有廣泛影響的 lüè 音,不宜更動爲 liè,而應予以保留。

　　至於分布比例極低的 lè 音,自然屬於更動之列。

　　要之,該組今音歧異的整理,在存大同的同時,既要去小異又要存小異②。

　　以上説的都是"多寡懸殊之類"分布局面的整理問題,這類整理也就是一個求同的過程。此外還有種種不具備求同條件的歧異局面存在,這種情況下則應融匯其他理據,通過綜合辨證而確定取

---

① 參看《國音標準彙編·常用字彙》,上海開明書店,1947 年,第 20 頁。

② 參看本書下篇第一節。

舍。下面擇要論列幾組情況。

其一，聯繫歷史音變規律而辨證。例如：

武（眉）庚切的 máng-méng 歧異①

A.《中文大辭典》的 máng-méng 歧異

瞳　丙.［廣韻］武庚切 máng（6－1159）

鄳　甲.［廣韻］武庚切 méng（9－425）

B.《中文大辭典》與《辭源》修訂本的 máng-méng 歧異

黽　丙.［集韻］眉耕切 máng（中文 10－1046）

黽　4. méng《集韻》眉耕切（辭源 4－3587）

C.《中文大辭典》與《漢語大字典》的 máng-méng 歧異

蠠　乙.［集韻］眉耕切 máng（中文 10－1050、1051）

蠠　（一）méng《集韻》眉耕切（大字典 1980）

查該小韻書卷字，《漢語大字典》méng 音 8 例，《中文大辭典》máng 音 5 例、méng 音 6 例，《漢語大詞典》méng 音 5 例，《辭源》修訂本 máng 音 1 例、méng 音 4 例。

總體情況只能算是 máng 音略少 méng 音略多，並不是極少數與絕大多數之比，單憑這種"略少"和"略多"而確定取舍問題，理據似乎還不太充足。

現在試從歷史音變規律方面切入展開匯證：武（眉）庚切爲明母庚韻開口二等，méng 音合於反切，與反切不合的 máng 音是語音異變等原因所致：該小韻的"盲"和"崩"，前者異變爲 máng，後者另有莫郎切之讀，二者都可在武（眉）庚切書卷字當中引發誤音 máng。

至此而知，méng 音不單有多於 máng 音的分布基礎，而且還有

---

①　該小韻《廣韻》作武庚切不誤，而《集韻》各本都作眉耕切，切下字是"庚"字之誤。參看邱棨鐊《集韻研究》，第 1042 頁。下面有關例子也都沿襲了這一誤切，不過該組今音歧異的產生跟這種錯字現象並無關係。

與音變規律相合的優勢,綜合條件優勝於 máng 音。宜於取 méng 音而更動 máng 音的道理,隨着綜合匯證的深入而趨於明朗。

其二,參酌聲符表音情況而辨證。例如:

胡(弦)雞切的 xī-xí 歧異

A.《漢語大字典》的 xī-xí 歧異

獢　xī《廣韻》胡雞切(1506)

頯　xí《集韻》弦雞切(1824)

B.《辭源》修訂本的 xī-xí 歧異

榽　xī 胡雞切(2 - 1617)

莫　xí 胡雞切(4 - 2702)

C.《中文大辭典》的 xī-xí 歧異

傒　乙.[廣韻]胡雞切 xī(3 - 1673)

奚　[廣韻]胡雞切 xí(2 - 1640)

D.《漢語大字典》與《中文大辭典》的 xī-xí 歧異

嫨　(一) xī《廣韻》胡雞切(大字典 451)

嫨　甲.[廣韻]胡雞切 xí(中文 3 - 196)

E.《中文大辭典》與《漢語大詞典》的 xī-xí 歧異

騱　乙.[廣韻]胡雞切 xī(中文 10 - 383)

騱　[xí《廣韻》胡雞切](大詞典 12 - 868)

F.《中文大辭典》與《辭源》修訂本的 xī-xí 歧異

郋　[廣韻]胡雞切 xī(中文 9 - 305)

郋　xí 胡雞切(辭源 4 - 3104)

胡(弦)雞切爲匣母齊韻開口,xí 音合於反切,與反切不合的 xī 音是語音異變所致:該小韻的"奚、兮"異變爲 xī,因此在同小韻書卷字當中引發誤音之注。

查該小韻書卷字,《漢語大字典》xī 音 12 例、xí 音 6 例,《中文大辭典》xī 音 13 例、xí 音 3 例,《漢語大詞典》xī 音 4 例、xí 音 2 例,

《辭源》修訂本 xī 音 5 例、xí 音 2 例。

總體情況是 xī 較多而 xí 較少,但不是一方極多一方極少的懸殊局面。單憑這種分布情況而確定取舍,理據自然不大充足,還需借重其他理據的支持。

查該小韻書卷字,絕大多數都是以"奚"爲聲符的形聲字。聯繫這個方面來看,xī、xí 二音,前者既有多於後者的分布基礎,還具有與聲符同音的優勢,綜合條件優勝於後者。保留 xī 音而更動 xí 音的合理性,隨着綜合匯證的深入而趨於明朗,聲符角度的考察結果在其中起到了重要的參證作用。

其三,參酌音節情況而辨證。例如:

楚委切的 chuǎi-chuǐ 歧異

A.《中文大辭典》的 chuǎi-chuǐ 歧異

揣　乙. [集韻]楚委切 chuǎi(5－358)

𪗱　乙. [集韻]楚委切 chuǐ(5－495)

B.《漢語大字典》與《中文大辭典》的 chuǎi-chuǐ 歧異

耑　(二) chuǎi《集韻》楚委切(大字典 1197)

耑　乙. [集韻]楚委切 chuǐ(中文 8－430)

楚委切爲初母紙韻合口,chuǐ 音合於反切,與反切不合的 chuǎi 音是語音異變所致:該小韻的"揣"字異變爲 chuǎi,因此在同小韻書卷字當中引發誤音之注。

查該小韻書卷字,《漢語大字典》chuǎi 音 4 例,《中文大辭典》chuǐ 音 3 例、chuǎi 音 2 例,《辭源》修訂本和《漢語大詞典》未收其字(其音)。

chuǎi 音略多 chuǐ 音略少,但不是極多比極少的懸殊局面,既不便於"存正",也不便於"存誤",要確定取舍問題,還需借重其他理據。

查現代普通話語音系統,只有 chuǎi 音節,而不存在 chuǐ 音節。音節系統中所不存在的"聲音",不利於語言的交際、交流,是今音之注當中應盡量規避的對象。就拿 chuǐ 音來説,從《國音常用字彙》到兩岸的現代漢語字詞典,一直未讓這個"聲音"進入今音系統。

chuǎi 音既有一定的分布優勢,又有優勝於 chuǐ 的音節條件,總體條件顯然占有優勢。宜乎保留 chuǎi 而更動 chuǐ 的道理,隨着綜合匯證的深入而趨於明朗,音節角度的考察結果在其中起到了重要的參證作用。

當然,上述種種方法也還是有其局限性的,因此在整理今音歧異時,難免會遇到一些不大容易處置的問題。例如:

1. 虞(五)遠切的 ruǎn-yuǎn 歧異

A.《中文大辭典》的 ruǎn-yuǎn 歧異

沅　乙.［集韻］五遠切 ruǎn(5－970)

䢵　乙.［廣韻］虞遠切 yuǎn(9－278)

B.《漢語大字典》的 ruǎn-yuǎn 歧異

朊　(二) ruǎn《玉篇》虞遠切(858)

禐　yuǎn《集韻》五遠切(1869)

C.《中文大辭典》與《漢語大詞典》的 ruǎn-yuǎn 歧異

昄　［集韻］五遠切 ruǎn(中文6－1052)

昄　［yuǎn《集韻》五遠切］(大詞典7－1135)

D.《中文大辭典》與《漢語大字典》的 ruǎn-yuǎn 歧異

願　乙.［集韻］五遠切 ruǎn(中文10－64)

願　(二) yuǎn《集韻》五遠切(大字典1824)

虞(五)遠切爲疑母阮韻合口,yuǎn 音合於反切,與反切不相合的 ruǎn 音是語音異變所致:該小韻的"阮"字異變爲 ruǎn,因此在同小韻書卷字當中引發今音誤注。

查該小韻書卷字,《漢語大字典》ruǎn 音5例、yuǎn 音6例,

《漢語大詞典》ruǎn、yuǎn 各 1 例,《中文大辭典》ruǎn 音 8 例、yuǎn 音 3 例,《辭源》修訂本未收其字(其音)。

　　分布較爲雜亂,沒有"大同"可求,既不便於"存正",也不便於"存誤",聲符等其他方面也難以理出頭緒。種種方法都不易於整理。

　　2. 下(曷)各切小韻的 hè-hé 歧異

　　A.《漢語大字典》的 hè-hé 歧異

　　霍　(二) hè《集韻》曷各切(1693)

　　驊　hé《廣韻》下各切(1900)

　　B.《中文大辭典》的 hè-hé 歧異

　　皭　丁.［集韻］曷各切 hè(6 – 955)

　　暣　乙.［廣韻］下各切 hé(6 – 1144)

　　C.《中文大辭典》與《漢語大字典》的 hè-hé 歧異

　　秴　［廣韻］下各切 hè(中文 6 – 1624)

　　秴　hé《廣韻》下各切(大字典 1088)

　　D.《中文大辭典》與《辭源》修訂本的 hè-hé 歧異

　　餎　甲.［廣韻］下各切 hè(中文 10 – 108)

　　餎　hé 下各切(辭源 4 – 3595)

　　E.《漢語大詞典》與《辭源》修訂本的 hè-hé 歧異

　　洛₁　［hè《廣韻》下各切］(大詞典 2 – 414)

　　洛　hé 下各切(辭源 1 – 329)

　　F.《辭源》修訂本與《漢語大字典》的 hè-hé 歧異

　　皭　hè《集韻》曷各切(辭源 3 – 2182)

　　皭　hé《集韻》曷各切(大字典 1109)

　　下(曷)各切爲匣母鐸韻開口,hé 音合於反切,與反切不相合的 hè 音是語音異變所致:該小韻的"鶴"字異變爲 hè,因此在同小韻書卷字當中引發今音誤注。

查該小韻書卷字,《漢語大字典》hè 音 5 例、hé 音 6 例,《辭源》修訂本 hè 音 2 例、hé 音 4 例,《漢語大詞典》hè 音 4 例、hé 音 3 例,《中文大辭典》hè 音 9 例、hé 音 2 例。

歧異音分布雜亂,既不便於"存正",也不便於"存誤"。從其他方面看,全小韻之字聲符雜亂,無條理可循,音節等情況也不能爲歧異整理提供佐助。種種方法都不易於整理。

這些不易於整理的歧異局面,需要借重宏觀調控的手段協調解決①。

第六節　書卷字今音歧異整理分論(下)
——從音變綫索模糊性所引發的今音歧異切入②

今音歧異所由生的客觀基礎既然是歷史音變綫索問題,整理工作自然也應看重這個方面,把這個"肇事"之點作爲解決問題的首要突破口,由此而切入,通過進一步的考察,透過不規則的表象發掘音變條理用作依據。

"考察-發掘"工作,需要以現代普通話口語字詞的讀音爲觀察窗口。關於這類字的讀音問題,有關審音機構已經作過幾次梳理。20 世紀 20 年代末國語統一籌備會的審定,可算是做得較早又具有較大影響的一次梳理,其結果見於 1932 年教育部公布的《國音常用字彙》。1949 年以後,海峽兩岸的審音機構都作過幾次審訂,大陸方面的審訂結果見於有關字詞典和《普通話異讀詞三次審音總表初稿》及《普通話異讀詞審音表》等;臺灣的審訂結果見於《重編國語辭典》和《國語一字多音審訂表》等。《國音常用字彙》收録口語字詞較全,而且語音方面是"以受過中等教育的北平

---

① 參看本書下篇第三節。
② 關於音變綫索模糊性引發今音歧異的有關情況,參看本書上篇第十一節。

本地人的話的音爲國音標準"①，這就在一定程度上保留了口語字詞讀音的客觀狀況。後來大陸的幾次審訂，則對許多字（詞）的異讀現象作了取舍，使之定於一尊。舉例來說，古清入字在北京話口語中凡有聲調異讀的，假若其中有一個是陰平調，原則上采用陰平而舍棄其他聲調②。從異讀的規範工作來看，這種取舍不失爲一種可行的處置手段；換一個角度來看，這種取舍結果，在一定程度上遮蓋了語音演變的全貌，用於語音的歷史考察則有所不宜。

　　探討歷史音變綫索，應從口語讀音的實際出發，這是一個最起碼的原則。基於這一前提，從便於窺知歷史音變面貌的方面看，《國音常用字彙》給口語字詞審注的今音，宜於用作歷史音變綫索考察的基本參照系。與此同時，自然還要利用《普通話異讀詞三次審音總表初稿》、《普通話異讀詞審音表》、《國語一字多音審訂表》以及現時的代表性字詞典——《現代漢語規範字典》、《現代漢語詞典》、《重編國語辭典》、《重編國語辭典修訂本》（網路版）之類，借以補苴《國音常用字彙》收字、注音的遺漏，借以把握近幾十年來讀音變化的新情況。

　　總之，要從全面考察入手，展開綜合匯證，在廓清口語字詞讀音歷史面貌的基礎上發掘其演變條理。

　　聲母、韻母演變條理的再研究，可從具體的小韻入手。舉例來說，《廣韻》的船母平聲，共有食倫切、食川切、食遮切、食鄰切、食陵切等五個小韻，聯繫各小韻的口語字詞來看，前兩個小韻的聲母一律演變爲 ch（"唇"字、"船"字），三、四兩個小韻則一律演變爲 sh（"蛇"字、"神"字），只有食陵切存在或演變爲 sh、或演變爲 ch

---

　　①　參看何容《國音標準的來歷》，《何容文集》，臺灣：國語日報社，1975 年，第 6 頁。

　　②　參看《普通話異讀詞讀音審訂原則》，見程養之《普通話異讀詞審音檢字》，文字改革出版社，1965 年，第 4 頁。

的分化綫索模糊問題（"繩"字、"乘"字）。

　　韻母方面，試以喉牙音戈韻合口一等爲例。這一聲韻類聚在《廣韻》中共有古禾切、古火切、古卧切、苦禾切、苦果切、苦卧切、呼果切、呼卧切、戶戈切、胡果切、胡卧切、烏禾切、烏果切、烏卧切、五禾切、五果切、吾貨切等17小韻——除烏果切、烏卧切、五果切之外，都存在口語字詞，聯繫口語字詞看，則只有古禾切、戶戈切、胡卧切三小韻存在 e-uo 歧異（"戈、禾、和唱和"之類與"鍋、和和麵、和拌和"之類），其他小韻，或是整體演變爲 e，或是整體演變爲 uo，小韻内部並不存在 e-uo 歧異。

　　古清入調類演變條理的再研究，可分別從各個清音聲母入手，以口語字詞的讀音爲觀察點進行梳理。

　　按照上述程序梳理出來的清入字，共有645個讀音（異讀字按其讀音實數計量，全同異體字不重複計數）：陰平165個，陽平178個，上聲69個，去聲233個。更具體的歸派情況是：非莊章知見端精諸母之入聲多爲陽平，徹溪昌書心初山清影諸母之入聲多爲去聲，敷母入聲多爲陽平或去聲，幫滂透曉四母之入聲多爲陰平或去聲。

　　這種"多數派"情況代表着清入調類演變的大勢，從一定程度上來説，也就是清入調類演變條理的一種表現。

　　綜上可知，某些聲母、韻母以及整個清音入聲聲調的演變，謂之缺乏規律性，這還只是從這些聲母、韻母和清音聲母入聲的總體情況着眼，就其演變的總體格局而論事，是一種粗綫條的認識，實際上聯繫微觀情況來看，大都具有一定的傾向性，真正屬於漫無條理的情況較少。這種傾向性，也就是一定條件之下的可循之章，其地位雖然不能等同於歷史音變規律，但具有與之相近的性質，因此，常可采用循章辨證的辦法來解決一些難於整理的歧異局面。例如：

1. 先立(私立、息入)切的 sè-xī-xí-xì 歧異

A.《漢語大字典》的 xī-xí-xì 歧異

烮　xī《改併四聲篇海》引《川篇》先立切(103)

趴　xí《廣韻》先立切(1535)

桼　xì《類篇》息入切(516)

B.《漢語大詞典》的 xī-xì 歧異

噧　[xī《廣韻》先立切](3−495)

瘤₂　[xì《集韻》息入切](8−355)

C.《中文大辭典》與《漢語大字典》的 sè-xì 歧異

趚　[玉篇]私立 sè(中文 8−1476)

趚　xì《玉篇》私立切(大字典 1452)

　　先立(私立、息入)切歧成了四音,其中的 xī、xí、xì,聲母韻母不誤,聲調歧異是清入調類演變的模糊性所致。至於 sè 音,則是誤移所致①:該小韻的"瀒、鈒、霎",另有色立(色入)切之讀,色立(色入)切之字今音多被注爲 sè,因此在先立(私立、息入)切書卷字當中引發 sè 音。

　　查該小韻書卷字,《漢語大字典》xī 音 2 例、xí 音 2 例、xì 音 4 例,《漢語大詞典》xī 音、xì 音各 1 例,《中文大辭典》sè 音 1 例、xì 音 4 例,《辭源》修訂本未收其字(其音)。sè 音只 1 例,xī、xí、xì 三音,前二者略少,後者略多。

　　sè 音不單與反切相去甚遠,而且又是孤例,宜乎作爲更動的首選對象。

　　至於 xī、xí、xì 三音,單憑上述"略少"和"略多"的分布情況而確定舍前者取後者,理據顯然不足。

　　現在試從歷史綫索入手進行辨證。該音節屬於心母入聲,聲

---

① 關於誤移的有關問題,參看本書上篇第七節。

調歸派傾向是去聲。聯繫這個方面來看,xì 音既有多於 xī、xí 二音的基礎,同時還有合於音變傾向的優勢,總體條件優勝於 xī、xí。保留 xì 而更動 xī、xí 的合理性至此已趨明朗,循章辨證的作用於此可見一端。

　　2. 先擊(的)切的 xī-xí-xì 歧異

　　A.《中文大辭典》的 xī-xí 歧異

憨　[廣韻]先擊切 xī(4－150)

㹸　[廣韻]先擊切 xí(5－707)

　　B.《辭源》修訂本與《中文大辭典》的 xī-xí 歧異

裼　xī 先擊切(辭源 4－2829)

裼　甲.[廣韻]先擊切 xí(中文 8－676、677)

　　C.《漢語大詞典》與《辭源》修訂本的 xī-xí 歧異

錫　[xī《廣韻》先擊切](大詞典 9－890)

錫　xì 先擊切(辭源 3－2444)

　　D.《漢語大字典》與《中文大辭典》的 xī-xí 歧異

埸　xī《集韻》先的切(大字典 445)

埸　[集韻]先的切 xí(中文 3－172)

　　先擊(的)切爲心母錫韻開口,xī、xí、xì 三音,聲母韻母不誤,聲調歧異是清入調類演變綫索的模糊性所致。

　　查該小韻書卷字,《漢語大字典》xī 音 13 例、xí 音 2 例,《漢語大詞典》xī 音 2 例,《辭源》修訂本 xī 音、xì 音各 1 例,《中文大辭典》xī 音 6 例、xí 音 5 例、xì 音 1 例。

　　xì 音屬於個別現象,宜於作爲更動的首選對象。剩下的 xī、xí 二音,《漢語大字典》爲代表的大陸注音是 xī 占絕大多數,而臺灣《中文大辭典》的 xī、xí 則差不多是均衡狀態,總體分布情況只能説是 xī 略多於 xí,由此而確定取 xī 舍 xí,理據還不大充分,還需要其他方面的支持。

現在試從歷史綫索入手進行辨證。查該小韻口語字詞"晰、淅、皙、蜥"等,今音爲 xī;"錫",今音則有 xī、xí 二讀①,口語字詞大多數表現的是歸派陰平的狀況。前面述及心母入聲大都歸派去聲,那是整個心母入聲的大趨向,而先擊(的)切這個具體的心母入聲音節則是歸派爲陰平。

xī 既有多於 xí 的基礎,同時還有合於音變傾向的優勢,總體條件優勝於 xí。保留 xī 而更動 xí 的合理性至此已經趨於明朗,透過表象而發掘出來的歸派真相,在匯證中起到了重要的參證作用。

歷史綫索模糊所引發的今音歧異,從一定程度上講不屬於正誤對立的性質,而是諸方對等的關係,整理工作最宜於依照求同原則進行處置。例如:

1. 口戒切的 kài-qiè 歧異

鞼　(二) kài《集韻》口戒切(大字典 1806)

鞼　乙.［集韻］口戒切 qiè(中文 9–1658)

口戒切爲溪母怪韻開口,喉牙音怪韻開口韻母,後來或變爲 ai,或變爲 ie,韻母分化還帶起了聲母的分化;二者匯成的是一種複合性的音變模糊現象,kài-qiè 歧異由此而引發。

從口戒切小韻來看,没有口語字詞,具體的音變傾向處於闕如狀態,整理這樣的今音歧異,從一定程度上來説只能全靠分布的數據。

查該小韻書卷字,《漢語大字典》kài 音 7 例,《漢語大詞典》kài 音 2 例,《中文大辭典》qiè 音 1 例、kài 音 7 例,《辭源》修訂本未收其字(其音)。

qiè 音屬於孤例,kài 音占絕大多數,這種比例懸殊的對等性歧異,自應保留 kài 音而更動 qiè 音。

---

①　參看徐世榮《普通話異讀詞審音表釋例》,語文出版社,1997 年,第 220 頁。

2. 平(皮)祕切的 bì-bèi 歧異

A.《漢語大字典》的 bì-bèi 歧異

鞁　　bì（一）［玉篇］皮祕切(1470)

勸　　bèi《集韻》平祕切(160)

B.《中文大辭典》的 bì-bèi 歧異

灊　　［集韻］平祕切 bì(5－1674)

紴．甲．［廣韻］平祕切 bèi(7－378、379)

C.《漢語大字典》與《辭源》修訂本的 bì-bèi 歧異

奰　　bì《廣韻》平祕切(大字典 232)

奰　　bèi 平祕切(辭源 2－728)

D.《中文大辭典》與《漢語大字典》的 bì-bèi 歧異

豶　　［五音集韻］平祕切 bì(中文 9－1616)

豶　　bèi《玉篇》皮祕切(大字典 1701)

平(皮)祕切爲並母至韻開口，中古脣音至韻開口韻母，後來或變爲 i，或變爲 ei，以致引發 bì-bèi 歧異。

查該小韻書卷字，《辭源》修訂本 bì 音 1 例、bèi 音 4 例，《漢語大詞典》bì 音 3 例、bèi 音 4 例，《漢語大字典》bì 音 3 例、bèi 音 9 例，《中文大辭典》bì 音 3 例、bèi 音 16 例。

總體格局是 bì 少而 bèi 多。其中的 bì 音涉及"奰、豶、灊、鞁"四字，前二字既有 bì 音之注，也有 bèi 音之注，只有"灊、鞁"二字才是純粹的 bì 音之注——前一字見於《漢語大字典》和《中文大辭典》，後一字只見於《漢語大字典》。這種比例關係差別較大的對等性歧異，宜於存大同去小異——保留 bèi 音而更動 bì 音。

3. 子(作)荅切的 zā-zá 歧異①

A.《中文大辭典》的 zā-zá 歧異

---

① 該小韻《廣韻》、《集韻》分別爲子荅、作荅切，《中文大辭典》引用時把切下字"荅"換成了同音的"答"字。

沠　[廣韻]子答切 zā(5 - 977)

鈒　乙.[集韻]作答切 zá(10 - 612)

B.《漢語大字典》與《中文大辭典》的 zā-zá 歧異

魳　(一) zā《廣韻》子荅切(大字典 1942)

魳　甲.[廣韻]子答切 zá(中文 10 - 611)

　　子(作)荅切爲精母合韻,zā、zá 二音,聲母韻母不誤,聲調歧異是清人調類演變綫索的模糊性所致。

　　查該小韻書卷字,《辭源》修訂本和《漢語大詞典》都是 zā 音 1 例,《漢語大字典》zā 音 13 例,《中文大辭典》zā 音 9 例、zá 音 2 例。分布的總體情況是 zā 音占絕大多數。

　　精母入聲調類的音變傾向爲陽平,與既成的注音傾向相左。這種情況下的今音整理,大致有兩種辦法:其一是依音變傾向之"章"而處置,把陰平全改成陽平。其二是不拘泥於音變之"章",而是依就現狀存大同去小異,把陽平全改成陰平。

　　兩種處置都能實現統一今音的目的,不同點主要表現爲以下兩個方面:從歷史音變綫索方面看,前者與清入演變的大傾向保持了一致,後者則有不吻合之嫌。從書面語的運用方面看,前者所造成的大幅度今音更動,必然會在一定程度上給有關文化的學習、研究、教學、交流等方面帶來諸多不便;後一種處置則是在因其固然的基礎上進行少量更動,不至於造成新的混亂,因而在有關方面不會形成副作用。

　　今音歧異的整理,提高語文效用、促進語文工作是其主旨,如果整理之後給語言文字的職能活動造成了一定的不便,這樣的整理便是一種得不償失。由此看來,宜於用第二種辦法進行整理,這樣既可消除歧異,對語言文字的職能活動又無負面影響,至於整理之後,今音與音變傾向不吻合的問題則"無關緊要"[1],這樣的今音

----

① 參看本書下篇第一節。

不妨讓它們積"非"成是。

　　這種有音變傾向存在的歧異組,在音變傾向與求同取舍存在抵牾的情況下,宜於依從求同原則,而不宜依從傾向性,今音歧異整理中應以求同原則爲重的道理於此又見一端。

　　循章辨證和求同處置,二者並不是絕然對立的關係,因此在歧異整理的具體操作中,應盡量綜合運用,讓它們相輔相成,借以增强整理處置的可行性。下面試看幾組情況。

　　1. 時占切的 shán-chán 歧異

　　諜　shán《集韻》時占切(大字典 1662)

　　諜　[集韻]時占切 chán(中文 8 - 1024)

　　時占切爲禪母鹽韻,平聲字的禪母,其今音聲母雖然存在或變爲 sh、或變爲 ch 的不定性,但從該小韻的口語字詞來看,則只有 ch 一類聲母("蟾"字),並無 sh-ch 歧異。依這種傾向性,這裏的今音歧異當取 chán 而舍 shán。

　　進一步考察,該小韻"諜"以外諸字,在四部辭書中都是折合爲 chán,折合作 shán 音的,也就只有"諜"字一條注音。

　　至此而知,該組今音歧異中的 shán 音,不單不合於傾向性,而且也是不能成立的孤例,依照求同原則也應該保留 chán 而更動 shán。循章辨證和求同處置,兩種方法殊途而同歸,由此融匯而成的自然是一種較具可行性的結論。

　　2. 魚紀(偶起)切的 yǐ-nǐ 歧異

　　A.《漢語大字典》的 yǐ-nǐ 歧異

　　譺　(二) yǐ《廣韻》魚紀切(1676)

　　薿　nǐ《廣韻》魚紀切(1381)

　　B.《辭源》修訂本與《中文大辭典》的 yǐ-nǐ 歧異

　　耆　yǐ 魚紀切(辭源 2 - 795)

　　耆　甲. [集韻]偶起切 nǐ(中文 3 - 345)

魚紀(偶起)切爲疑母止韻,yǐ、nǐ 二音韻母聲調不誤,問題出在聲母。雖然某些齊齒韻的疑母存在或變爲 i 類零聲母、或變爲 n 的不定性,但從該小韻的口語字詞來看,則只有 n 一類聲母("擬"字之類),顯示出的歷史音變情況具有傾向性,並不存在 i 類零聲母和 n 的混亂問題。

查該小韻書卷字,《中文大辭典》yǐ 音 1 例、nǐ 音 8 例,《漢語大字典》yǐ 音 2 例、nǐ 音 10 例,《漢語大詞典》yǐ 音 1 例、nǐ 音 2 例,《辭源》修訂本 yǐ 音 1 例、nǐ 音 1 例。

音變傾向是 nǐ,歧異的分布也是 nǐ 音占大多數。歷史綫索和求同原則,都表明應該保留 nǐ 而更動 yǐ。通過這種會通方式,獲得的自然是一種較爲通達的認識。

3. 博厄切的 bǎi-bó-bò 歧異

A.《漢語大字典》的 bó-bò 歧異

檗　(二) bó《集韻》博厄切(736)

薜　(二) bò《廣韻》博厄切(1378)

B.《中文大辭典》的 bó-bò 歧異

檗　甲.［廣韻]博厄切 bó(7‒210)

蘖　乙.［集韻]博厄切 bò(6‒571)

C.《中文大辭典》的 bó-bǎi——bò 歧異

擗　丁.［廣韻]博厄切 bó　bǎi(8‒1784、1785)

鸊　乙.［集韻]博厄切 bò(10‒829)

D.《漢語大字典》與《中文大辭典》的 bó-bò 歧異

臂　bó《廣韻》博厄切(大字典848)

臂　［集韻]博厄切 bò(中文6‒75)

博厄切爲幫母麥韻開口,bǎi 音與反切不合;bó、bò 二音,聲母韻母不誤,聲調歧異是清入調類演變綫索的模糊性所致。幫母入聲的音變傾向是或爲陰平或爲去聲,從這個方面看,宜於更動 bǎi、 bó 而保留 bò。

　　現在融入分布情況繼續辨證。查該小韻書卷字,《辭源》修訂本 bò 音 2 例,《漢語大詞典》bò 音 3 例,《漢語大字典》bó 音 2 例、bò 音 6 例,《中文大辭典》bǎi 音 1 例、bó 音 2 例、bò 音 8 例。

　　至此而知,bǎi 音既與反切不合,而且又是孤例;bó 音既不合於音變傾向,同時又屬於"少數派";bò 音既合於音變傾向,又屬於"多數派"。循章辨證的取舍結論與存大同去小異的結果,二者完全一致,兩相參照,可以顯出保留 bò 而更動 bǎi、bó 的合理性。

　　4. 子(節)力切的 jī-jì-jí 歧異

　　A.《漢語大字典》的 jī-jí 歧異

　　偲　jī《集韻》節力切(85)

　　猲　jí《廣韻》子力切(573)

　　B.《辭源》修訂本與《中文大辭典》的 jì-jí 歧異

　　椶　jì 子力切(辭源 2－1617)

　　椶　[廣韻]子力切 jí(中文 5－390)

　　C.《漢語大字典》與《中文大辭典》的 jì-jí 歧異

　　稷　jì《廣韻》子力切(大字典 763)

　　稷　[廣韻]子力切 jí(中文 6－139)

　　子(節)力切爲精母職韻開口,jī、jì、jí 三音是清入調類演變綫索的模糊性所致。精母入聲的音變傾向是陽平,從這個方面看,宜於取陽平而舍陰平和去聲。

　　查該小韻書卷字,《辭源》修訂本 jí 音 1 例,《漢語大詞典》jí 音 2 例,《漢語大字典》jī 音 2 例、jì 音 2 例、jí 音 7 例,《中文大辭典》jī 音 1 例、jí 音 12 例。

　　總體格局是 jí 音占大多數,既成的注音取向與音變傾向是一致的,循章而調整的結果也就是存大同去小異的結果。兩相參照,顯出了保留 jí 音而更動 jī、jì 二音的合理性。

　　循章辨正與求同處置的綜合運用,常可透過表象而顯現條理,使歧異的整理由無章可循變爲有章可循。下面試看兩組情況。

　　1. 普活切的 pō-pó-pò 歧異

　　A.《漢語大字典》的 pō-pó 歧異

袘　（一）pō《廣韻》普活切(1282)

巿　（二）pó《集韻》普活切(306)

　　B.《中文大辭典》的 pō-pò 歧異

驖　乙.［集韻］普活切 pō(10－396)

酻　［廣韻］普活切 pò(9－457)

　　C.《漢語大詞典》與《辭源》修訂本的 pō-pò 歧異

醱₁　［pō《集韻》普活切]（大詞典9－1444)

醱　pò 普活切(辭源4－3142)

　　D.《漢語大字典》與《中文大辭典》的 pō-pò 歧異

鉢　（一）pō　㊀《集韻》北末切

　　　　　　　　㊁《廣韻》普活切（大字典1303)

鉢　甲.［廣韻]普活切 pò(中文7－725)

　　普活切爲滂母末韻,pō、pó、pò 三音,聲母韻母不誤,聲調歧異是清入調類演變綫索的模糊性所致。滂母入聲的聲調演變傾向是或爲陰平或爲去聲,pó 音不合於音變傾向,大致可以作爲更動對象考慮;至於 pō、pò 二音,則都合於音變傾向,雙方是對等的關係,單從這個方面看,不易確定取舍問題。

　　現在融入分布情況進行辨證。查該小韻書卷字,《辭源》修訂本 pō 音2例、pò 音1例,《漢語大詞典》pō 音4例,《漢語大字典》pó 音1例、pō 音13例、pò 音3例,《中文大辭典》pō 音17例、pò 音3例。

　　至此而知:pó 音不單是不合於音變傾向而且又屬孤例,毫無

疑問應該作爲更動的對象；pō、pò 二音，前者占大多數，後者只是
極少數，兩重性的音變傾向，所引發的今音歧異並不是對等性分
布，而是這種比例懸殊的局面。由此而辨證 pō、pò 二音，也就有
足够理由選取 pō 而更動 pò 了。單純從一個方面着眼而不易於解
決的問題，隨着綜合匯證的深入，便由無章可循而變爲有章可
循了。

2. 許（迄）及切的 xī-xí-xì 歧異

A.《漢語大字典》的 xī-xì 歧異

劏　xī《集韻》迄及切（150）

鶷　xì《廣韻》許及切（1936）

B.《中文大辭典》的 xī-xì 歧異

搐　甲．[集韻]迄及切 xī（4－785）

鬩　甲．[廣韻]許及切 xì（9－1033）

C.《漢語大字典》與《辭源》修訂本的 xī-xì 歧異

瀹　（一）xī《廣韻》許及切（大字典733）

瀹　xì 許及切（辭源3－1888）

D.《漢語大詞典》與《中文大辭典》的 xí-xī 歧異

念　[xí《集韻》迄及切]（大詞典7－505）

念　甲．[集韻]迄及切 xī（中文4－96）

E.《漢語大字典》與《中文大辭典》的 xī-xì 歧異

愒　xī《集韻》迄及切（大字典986）

愒　[集韻]迄及切 xì（中文4－265）

　　許（迄）及切爲曉母緝韻，xī、xí、xì 三音聲母韻母不誤，聲調歧
異是清入調類演變綫索的模糊性所致。曉母入聲聲調的演變傾向
是或爲陰平或爲去聲，xí 音不合於音變傾向，不妨暫且考慮爲更動
對象；至於 xī、xì 二音，則都合於音變傾向，雙方是對等的關係，不
易確定取捨問題。

現在融入歧異音分布情況進行辨證。查該小韻書卷字,《辭源》修訂本 xī 音 2 例、xì 音 3 例,《漢語大詞典》xī 音 6 例、xí 音 1 例,《漢語大字典》xī 音 15 例、xí 音 1 例、xì 音 3 例,《中文大辭典》xī 音 14 例、xì 音 4 例。

綜上而知,xí 音既不合於音變傾向,而且又是"極少數派",毫無疑問屬於更動對象;剩下的 xī、xì 二音,前者既有音變傾向方面的基礎,又有分布占大多數的優勢。宜於取 xī 而更動 xì 的道理,至此已經顯而易見。音變傾向角度的"對等性"關係,這個單從循章辨證方面不易於解決的問題,就這樣隨着綜合匯證的深入,由無章可循而變爲有章可循了。

書卷字今音歧異的整理是一項很複雜的工作,即使是歷史綫索明朗之類,其今音歧異的整理也要通過多方位和多角度的綜合匯證才能落實,而不能單憑音變規律一個方面進行決斷。至於歷史綫索模糊之類,音變方面的參證作用更爲有限,這類今音歧異的整理過程中,多方位和多角度的綜合環節也就更爲重要了。以上的論列,已在一定程度上體現了這個道理,下面進一步側重於綜合匯證方面展開有關討論。先説融入聲符表音方面進行匯證的情況①。

1. 古狎切的 jiǎ-jiá 歧異
A.《漢語大字典》的 jiǎ-jiá 歧異
砑　jiǎ《廣韻》古狎切(1013)
裑　(二) jiá《集韻》古狎切(1284)
B.《中文大辭典》的 jiǎ-jiá 歧異
珒　[集韻]古狎切 jiǎ(6-425)
胛　乙.[集韻]古狎切 jiá(7-1288)

① 參看本書下篇第二節。

C.《中文大辭典》與《漢語大字典》的 jiǎ-jiá 歧異

迦　［廣韻］古狎切 jiǎ(中文 9－27)

迦　jiá《廣韻》古狎切(大字典 1591)

　　古狎切爲見母狎韻,jiǎ、jiá 二音,聲母韻母不誤,聲調歧異則是清入調類演變綫索的模糊性所致。

　　從歷史綫索方面看,見母入聲聲調的演變傾向爲陽平。

　　從歧異音的分布方面看,《漢語大字典》jiǎ 音 7 例、jiá 音 4 例,《中文大辭典》jiǎ 音 5 例、jiá 音 1 例,《漢語大詞典》jiǎ 音 2 例,《辭源》修訂本 jiǎ 音 1 例。

　　jiǎ 音略多 jiá 音略少,分布略多的 jiǎ 音與演變傾向是相左的關係——得不到演變傾向性方面的支持。單憑這種"略多"和"略少"而確定取捨,理據自然不大充足,顯然還要借重其他理據的支持。

　　現在試從聲符表音方面入手展開匯證:該小韻全都是以"甲"爲聲符的形聲字——"甲"今音爲上聲。至此而知,jiǎ 音既有多於 jiá 音的基礎,同時又與聲符表音情況相吻合,總體條件顯出了優勢。辨證工作隨着聲符表音這一因素的融入而深化,宜於保留 jiǎ 而更動 jiá 的道理,至此已趨明朗。

　　2. 食(神)陵切的 shéng-chéng 歧異

　　A.《漢語大字典》的 shéng-chéng 歧異

澠　(二) shéng《廣韻》食陵切(737)

潨　chéng《廣韻》食陵切(714)

　　B.《中文大辭典》的 shéng-chéng 歧異

鼆　甲.［廣韻]食陵切 shéng(10－677)

騬　甲.［廣韻]食陵切 chéng(10－380)

　　C.《中文大辭典》與《漢語大字典》的 shéng-chéng 歧異

嵊　乙.［集韻]神陵切 shéng(中文 3－959)

嵊　(二) chéng《集韻》神陵切(大字典 332)

食(神)陵切爲船母蒸韻，shéng、chéng 二音韻母聲調不誤，聲母歧異是船母平聲歷史音變模糊性所致。

中古船母平聲，存在或變爲 sh、或變爲 ch 的多樣性，從食(神)陵切小韻來看，口語字"繩、乘"，前者今音聲母爲 sh，後者今音聲母爲 ch，這種或變爲此、或變爲彼的口語現象，是中古船母歷史音變模糊性在具體音節裏的典型性表現。

不單是大環境方面存在音變綫索模糊問題，而且在具體音節中也無傾向性可言。在這種情況下形成的 shéng、chéng 二音，這種對等性歧異的整理，從歷史音變綫索方面自然難以找到理論依據。

查該小韻書卷字，《漢語大字典》shéng 音 6 例、chéng 音 3 例，《中文大辭典》shéng 音 5 例、chéng 音 2 例，《漢語大詞典》shéng 音 4 例、chéng 音 1 例，《辭源》修訂本 shéng 音 3 例、chéng 音 1 例。總體格局，shéng 只能算是略多於 chéng，單憑這種分布，還不宜實施求同處置。

增加一個視角，從字形方面來看，該小韻的今音可歸納爲兩大類型：其一，以"黽(蠅)"爲聲符的字和兩個散字，都爲 shéng 音，共 17 例。其二，以"乘(椉、乘)"爲聲符的字，shéng 音 1 例、chéng 音 7 例。聲符方面顯出了一定條理，該組歧異的整理，宜於尊重這種具體實際，因其固然，分類而治理："黽(蠅)"類字等，全然保留 shéng 音；"乘(椉、乘)"類字，則保留 chéng 音更動 shéng 音，讓 shéng、chéng 二音各以其類相從，讓這種不完全的統一情況存在於一定的條件之下和一定的範圍之中①。

這種分類並存的整理結果雖然沒能實現完全統一，但比起原

---

① 參看本書下篇第一節。

先的雜亂局面,則有了質的進步,聲符角度觀察的結果在其中起到
了重要的參證作用。

綜合匯證還可結合音節情況來進行①。例如:

踈(所)錦切/森上聲的 shěn-sěn 歧異

A.《漢語大字典》的 shěn-sěn 歧異

罧　shěn《龍龕手鑑》所錦反(228)

顠　sěn《集韻》所錦切(1826)

B.《中文大辭典》的 shěn-sěn 歧異

瘆　乙.〔廣韻〕踈錦切 shěn(6−800)

痒　乙.〔廣韻〕踈錦切 sěn(6−766)

C.《漢語大字典》與《中文大辭典》的 shěn-sěn 歧異

淰　shěn《集韻》所錦切(大字典 127)

淼　〔字彙補〕詩品切　音森上聲　sěn②(中文 1−1586)

踈(所)錦切、森上聲為山母寢韻,shěn、sěn 二音,韻母聲調
不誤,聲母歧異則是山母歷史演變綫索的模糊性所致。

查該小韻書卷字,《漢語大字典》shěn 音 5 例、sěn 音 1 例,
《中文大辭典》shěn 音、sěn 音各 3 例,《辭源》修訂本和《漢語大詞
典》未收其字(其音)。

總體分布情況是 shěn 略多於 sěn,由此而取 shěn 舍 sěn,理
據仍不大充足,還需要其他方面的支持。

查現代漢語普通話語音系統,有 shěn 音節而沒有 sěn 音節,
從《國音常用字彙》到兩岸的現代漢語字詞典,一直未讓 sěn 這個
"聲音"進入今音系統。

shěn 音既有多於 sěn 音的分布基礎,又有優勝於 sěn 音的音

---

① 參看本書下篇第二節。

② 《字彙補》的"詩品切"與"森上聲",二者並不是同一的關係,今音 sěn 顯然來自
"森上聲"(即所錦切)。參看王力《康熙字典音讀訂誤》,中華書局,1988 年,第 30 頁。

節條件,總體條件顯然占有優勢。shěn、sěn 二音的取舍問題,至此已經顯出頭緒,音節角度的觀察結果在匯證系列當中起到了重要的參證作用。

當然,上述種種方法畢竟還是存在一定局限性的,因此在整理今音歧異的時候,難免會遇到一些難以解決的問題。例如:

1. 五介(牛戒)切的 ài-yè 歧異

A.《漢語大字典》與《中文大辭典》的 ài-yè 歧異

嘊　ài《廣韻》五介切(大字典 1204)

嘊　[廣韻]五介切 yè(中文 8－449)

B.《辭源》修訂本與《中文大辭典》的 ài-yè 歧異

譪　ài 五介切(辭源 4－2923)

譪　甲.[廣韻]五介切 yè(中文 8－1163)

五介(牛戒)切爲疑母怪韻開口,喉牙音怪韻開口的韻母,存在或變爲 ai、或變爲 ie 的不定性,因此引發該小韻的 ài-yè 歧異。查該小韻書卷字,《辭源》修訂本和《漢語大詞典》都是 ài 音 1 例,《漢語大字典》ài 音 6 例,《中文大辭典》yè 音 6 例。

《漢語大字典》爲代表的大陸辭書全都是 ài 音,《中文大辭典》則全爲 yè 音,海峽兩岸各執一端,兩相對峙;聲符等方面也顯示不出條理。種種方法都不易於整理。

2. 相即切的 xī-xí-xì 歧異

A.《中文大辭典》的 xí-xì 歧異

箟　[廣韻]相即切 xí(7－91)

郎　[廣韻]相即切 xì(9－376)

B.《漢語大字典》與《中文大辭典》的 xī-xí 歧異

餩　xī《廣韻》相即切(大字典 1857)

餩　[廣韻]相即切 xí(中文 10－228)

C.《辭源》修訂本與《中文大辭典》的 xī-xí 歧異

蒠　xī 相即切(辭源 3－2704)
蒠　［廣韻］相即切 xí(中文 7－1755)

相即切爲心母職韻,xī、xí、xì 三音聲母韻母不誤,聲調歧異是清入演變綫索的模糊性所致。

查該小韻書卷字,《漢語大字典》xī 音 11 例,《漢語大詞典》xī 音 2 例,《辭源》修訂本 xī 音 3 例,《中文大辭典》xí 音 9 例、xì 音 1 例。

《漢語大字典》等大陸三書全折合爲陰平,《中文大辭典》則絶大多數爲陽平。

心母入聲聲調的音變傾向爲去聲,然而,全小韻書卷字當中注作去聲的只有 1 例。注音實際跟音變傾向不吻合,依傾向性進行整理,大幅度的今音更動必將引起負面影響。

換一個思路,面對的則是陰平與陽平這種沒有正誤之分的對等性歧異,而且,海峽兩岸各執一端,互爲對峙。這種分布格局,無法施用求同處置,從音節方面着手,也難以理出頭緒。

最後說到聲符表音方面。該小韻固然都是“息”聲之字,但是,“息”字本身的讀音存在聲調不定的問題:該字本有陰平陽平二讀,20 世紀 20 年代審定的結果是以陽平爲規範音①,1949 年以後,大陸方面改陽平爲陰平②,而臺灣方面則仍以陽平爲規範音③。在這種情況下,“息”聲之字歸陰平還是歸陽平的問題,仍是無法確定,有待於海峽兩岸統一“息”字異讀的規範標準。

這些不易於整理的歧異局面,需要借重宏觀調控的手段協調解決④。

---

① 參看《國音標準彙編·常用字彙》,上海開明書店,1947 年,第 39 頁。
② 參看徐世榮《普通話異讀詞審音表釋例》,語文出版社,1997 年,第 221 頁。
③ 《中文大辭典》、《重編國語辭典》、《國民常用標準字典》、《重編國語辭典修訂本》(網路版)等代表性辭書中,“息”字都是注作陽平。
④ 參看本書下篇第三節。

參 考 文 獻

《漢語大字典》編纂處：《〈漢語大字典〉編寫細則》，1982 年油印本。

蔡夢麒：《〈説文解字〉字音注釋研究》，齊魯書社，2007 年。

曹先擢、李青梅：《〈廣韻〉反切今讀手册》，語文出版社，2005 年。

晁繼周：《〈現代漢語詞典〉修訂中的語音規範》，《語文建設》1995 年第 9 期。

陳廣忠：《韻鏡通釋》，上海辭書出版社，2003 年。

（宋）陳彭年等：《廣韻》，北京市中國書店，1982 年。

程養之：《普通話異讀詞審音檢字》，文字改革出版社，1965 年。

重編國語辭典編輯委員會：《重編國語辭典》，（臺灣）商務印書館，1982 年。

儲泰松：《唐五代關中方音研究》，安徽大學出版社，2005 年。

丁邦新：《丁邦新語言學論文集》，商務印書館，1998 年。

（宋）丁度等：《集韻》，上海古籍出版社，1985 年。

丁聲樹、李榮：《古今字音對照手册》，中華書局，1981 年。

段亞廣：《中原官話音韻研究》，中國社會科學出版社，2012 年。

（清）段玉裁：《説文解字注》，上海古籍出版社，1981 年。

范朋穎：《國語推行運動的實施舉措》，《中國傳統文化在臺灣的傳播與文化認同》，華中師範大學 2012 年碩士學位論文。

范新幹：《〈漢語大字典〉注音零拾》，《華中師範大學學報》（哲社版）1994 年增刊。

范新幹：《試說音切材料的校勘》，《華中師範大學學報》（哲社版）1997 年第 4 期，又轉載於中國人民大學複印月刊：《語言文字學》1997 年第 11 期。

范新幹：《音切變例說略》，《古漢語研究》1999 年第 3 期。

范新幹：《略論西晉時代的濁上變去》，《人文論叢》1999 年卷，武漢大學出版社，1999 年。

范新幹：《漢語古音研究方法說略》，《華中師範大學学报》（哲社版）2000 年第 2 期。

范新幹：《輕脣音聲母發端於南朝之宋考》，《人文論叢》2000 年卷，武漢大學出版社，2000 年。

范新幹：《〈辭源〉修訂本注音三議》，《漢語學報》2002 年下卷。

范新幹：《論形聲書卷字今音之注中的一類混亂現象》，《古漢語研究》2003 年第 2 期。

范新幹：《從〈集韻〉粗本切的今音歧異說起》，《中國語文》2006 年第 2 期。

范新幹：《論僻音字的今音誤注現象》，《國學研究》第十八卷，北京大學出版社，2006 年。

范新幹：《"身毒"的"身"字今音考》，《中國音韻學》——中國音韻學研究會南京國際研討會論文集，南京大學出版社，2008 年。

范新幹：《一類成因特殊的今音歧異現象》，《華中學術》第一卷，華中師範大學出版社，2009 年。

范新幹：《"北及"怎麼切出了 zào 音》，《中國語文》2009 年第 6 期。

范新幹:《從士革切的今音歧異說起》,《漢語史研究集刊》第十二輯,巴蜀書社,2009 年。

范新幹:《從其亮切的今音歧異說起》,《漢語史學報》第十二輯,商務印書館,2010 年。

范新幹:《論清音入聲書卷字的今音聲調歧異現象》,《中國音韻學》——中國音韻學研究會南昌國際研討會論文集,江西人民出版社,2010 年。

范新幹:《僻音字的今音歧異問題》,《國學研究》第二十五卷,北京大學出版社,2010 年。

范新幹:《從側買切的今音歧異說起》,《南開語言學刊》2011 年第 1 期。

高洪年:《從〈審音表〉看普通話語音變化的幾種情況及語音教學等相關問題》,《萍鄉高等專科學校學報》1997 年第 2 期。

高樹藩:《國民常用標準字典》,(臺灣)正中書局,1985 年。

高永安:《明清皖南方音研究》,商務印書館,2007 年。

葛信益:《廣韻叢考》,北京師範大學出版社,1993 年。

耿振生:《古入聲字在普通話四聲中的分派》,《普通話園地》1986 年第 1 期。

耿振生:《古音研究中的審音方法》,《語言研究》2002 年第 2 期。

(南朝梁)顧野王:《玉篇》,北京市中國書店,1983 年。

郭良夫:《詞彙與詞典》,商務印書館,1990 年。

郭錫良:《漢語史論集》(增補本),商務印書館,2005 年。

郭錫良:《漢字古音手冊》(增訂本),商務印書館,2010 年。

國家語言文字工作委員會漢字處編:《現代漢語常用字表》,語文出版社,1988 年。

國語推行委員會:《國語教育法令彙編》,(臺北)國語日報社,1982 年。

（金）韓道昭撰、寧忌浮校訂：《校訂五音集韻》，中華書局，1992 年。

（金）韓孝彥、韓道昭：《改併五音類聚四聲篇海》，《續修四庫全書》本，上海古籍出版社，1995 年。

漢語大字典編輯委員會：《漢語大字典》（九卷本），四川辭書出版社、崇文書局，2010 年。

何容：《何容文集》，（臺灣）國語日報社，1975 年。

胡安順：《音韻學通論》，中華書局，2001 年。

胡運飈：《清音入聲字今讀的聲調問題》，《語言研究》1994 年增刊。

黃德寬：《漢字理論叢稿》，商務印書館，2006 年。

（元）黃公紹、熊忠：《古今韻會舉要》，北京圖書館出版社，2005 年。

黃侃：《集韻聲類表》，上海開明書店，1936 年。

黃笑山：《〈切韻〉和中唐五代音位系統》，（臺灣）文津出版社，1995 年。

黃笑山：《漢語史上標準音的發展和中古音的兩個階段》，《廣西民族學院學報》（哲社版）1991 年第 4 期。

黃耀堃：《黃耀堃語言學論文集》，鳳凰出版社，2004 年。

黃焯：《經典釋文匯校》，中華書局，1980 年。

蔣冀騁：《近代漢語音韻研究》，湖南師範大學出版社，1997 年。

黎新第：《形聲字讀音類化現象探索》，《音韻學研究》第一輯，中華書局，1984 年。

黎新第：《影響古清入字讀音諸因素與古清入字的審音和注音》，《漢語大字典論文集》，湖北辭書出版社、四川辭書出版社，1990 年。

黎新第：《普通話古清入字歸調條理探索》，《音韻學研究》第三輯,中華書局,1994年。

李葆嘉:《廣韻反切今音手册》,上海辭書出版社,1997年。

(明)李登:《重刊詳校篇海》,《續修四庫全書》本,上海古籍出版社,1995年。

李青梅:《海峽兩岸字音比較》,《語言文字應用》1992年第3期。

李維琦:《中國音韻學研究述評》,嶽麓書社,1995年。

李新魁:《韻鏡校證》,中華書局,1982年。

李新魁:《漢語音韻學》,北京出版社,1986年。

李新魁:《李新魁自選集》,河南教育出版社,1993年。

李行健主編:《現代漢語規範字典》(修訂本),語文出版社,2004年。

李宇明:《中國語言規劃論》,商務印書館,2010年。

李珍華、周長楫:《漢字古今音表》(修訂本),中華書局,1999年。

林燾:《普通話和北京話》,語文出版社,2000年。

劉廣和:《唐代八世紀長安音聲紐》,《語文研究》1984年第3期。

劉廣和:《唐代八世紀長安音的韻系和聲調》,《河北大學學報》(哲社版)1991年第3期。

劉曉南:《漢語音韻研究教程》,北京大學出版社,2007年。

劉曉南:《宋代四川語音研究》,北京大學出版社,2012年。

盧烈紅:《切韻撰人音考》,武漢大學1984年碩士研究生學位論文。

魯國堯:《魯國堯自選集》,河南教育出版社,1994年。

魯國堯:《〈詩經·豳風·東山〉"蜎"、"蠋"二字音議兼辨〈辭源〉、〈辭海〉、〈現代漢語詞典〉之誤》,《語苑擷英》,北京語言文化大學出版社,1998年。

魯國堯：《魯國堯語言學論文集》，江蘇教育出版社，2003 年。

魯國堯：《臺灣光復後的國語推行運動和〈國音標準彙編〉》，《語文研究》2004 年第 4 期。

魯國堯：《語言學文集——考證、義理、辭章》，上海人民出版社，2008 年。

魯啟華：《海峽兩岸漢字多音字審音比較——兼論審音標準問題》，《鐵道師範學院學報》1998 年第 3 期。

（唐）陸德明：《經典釋文》，中華書局，1983 年。

陸志韋：《古反切是怎樣構造的》，《中國語文》1963 年第 5 期。

呂冀平主編：《當前我國語言文字的規範化問題》，上海教育出版社，1999 年。

呂叔湘、胡繩等：《〈現代漢語詞典〉學術研討會論文集》，商務印書館，1996 年。

羅常培：《漢語音韻學導論》，中華書局，1956 年。

馬重奇：《漢語音韻學論稿》，巴蜀書社，1998 年。

（明）梅膺祚、（清）吳任臣：《字彙·字彙補》，上海辭書出版社，1991 年。

寧忌浮：《試談近代漢語語音下限》，《語言研究》1987 年第 2 期。

寧忌浮：《〈古今韻會舉要〉及相關韻書》，中華書局，1997 年。

寧忌浮：《漢語韻書史》（明代卷），上海人民出版社，2009 年。

寧繼福：《中原音韻表稿》，吉林文史出版社，1985 年。

彭紅：《辭書標音規範與〈普通話異讀詞審音表〉》，《語言文字應用》1999 年第 2 期。

平山久雄：《中古漢語的清入聲在北京話裏的對應規律》，《北京大學學報》（哲社版）1990 年第 5 期。

普通話審音委員會：《普通話異讀詞審音表》，文字改革出版社,1987 年。

喬全生:《晉方言語音史研究》,中華書局,2008 年。

邱棨鐋:《集韻研究》,(臺北)卓少蘭印行,1974 年。

裘錫圭:《〈辭源〉〈辭海〉注音商榷》,《北京大學學報》(哲社版)1985 年第 5 期。

邵榮芬:《〈辭源〉注音審讀記略》,《中國語文》1985 年第 5 期。

沈祥源、楊子儀主编:《實用漢語音韻學》,山西教育出版社,1991 年。

施光亨、李行健、李鍌主编:《兩岸現代漢語常用詞典》,北京語言文化大學出版社,2003 年。

施向東、高航:《〈太和正音譜〉北曲譜考察——兼論周德清“入派三聲”問題》,《南開語言學刊》2006 年第 2 期。

(唐)釋·慧琳、(遼)釋·希麟:《正續一切經音義》,上海古籍出版社,1986 年。

[日]釋·空海:《篆隸萬象名義》,中華書局,1995 年。

(遼)釋·行均:《龍龕手鏡》,中華書局,1985 年。

(宋)司馬光:《切韻指掌圖》,中華書局,1986 年。

(明)宋濂:《篇海類編》,《續修四庫全書》本,上海古籍出版社,1995 年。

孫玉文:《“緿”字的現代漢語讀音規範》,《辭書研究》1999 年第 4 期。

孫玉文:《漢語變調構詞研究》(增訂本),商務印書館,2007 年。

臺灣國語推行委員會編訂:《國語一字多音審訂表》,臺灣1999 年頒行本。

臺灣國語推行委員會編纂:《國音標準彙編》,上海開明書店,1947 年。

臺灣國語推行委員會編纂:《國語辭典簡編本》,臺灣 2002 年網路版。

臺灣國語推行委員會編纂:《重編國語辭典修訂本》,臺灣 2007 年網路版。

唐作藩:《上古音手册》,江蘇人民出版社,1982 年。

唐作藩:《〈辭源〉(修訂本)注音疑誤舉例》,《中國語文》1984 年第 6 期。

唐作藩:《音韻學教程》(第三版),北京大學出版社,2009 年。

唐作藩:《漢語語音史教程》,北京大學出版社,2011 年。

田惠剛:《海外華語與現代漢語的異同》,《湖北大學學報》(哲社版)1994 年第 4 期。

汪國勝:《語言教育論》,華中師範大學出版社,2006 年。

王建堂:《按〈審音表〉修訂字音之我見》,《語文建設》1995 年第 9 期。

王進安:《〈韻學集成〉研究》,上海三聯書店,2009 年。

王力:《漢語史稿》(上册),中華書局,1980 年。

王力:《漢語語音史》,中國社會科學出版社,1985 年。

王力:《康熙字典音讀訂誤》,中華書局,1988 年。

王麥巧:《約定俗成在語音規範中的作用》,《渭南師範學院學報》2002 年增刊。

無名氏:《新校經史海篇直音》,《續修四庫全書》本,上海古籍出版社,1995 年。

向熹:《簡明漢語史》(上册),高等教育出版社,1993 年。

邢福義:《邢福義自選集》,河南教育出版社,1993 年。

邢福義、汪國勝主編:《現代漢語》,高等教育出版社,2010 年。

(金) 邢準:《新修絫音引证群籍玉篇》,《續修四庫全書》本,上海古籍出版社,1995 年。

徐世榮：《四十年來的普通話語音規範》，《語文建設》1995 年第 6 期。

徐世榮：《普通話異讀詞審音表釋例》，語文出版社，1997 年。

許嘉璐主編：《漢字標準字典》，遼寧大學出版社，2001 年。

嚴學宭：《怎樣注音、訂音和正音》，《辭書研究》1980 年第 3 期。

楊寶忠：《疑難字考釋與研究》，中華書局，2005 年。

楊軍：《韻鏡校箋》，浙江大學出版社，2007 年。

楊榮祥：《中古音和現代音對應中的變例現象》，《語言學論叢》第 19 輯，商務印書館，1997 年。

楊亦鳴：《李氏音鑒音系研究》，陝西人民教育出版社，1992 年。

楊載武：《〈重刊詳校篇海〉管見》，《辭書研究》1993 年第 4 期。

楊正業：《〈海篇〉成書年代考》，《辭書研究》2005 年第 1 期。

葉寶奎：《明清官話音系》，廈門大學出版社，2001 年。

葉寶奎：《民初國音的回顧與反思》，《廈門大學學報》（哲社版）2007 年第 5 期。

余迺永：《新校互注宋本廣韻》（定稿本），上海人民出版社，2008 年。

曾金金：《兩岸輕聲規範語音對比分析》，《漢語學報》2000 年下卷。

曾曉渝：《略談語音的演變》，《達縣師範高等專科學校學報》2004 年第 1 期。

曾曉渝：《論次清聲母在漢語上古音系裏的音類地位》，《中國語文》2007 年第 1 期。

詹伯慧：《漢語字典詞典注音中的幾個問題》，《中國語文》1979 年第 1 期。

張振興：《著名中年語言學家自選集·張振興卷》，安徽教育出版社，2002 年。

趙振鐸：《音韻學綱要》，巴蜀書社，1990 年。

趙振鐸：《字典論稿·音項及有關問題》，《辭書研究》1990 年第 5 期。

趙振鐸：《字典論》，上海辭書出版社，2001 年。

趙振鐸：《集韻校本》，上海辭書出版社，2012 年。

鄭良偉：《北京話和臺灣話輕聲出現的異同、歷史由來和臺灣新生代國語的形成》，《語言研究》1987 年第 1 期。

中國社會科學院語言研究所詞典編輯室：《現代漢語詞典》（第 5 版），商務印書館，2005 年。

鍾明立：《漢字例外音變研究》，廣東高等教育出版社，2008 年。

周志鋒：《大字典論稿》，浙江教育出版社，1998 年。

周祖謨：《廣韻校本》，中華書局，1960 年。

周祖謨：《〈廣韻〉四聲韻字今音表》，中華書局，1980 年。

周祖庠：《篆隸萬象名義研究》，寧夏人民出版社，2001 年。

朱慶之：《佛典與漢語音韻研究》，《漢語史研究集刊》第二輯，巴蜀書社，2000 年。

竺家寧：《古今韻會舉要的語音系統》，臺灣學生書局，1986 年。

宗福邦：《論入聲的性質》，《音韻學研究》第一輯，中華書局，1984 年。

後 記

　　我做書卷字今音研究，第一篇文章發表於 1994 年《華中師範大學學報》研究生專輯，該文的初稿寫於 1990 年，那時還在武漢大學讀漢語史專業，做的是一篇音韻學課程論文。由此生發出書卷字今音歧異研究課題，於 2004 年啟動，至 2012 年完成研究形成書稿。

　　書卷字今音歧異研究課題的萌生、發展和完成，整個過程都與良師益友的引領、支持和幫助是分不開的，課題開展以後得到了華中師範大學語言研究中心和國家社科項目的資助，書稿審訂工作得到了韓曉雲博士和張海峰博士的襄助。謹向這些人士和部門致以深切的感謝。

　　我還要特別感謝上海古籍出版社編審李鳴先生和責任編輯顧莉丹博士，他們的學識修養和嚴謹風格，對本書有關方面的進一步完善起到了重要的作用。

　　書卷字今音歧異現象及其整理問題，既是一個浩大的工程，同時也是一個帶有"墾荒"性質的難題，本書展開的若干討論，都還只能算是粗淺探索，意在爲書卷字今音的進一步研究和審訂提供些微參考。敬希讀者不吝賜教。

　　期盼書卷字的今音歧異問題早日得到整理。

范新幹

2014 年 5 月 6 日